KB162467

섬기는 자가 받는 상

행복

섬기는 자가 받는 상

행복

저자 신현귀
펴낸이 장시왕
펴낸곳 미성문화원
교정 조오령
디자인 유지원

초판 발행 2023년 11월 11일
출판 등록 2004년 10월 06일
          제2014-00095
주소 서울시 영등포구 여의대방로5길 2 (우창아파트 별관)
대표전화 1599-5117 팩스 02-833-4400
이메일 msung53@naver.com
홈페이지 www.meesung.co.kr

ISBN 979-11-86157-40-4 03370

섬기는 자가 받는 상

행복

신 현귀 지음

감사 감사 감사뿐입니다.

지난 2023년 6월, 초대 기독교 유적지 답사 중에 사도 요한이 말년을 보내던 튀르키예(터키) 에베소 유적지를 방문한 적이 있습니다. 유적지 탐방길에 잠시 그곳에 있는 모피 전시장을 둘러보던 중 머릿속에 맴도는 속담이 하나 있었습니다. '호랑이는 죽어서 가죽을 남기고 사람은 죽어서 이름을 남긴다.' 요한은 요한복음과 요한계시록을, 양은 모피를 남기는데, 그럼 나는 무엇을 남겨야 할까? 이름 석 자? 목회 성과? 아니면 졸필(拙筆)이라도?

출간을 너무 망설였나 봅니다. 가정교회 목회를 시작하면서 가정교회의 핵심 가운데 하나가 섬김이라는 사실을 알고 섬김에 대한 책들을 찾아보았습니다. 한두 권이 나오긴 했으나 성경과는 거리가 있는 내용들이었습니다. 그때부터 섬김에 관한 글을 써서 매주 주보에 싣다 보니 6여 년이나 걸렸습니다.

얼마 전 컴퓨터를 정리하다가 그 원고가 눈에 띄면서 한 가지 고민이 생겼습니다. 책으로 출간해? 말아? 망설이고 있는데…. "여보! 출판하세요. 단 한 사람이라도 읽고 행복을 알게 된다면 하나님도 기뻐하실 거예요. 혹 물질적인 문제로 망설이신다면 도울게요." 그래서 용기를 내어 출간합니다. 도움을 주신 교회 성도님들, 최아인 사모, 미성 문화원 장시왕 대표님, 그리고 글을 쓸 때마다 은혜를 주신 하나님께 감사드립니다.

2023. 11. 01 서울 마곡에서 신 현귀 목사 올림

C·O·N·T·E·N·T·S

C·O·N·T·E·N·T·S

C·O·N·T·E·N·T·S

제9장 섬김으로 사역에 동참하기

제10장 섬김은 제자로 다듬는 도구

C·O·N·T·E·N·T·S

제1장 섬기면 진짜 행복할까요?

1. 행복은 섬김을 통해 피어나는 꽃이랍니다.

모든 사람이 살아가는 중에 가장 원하는 것은 행복입니다. 행복은 사람과의 관계에서 무한한 기쁨을 느낄 때 맛보게 되는 상태입니다. 특히 우리가 누군가를 진정으로 사랑하거나 누군가로부터 사랑받고 있다고 확신할 때, 인생에서 최고의 행복을 느낍니다. 이런 행복을 돈으로 살 수 있다고 생각하는 사람처럼 어리석은 사람도 없을 것입니다. 그러기에 행복하기를 원한다면 먼저 남을 섬기는 일부터 시작해야 합니다.

주님이 우리를 사랑하신 것처럼 그 사랑으로 누군가를 섬기는 자의 마음에는 말로 형용할 수 없는 뿌듯한 기쁨이 찾아오기 때문입니다. 나도 주님처럼 누군가를 섬겼다는 영적인 기쁨과, 나로 인해 상대방이 위로와 용기를 얻는 것을 보면 순간순간 보람을 느낍니다. 이것은 섬겨본 자만이 맛볼 수 있는 축복입니다. 섬길수록 더 많이 섬기려 하는 까닭은 섬기는 자의 마음에 기쁨이 커지기 때문입니다. 지금부터 실행해 보십시오. 기쁨이 폭포수처럼 넘치실 것입니다.

로마서 12장 13~15절은 이렇게 교훈합니다. "성도들이 쓸 것을 공급하고, 손님 대접하기를 힘쓰십시오. 여러분을 박해하는 사람들을 축복하십시오. 축복하고, 저주하지 마십시오. 기뻐하는 사람들과 함께 기뻐하고, 우는 사람들과 함께 우십시오." 하나님께서 우리에게 이렇게 섬기라고 하시는 까닭은 섬기는 자가 더 많은 행복을 누리기 때문입니다. 행복은 섬김을 통해 얼마든지 맛볼 수 있습니다. 섬김을 통해 행복의 꽃이 향기롭게 피어납니다.

2. 섬김은 행복의 원천입니다.

행복은 어떤 좋은 조건에 의해 자연적으로 주어지기보다 그것을 얻으려고 수고한 노력의 결과물입니다. 행복은 무엇보다 내가 사람들과의 관계에서 '평소에 얼마나 호의적인 관심을 가지고 상대방을 대하는가'에서 시작됩니다. 주변 사람들에게 무관심한 채 일상을 살아왔다면, 언젠가는 나 혼자라는 외로움을 느끼며 고독한 삶으로 발전할 가능성이 큽니다.

'외로움'이란 '홀로 되어 쓸쓸한 마음이나 느낌'을 의미합니다. 외로움이 지속되면 나중엔 사람들과 접촉이 차단되거나 고립되는 상태로 나빠지는데, 이런 상태를 '고독'이라 합니다. 고독은 처음에는 사람들로부터 방해받지 않고 일에 집중하거나 혹은 쉴 수 있는 시간을 주기도 하지만, 나중엔 관계의 파괴 등으로 이어져 결국엔 인간을 불행하게 만들기도 합니다.

섬김은 이런 외로움이나 고독한 상태에서 벗어나게 해줍니다. 여러 부류의 사람들을 섬기다 보면 자신도 모르는 사이에 자기만의 고립된 영역에서 벗어나게 됩니다. 사람들을 향한 관심의 폭도 넓어져 점차 행복으로 나아갈 수 있게 됩니다. "혼자보다는 둘이 더 낫다. 두 사람이 함께 일할 때 더 좋은 결과를 얻을 수 있기 때문이다. 그 가운데 하나가 넘어지면, 다른 한 사람이 자기의 동무를 일으켜 줄 수 있다. 그러나 혼자 가다가 넘어지면, 딱하게도 일으켜 줄 사람이 없다. 또 둘이 누우면 따뜻하지만, 혼자라면 어찌 따뜻하겠는가?" (전도서 4장 9~11절) 이 말씀처럼 섬김이야말로 우리의 삶에 진정한 행복의 원천이 됩니다.

3. 행복을 채울 빈 바구니가 있나요?

　'투자의 귀재'로 알려진 워런 버핏이 올해도 4조 원어치에 가까운 주식을 자선단체에 기부하기로 했습니다. 2006년부터 해마다 자신의 주식 중 일부를 자선단체에 내놓고 있는 그는, '내 개인 재산의 절반 이상을 사회에 내놓겠다'라고 기부를 서약한 세계 억만장자들의 모임 '더 기빙 플레지(The Giving Pledge)'를 빌 게이츠와 2010년에 결성하기도 했습니다. 그가 2006년부터 지금까지 자선단체에 기부한 재산은 현재 시장가치로 약 467억 달러(약 52조 8,500억 원)에 이릅니다.

　행복한 사람일수록, 행복한 국가일수록 기부를 많이 합니다. 아서 브룩스가 진행한 연구에 따르면, 기부하고 나면 이후에 수입이 더 늘어나는 효과가 있다고 합니다. "범사에 여러분에게 모본을 보여준 바와 같이 수고하여 약한 사람들을 돕고 또 주 예수께서 친히 말씀하신 바 주는 것이 받는 것보다 복이 있다고 하심을 기억하여야 할지니라."라는 사도바울이 들려준 주님의 말씀이 조금도 틀리지 않음을 실감케 합니다. 자신의 소유를 내어주며 섬기면 오히려 더 채워진다는 성경의 비결을 아는 것이지요.

　행복한 사람은 자신을 비움으로써 채우는 삶의 비결을 아는 사람입니다. 자신의 소유를 내어줄수록 부자가 되는 진리를 아는 사람입니다. 행복하지 않은 사람은 자꾸 뭔가를 채우려고만 하지만, 비움이 없는 곳에는 채움도 없습니다. 채울 수도 없습니다. 반면에 행복한 사람은 자신을 비웁니다. 자신의 것으로 남을 섬깁니다. 그가 비운 빈자리에 행복이 조금씩 채워지게 됩니다. 섬기는 삶이 행복한 이유가 바로 여기에 있습니다.

4. 남의 빈 바구니도 채워주세요.

예수님께서 행하신 오병이어의 기적은 남의 필요를 먼저 생각하신 데서부터 시작됩니다. 예수님이 벳새다에 가시자 수많은 무리가 따라옵니다. 예수님은 피곤도 잊으신 채 말씀을 가르치시고, 병도 고쳐 주셨습니다. 그러는 동안 날이 저물어 예수님은 사람들의 배고픔을 보시고, 어린아이가 가져온 빵 다섯 개와 물고기 두 마리를 손에 들고 하늘을 우러러보시며 감사 기도를 하십니다. 그런 후 그것을 떼어 그 자리에 모여 있던 배고픈 모든 이들에게 다 나누어주십니다.

섬김의 사람은 자신의 필요는 뒤로 돌리고 우선 남의 필요를 채워주는 일에 더 관심을 가집니다. 임종을 눈앞에 둔 앤드루 카네기에게 누군가 이렇게 물었답니다. "당신은 역사상 가장 유명한 기업가입니다. 당신이 그토록 성공할 수 있었던 비결은 무엇입니까?" 그가 대답합니다. "상대방의 바구니부터 철철 넘치도록 가득 채우시오. 그러고 나면 돈 버는 것은 식은 죽 먹기라오."

섬김은 단지 상대방의 필요를 채워주는 일로만 끝나지 않고, 그것이 나중에는 자신의 필요를 채우는 축복이 되어 돌아옵니다. 그래서 더 많은 사람을 섬길 수 있도록 만듭니다. 카네기는 이런 교훈을 합니다. "경영자는 주는 사람입니다. 가장 위대한 경영자는 가장 많이 주는 사람입니다. 주는 것이 습관이 된 사람, 늘 더 많이 주는 것을 고민하는 사람이라면 훌륭한 경영자의 반열에 올라설 자격이 있습니다." 남의 바구니를 채워줄 줄 아는 섬김은 당신을 훌륭한 성공자의 길로 이끌 것입니다.

5. 과연 남을 섬기면 행복할까요?

우리가 사람들로부터 받는 애정 어린 사랑보다 훨씬 중요한 것은 우리가 주는 사랑의 섬김입니다. 섬기는 것이 사랑받는 것보다 더 중요합니다. 받기만 하는 사랑이 습관화되면 자기도 모르는 사이에 이기적인 사람으로 바뀌어 만족함을 느끼지 못합니다. 오히려 더 많은 것을 욕심내고 그것이 채워지지 않으면 불행하다고 생각합니다. 많은 관심과 사랑을 받으면서도, 많은 것을 소유하고 있으면서도 불행하다 느낍니다.

진정한 행복을 얻는 길은 따뜻한 섬김, 다른 사람에 대한 진심 어린 배려, 즉 사랑을 통해서입니다. 고린도전서 13장 1~2절은 말합니다. "내가 사람의 모든 말과 천사의 말을 할 수 있을지라도, 내게 사랑이 없으면, 울리는 징이나 요란한 꽹과리가 될 뿐입니다. 내가 예언하는 능력을 가지고 있을지라도, 또 모든 비밀과 모든 지식을 가지고 있을지라도, 또 산을 옮길 만한 모든 믿음을 가지고 있을지라도, 사랑이 없으면, 아무것도 아닙니다."

다른 사람을 섬길 때 내가 성공하든 그렇지 않든 간에, 그 혜택을 첫 번째로 받는 사람은 자기 자신입니다. 사랑으로 섬기는 삶의 위대한 점은 그것이 받는 사람에게 유익을 줄 뿐 아니라, 주는 사람에게도 결국엔 엄청난 이익을 가져다준다는 것입니다. 돈이나 그 무엇으로도 얻을 수 없는 행복이 사랑으로 섬기는 자의 마음에 찾아듭니다. 행복은 받는 데서 오는 것이 아니라 주는 데서 옵니다. 사랑의 섬김은 우리를 행복하게 이끄는 지름길인 셈입니다.

6. 교회 생활은 행복하신가요?

언젠가 대관령의 양떼목장을 방문할 기회가 있었습니다. 국내에 하나뿐인 양 목장으로 해발 850~900m의 대관령 구릉 위로 펼쳐진 약 20여만 m²의 넓은 초지에 양들을 방목합니다. 태백산맥의 웅장한 자태와 한가하게 풀을 뜯고 있는 양 떼들, 그리고 목장 산책로의 아기자기한 모습은 행복이 저절로 피어오르게 합니다. 1988년 이곳을 처음 시작할 때, 얼마나 많은 피와 땀과 눈물을 흘렸을까 생각해 보았습니다.

매주 정기적으로 모이는 교회 모임도 저절로 행복해지지는 않습니다. 행복한 교회를 만들기 위해 서로 수고를 아끼지 말아야 합니다. 그러기 위해서는 우선 리더의 사랑의 수고가 있어야 합니다. 양들이 편안한 마음으로 리더의 집에 모여 맛있게 음식을 나눠 먹으며, 삶을 진솔하게 허심탄회하게 이야기할 수 있는 분위기와 장소가 되도록 힘써야 합니다. 성도들이 서로 눈치 보며 잔뜩 긴장하고 있다면 편안함이나 행복을 느낄 수 없을 것입니다.

또한 성도와 리더는 서로 존중해야 합니다. 성도 중에는 리더보다 나이가 많거나 세상의 경륜이 많은 분도 있을 것입니다. 그렇다고 리더를 무시해서는 안 됩니다. 리더와 같이 성도들도 리더를 위해 항상 중보기도 하여야 하며, 상하 관계보다는 보직관계로 존중해야합니다. 그리고 무엇보다 따뜻한 칭찬과 격려를 아끼지 말아야 합니다. 행복한 교회의 시작은 바로 이런 자세입니다.

7. 섬김으로 맛보는 축복은 무얼까요?

　사람을 섬길 때 맛볼 수 있는 축복은 행복입니다. 행복은 섬김이 가져다주는 인간관계의 복입니다. 문제는 섬기는 일이 절대 쉽지 않다는 겁니다. 이 축복을 맛보기 전에 우리는 쓴맛부터 보게 될지도 모릅니다. 섬기는 일에는 수많은 자기희생이 따릅니다. 희생이 따르지 않는 섬김은 없습니다. 상대방의 부족한 부분을 채워주고 도와주는 것이 곧 섬김이기 때문입니다. 이러다 보니 많은 희생을 감수해야 합니다.

　상대방의 필요를 채워주기 위해서는 우선 시간적인 희생을 해야 합니다. 시간을 들이지 않고 남을 섬긴다는 것은 애초부터 불가능한 일입니다. 섬기는 시간을 내기 위해 상대방을 내 일정에 맞추는 일은 비교적 쉬우나, 상대방에게 시간을 맞추는 일은 쉽지만은 않습니다. 때로는 남들보다 더 많은 일과 희생을 해야 합니다. 자기 할 일도 제대로 못 하면서 섬긴다면, 남의 일에 간섭하는 것에 불과할뿐더러 효과적으로 섬길 수도 없습니다.

　섬기기 위해 자존심을 희생해야 할 때도 있습니다. 자존심 때문에 섬김에 큰 어려움을 겪을 수도 있습니다. 대부분이 자기 존재감을 찾기 위해 남을 섬기려 하는데, 오히려 마음에 크나큰 손상을 입는, 자기 존재감이 무너지는 상황이 찾아온다면 그것은 극복하기 힘든 일입니다. 누가복음 17장 33절은 말합니다. "누구든지 자기 목숨을 보전하려고 애쓰는 사람은 잃을 것이요, 목숨을 잃는 사람은 보존할 것이다." 자신의 자존심을 잃은 후에야 진짜 자존감을 되찾아 진정한 행복을 얻게 됩니다.

8. 이제 행복을 나눠주세요.

섬김은 상대방의 기쁨을 진심으로 기뻐해 주고, 아픔을 함께 슬퍼하는 것입니다. 이때 마음이 약한 사람들은 칭찬을 통해 힘을 얻어 더 잘하게 되고, 아픈 사람들은 격려를 통해 위로받고 슬픔을 극복하게 됩니다. 이렇게 서로의 기쁨과 아픔을 함께 나누면 기쁨은 점점 더 커지고 슬픔은 줄어듭니다. 이때 모든 사람이 공통으로 느끼는 감정이 바로 행복입니다. 행복한 목장(모임)의 특징은 이러한 나눔이 잘 되는 것입니다.

상대방의 좋은 일에 대해 기뻐하기는커녕 오히려 불쾌하게 여긴다면, 사람들은 자신의 감정을 솔직하게 드러낼 수 없습니다. 이런 환경에서는 힘든 일을 당해도 자신의 아픔을 나누지 않게 됩니다. 서로가 받아줄 마음이 없다고 여기기 때문에 마음을 활짝 열지 못합니다. 이런 모임은 번드르르한 겉치레의 말만 오갈 뿐, 서로의 진솔한 감정이 오가지 못합니다. 하나님의 역사를 기대할 수 없는 열악한 환경입니다.

사람들의 말을 귀 기울여 듣고 칭찬과 격려를 아끼지 않는 사람이 진정한 섬김의 사람입니다. 이런 섬김은 사람들에게 행복을 나눠줍니다. 슬픔 대신 기쁨이, 아픔 대신 위로가, 원망 대신 감사가 마음에 자리를 잡습니다. 섬김의 사람은 하루하루의 삶에 지쳐 살아가는 이들의 마음에 행복의 씨앗을 심습니다. 그 씨앗이 싹이 날 때, 마침내 행복이 그 사람의 삶에 찾아오게 됩니다. 행복은 섬김으로 맺어지는 열매입니다.

9. 섬기면 섬길수록 더 행복해집니다.

사람이 인생에서 가장 행복한 순간은 금전적으로 엄청난 이득을 얻을 때가 아니라, 도리어 도움이 필요한 사람을 위해 자기 지갑을 기꺼이 열어 돈을 쓸 때 찾아옵니다. 하나를 얻으면 더 얻으려는 욕심이 생겨 대개는 마음에 만족을 느끼지 못합니다. 오히려 마음에 시험만 자꾸 찾아옵니다. 그러나 없으면 없는 대로 그중에서 하나라도 주려는 섬김의 삶을 살면, 주는 만큼 마음이 뿌듯해지고 행복해집니다. 그래서 행복해질수록 섬기기도 더 쉬워집니다.

심리학자 엘리자베스 던과 라라 애크닌 등의 연구 결과, 대개 자신을 위해 돈을 아낌없이 쓰는 사람들이 더 행복하리라 생각하지만, 사실은 그 반대라고 합니다. 우리가 남을 위해 인색하지 않고 돈을 쓰며 세심하게 배려하고 잘 섬길 줄 아는 사람이라는 평판을 얻게 되면, 그 축복은 이루 말할 수 없는 다양한 방법으로 자신에게 돌아옵니다. 그러나 그 과정이 너무 힘들어 대부분은 도중에 섬김의 삶을 포기해 버립니다.

사도바울은 예수님의 말씀을 인용하여 말합니다. *"주 예수께서 친히 '주는 것이 받는 것보다 더 복이 있다' 하신 말씀을 반드시 명심해야 합니다."*(사도행전 20장 35절) 이와 관련하여 예수님은 제자들에게도 말씀하셨습니다. *"남에게 주어라. 그리하면 하나님께서도 너희에게 주실 것이니."* 이왕에 섬길 바에는 아낌없이 주면서 섬깁시다!

10. 섬김은 축복의 황금 씨앗입니다.

섬김이라는 말은 우리의 무의식 속에 긍정적인 것보다는 부정적인 이미지로 더 인식되어 있습니다. 섬김이라는 말과 함께 '헌신', '희생', '손해' 등의 낱말들이 머릿속에 떠오릅니다. 이러한 현상은 섬김이 결코 쉬운 것이 아님을 나타내주는 증거입니다. 실제 남을 섬기다 보면 절대 쉽지 않음을 곧 실감하게 됩니다. 섬김은 상대방에 대한 맞춤 서비스이기 때문입니다.

그런데도 우리가 섬겨야 할 이유는 무엇일까요? 신앙적인 면에서 볼때, 예수님이 그렇게 사셨기에 우리도 섬김의 삶을 사는 것은 당연합니다. 그런데 우리에게 실제적인 유익이 없다면, 믿음이 뛰어난 사람들외에 그렇게 살고 싶은 마음을 갖기란 쉽지 않을 것입니다. 정말로 섬김이 우리의 희생만 요구하거나, 늘 손해만 보는 것일까요? 이것은 잘못된 생각입니다. 섬김은 궁극적으로 우리에게 큰 유익을 줍니다. 우리가 심는 씨앗 중에 섬김보다 더 좋은 씨앗은 없습니다. 섬김은 축복을 거두게 하는 황금 씨앗입니다.

섬김의 생활을 지속하게 되면 여러 유익을 얻는데, 그중에 우선 좋은 사람들을 얻습니다. 주위에 참 좋은 사람들이 많이 생겨납니다. 또한 내가 섬기는 과정에서 영적인 리더십이 계발되며, 주님의 모습을 닮아가는 인격적인 변화가 일어납니다. 눈에 보이는 희생이 커 보이기 때문에 어려운 것입니다. 지금 지쳐있다면 다시 용기를 내십시오. 섬김이라는 작은 희생을 통해 큰 열매를 맺습니다. 섬길 때 하나님께서 큰 상을 주십니다. 그 상은 바로 '행복'입니다.

11. 지금부터라도 행복의 씨앗을 심으십시오.

엘리사가 죽을병에 들자, 이스라엘 왕이 찾아와 눈물을 흘리며 웁니다. 엘리사는 활을 잡아 동쪽 창문을 열고 쏘라고 한 후, 그대로 행한 왕에게 말합니다. "이것은 시리아를 이길 주님의 승리의 화살입니다. 왕은 적을 쳐서 진멸하실 것입니다." 그런 다음 "화살을 집어서 땅을 치십시오."라고 말하자 이스라엘 왕은 세 번을 치고 그만두었습니다. 엘리사는 화를 내며 말합니다. "왕께서 대여섯 번을 치셨으면 적을 진멸할 때까지 쳐부술 수 있었을 터인데, 고작 세 번입니까?"

우리는 마음으로는 좋은 일이 많이 일어나고 성공하길 원하지만, 정작 행동은 그에 미치지 못하는 경우가 많습니다. 대부분 한두 번 실행하고 말거나 두세 번 정도로 만족하면서, 결과는 기대할 수 있는 그 이상을 원합니다. 그것이 영적인 일일수록 힘써서 하지 않고, 요행만 바라는 경향이 많습니다. 엘리사를 찾아왔던 이스라엘 왕 요아스가 한 것처럼, 단지 흉내 내는 것으로 족하게 여길 뿐입니다.

성경은 우리에게 심고 거둠의 원리를 확실하게 가르치고 있습니다. 자연은 거짓이 없습니다. 씨앗의 결과는 정직합니다. 어떤 씨앗을 심었느냐, 얼마나 많이, 어떻게 심었느냐에 따라 그 결과가 좌우됩니다. 심은 대로 거두게 됩니다. 우리가 인생에서 거두는 것도 이와 마찬가지일 것입니다. 마치 농부가 씨앗을 심듯 내가 살아오면서 사람들에게 무엇을, 어떻게, 얼마나 섬겼느냐에 따라 인생의 결과도 달라집니다. 인생의 행복은 섬김의 씨앗에서부터 비롯됨을 잊어서는 안 되겠습니다.

12. 행복은 좋은 습관의 열매입니다.

우리의 행동은 오랫동안 나도 모르게 길든 습관을 따릅니다. 평소 수많은 행동이 습관으로 쌓이면서 우리 일상을 무의식적으로 지배하고 인격을 형성하여 나중엔 인생까지도 바꿔버립니다. 이러한 측면에서 행복과 성공으로 이끄는 가장 강력한 무기는 풍부한 지식이나 피나는 노력이 아닌, 자잘한 습관임을 알 수 있습니다. 그런데 중요한 사실은 나쁜 습관은 저절로 붙지만, 좋은 습관은 노력해야만 된다는 것입니다. 왜 그럴까요? 사람의 몸은 자꾸만 편한 대로 하려는 경향이 있기 때문이죠.

자기 계발 분야의 대가인 브라이언 트레이시는 말합니다. '습관은 처음 시작할 땐 보이지도 않는 아주 가는 실과도 같다. 그러나 습관을 반복할 때마다 실은 점점 굵어지며, 우리의 생각과 행동을 꼼짝없이 묶는 거대한 밧줄이 될 때까지 한 가닥씩 보태진다.' 이는 마치 어릴 때부터 가느다란 밧줄에 묶여 자란 코끼리가 커서도 그 밧줄을 끊어버리지 못하듯 자신이 이 거대한 밧줄에 묶이면 죽을힘 다해 몸부림치지 않는 한 이 상태에서 벗어나기가 힘이 듭니다.

성공한 사람과 행복한 사람 모두 그들 나름의 DNA가 있습니다. 오랫동안 습관을 통해 만들어진 삶의 법칙이 그들 안에 DNA로 형성되어 있는 것이죠. 워런 버핏은 이렇게 조언합니다. '오늘 당장 좋은 습관을 택해 실천하겠다고 다짐하면, 여러분은 머지않아 그 습관을 자신의 것으로 만들 수 있다.' 오늘의 행복은 어제까지 내가 형성한 좋은 습관의 열매입니다. 행복에 이르는 좋은 습관들, 특히 남을 섬기려는 이런 삶이야말로 나에겐 행복의 열매를 맺게 합니다.

13. 있을 때 잘해 후회하지 말고….

제가 원래 클래식 외에는 대중음악을 거의 듣지 않았었습니다. 어느 날 지인 한 분이 이렇게 말하는 겁니다. '대중음악을 알지 못하면서 어떻게 목회하려고 하십니까? 거기에 민초(民草)들의 애환이 담겨있답니다.' 그 뒤로 트로트를 듣기 시작했는데요. 어느 날 이런 노래가 들려옵니다. '있을 때 잘해. 후회하지 말고. 있을 때 잘해 흔들리지 말고…. 이번이 마지막 마지막 기회야….' 반복되는 단순한 가사지만 마음에 와닿는 것은 왜일까요?

얼마 전 차를 타고 가다가 안사람이 중얼거리듯 말합니다. '교회를 개척한답시고 시부모님이나 친정어머님께 제대로 효를 한 번 하지 못한 것이 늘 후회돼요. 삶이 가난하고 어려웠다는 핑계로 그분들 손에 용돈 한 번 쥐여 드리지 못했으니….' 이런 말을 들을 때면 제 마음도 아려오곤 합니다. 모처럼 시간을 내어 시골 부모님께 찾아 인사드리는 날이면 '주님의 일 하느라고 힘들지?' 하시며 오히려 꼬깃꼬깃한 돈을 제 손에 꼭 쥐여 주시곤 하셨지요.

장모님이 오시는 날엔 한달음에 자유로를 거쳐 문산에 가서 부대찌개 사드리는 것이 섬김의 전부였습니다. 어떤 때는 그것마저 우리 처지를 잘 아시는 장모님이 먼저 계산을 끝내놓기도 하십니다. 부모님이나 장모님 모두 주님 품에 가셔서 이젠 부모님을 섬길 기회조차 사라졌습니다. 섬김의 기회는 마냥 기다려 주지 않습니다. 오늘따라 '있을 때 잘해. 후회하지 말고'라는 가사가 가슴에 절절히 다가오는 이유입니다.

14. 아직도 평행선이신가요?

　무심코 창밖을 바라보고 있으려니 어디에선가 음악 소리가 들려옵니다. 그 노래가 귓가에 속삭이듯 다가오더니 은근히 마음을 흔들어 놓습니다. '평행선'이라는 노래입니다. '나는 나밖에 모르고, 너는 너밖에 모르고 그래서 우리는 똑같은 길을 걷지, 평행선. 나는 나밖에 몰랐지. 너는 너밖에 몰랐지. 그래서 우리는 만날 수 없는 거야, 평행선.' 멜로디는 무척 경쾌한데도 가사에는 뭔가 애처로움이 묻어납니다.

　평행선의 이어지는 가사는 '아직 사랑하고 있는데, 서로 바라보고 싶은데 나는 다가서지 못하고 다른 길을 가고 있어….' 왜 이렇게 평행선의 삶을 살아갈까요? 평행선이란 '대립하는 양자의 주장이 서로 합의점을 찾지 못한 채 그 상태를 계속 유지하는 것'을 뜻합니다. TV에 출연한 부부들 가운데 갈등을 겪고 있는 이들은 '저 사람하고는 도통 말이 안 통해요.'라고들 하소연합니다. 그럴 때마다 '아, 이런 모습이 평행선이구나'라는 생각이 듭니다.

　서로 사랑하는데도 왜 평행선이 지속될까요? 평행선은 상대방의 생각이나 의견이 틀렸다고 단정하는 데서부터 비롯됩니다. 서로의 다름을 인정하려 하질 않습니다. 다름의 또 다른 이름은 다양성인데도 말입니다. 정말 행복해지고 싶다면 섬김의 작은 팁, 경청과 배려가 필요합니다. 섬김은 서로 다름의 다양성을 버무려서 삶을 맛깔나게 합니다. 서로의 다름을 인정하며 경청하려는 것, 아무리 평행선 상태라도 얼마든지 행복해질 수 있는 비결입니다. 마치 열차가 평행선인 철로를 힘차게 내달리듯 말입니다.

15. 중꺾마를 아세요?

　해마다 12월이면 한 번쯤 속초 부근 동해안의 바닷가를 찾습니다. 왜냐고요? 제가 신혼여행을 갔던 곳이 속초였기 때문입니다. 또 하나의 이유는 동해안의 일출입니다. 12월이나 1~2월의 일출은 보기만 해도 가슴을 설레게 합니다. 특히 밤새 눈보라가 치고 난 다음 날 이른 아침, 바닷가에 내린 하얀 눈과 어우러져 피어오르는 물안개 위로 얼굴을 내미는 태양은 마치 깊은 밤의 어둠을 삼키고 나오는 듯하여 좋습니다.

　안사람이 코로나19에 감염되어 죽음에 이르는 코로나 감염 후유증(Long COVID)에 시달리다 어렵사리 한 해를 보내고 맞이한 것이 2022년 새해였습니다. 새해가 왜 그리 좋을까요? 달력 한 장 넘기거나 새로운 달력을 벽에 거는 것인데도 말입니다. '새해'라는 단어 자체의 매력 때문입니다. 각자 뭔가에 대한 동기를 줍니다. 새로운 희망을 품고 내일을 향해 결단하게 만듭니다. 어둠을 살라 먹고 물안개 위로 솟아오르는 맑은 해처럼 말이죠.

　2022년도를 장식한 말 중에 '중꺾마'라는 말이 있습니다. '중요한 건 절대 꺾이지 않는 마음'의 준말입니다. 리그 오브 레전드 월드 챔피언십 우승자인 데브트(김혁규)가 대화 중에 한 말입니다. 그는 결승전에서 마포고 동문인 페이커(이상혁)가 있는 T1을 상대로 5세트의 혈전 끝에 3:2로 승리하며, 만년 2위를 털어내고 정상에 선 세계적인 프로게이머입니다. 그의 이 말은 카타르 월드컵에서 최약체 팀인 한국 선수들에게도 신선한 동기를 주어 16강의 쾌거를 이루게 하였습니다. 삶이 힘들 때일수록 중꺾마의 정신이 필요합니다.

제2장 천국을 맛보게 하는 모임

16. 목사님, 제가 이래도 될까요?

　리더들 모임에서 어느 분이 제게 이런 질문을 던집니다. "목사님, 제가 이래도 될까요?" 혹시나 무슨 일이 일어난 게 아닌가 하는 조바심에 물으니, "제가 요즘 들어 참 행복하다는 것을 느끼곤 하는데, 이렇게 행복하게 사는 삶이 주님께 죄송하다는 생각이 자꾸만 들어서요."라고 하는 겁니다. "아, 천국의 기쁨이 뭔지를 맛보고 계시는군요. 천국의 기쁨을 느끼며 누리는 것은 지극히 당연한 겁니다. 주님께 전혀 죄송해할 것이 아니라, 감사함으로 행복을 즐기면서 주님께 더 많이 헌신하시면 됩니다."

　우리가 이 땅에서 천국의 기쁨이 뭔지를 조금이라도 맛보지 못한다면 천국에 대한 기대감이 생길까요? 교회 생활이 마냥 고달프기만 하고, 헌신의 삶이 힘들기만 하다면 신앙생활에 무슨 기쁨인들 있겠습니까? 교회에 나가도, 가정으로 돌아가도 마음에 기쁨이 없다면 그건 뭔가 잘못된 삶입니다. 찬송가 438장 가사가 생각납니다. '내 영혼이 은총 입어 중한 죄 짐 벗고 보니, 슬픔 많은 이 세상도 천국으로 화하도다.'

　예수 그리스도를 영접하는 순간 내 마음에 자그마한 천국이 이뤄집니다. 그러면 가정에도 천국의 기쁨이 스며들며, 목장 모임이 사랑으로 가득해서 은혜롭고, 교회 생활 또한 신나고 즐겁습니다. 천국의 기쁨이 우리의 삶에 자연히 자리 잡습니다. 예수님을 모르는 사람들이 이런 우리의 행복한 삶을 보고 부러워해야 합니다. 그것이 바로 영혼 구원의 단초(端初)가 되기 때문입니다.

17. 섬김은 천국을 만들어 냅니다.

가정교회의 근본정신은 섬김입니다. 예수님께서 마지막으로 남기셨던 아름다운 모습은 섬김입니다. 그분은 친히 섬기는 삶을 사셨으며 우리를 위해 목숨까지도 버리셨습니다. 제자들 사이에 누가 큰 자인가 하는 논란이 일고 있을 때, 예수님께서는 말씀하십니다. "인자는 섬김을 받으러 온 것이 아니라 섬기러 왔으며, 많은 사람을 구원하기 위하여 치를 몸값으로 자기 목숨을 내주러 왔다." (마가복음 10장 43~45절) 섬김의 본질은 자기를 지극히 낮추는 것이요, 극치는 철저한 자기희생입니다.

섬김을 배워가는 것이 우리의 진정한 모습이어야 합니다. 그런데 우리는 섬기는 것보다 섬김을 받는 일에 익숙해져 있는 것 같습니다. 어느 목회자 모임 중에 목사님 한 분이 목장 모임에서 일어나는 부작용 중의 하나를 말씀하셨습니다. "목자들이 열심히 식사 준비하고 지극 정성으로 섬기는데, 목원들은 마치 그것을 당연하다는 듯이 받아들이는 겁니다. 땀 흘리며 고생하는 것을 바라만 볼 뿐 도우려고 하질 않아요."

가장 아름다운 교회, 행복한 목장은 어떤 모습일까요? 섬김을 받는 것보다 서로 섬기려 하는 모습입니다. 예수님은 말씀하십니다. "너희 가운데서 누구든지 위대하게 되고자 하는 사람은 너희를 섬기는 사람이 되어야 하고, 너희 가운데서 누구든지 으뜸이 되고자 하는 사람은 모든 사람의 종이 되어야 한다." 천국이 천국인 것은 섬김이 있기 때문입니다. 섬김이 익숙해져 갈 때 가정도, 목장도, 교회도 점점 천국이 되어 갑니다.

18. 섬김에서 천국을 보았어요.

어느 교회에 가난하게 사는 한 목자가 있었습니다. 어느 날 목장 모임에 의지할 곳 없는 한 할머니가 VIP로 인도되었는데, 그 목자는 자기 집에 모시기로 하였답니다. 방이 하나밖에 없어서, 방에서는 아이들이 공부할 수 있도록 하고, 거실을 막아서 한쪽에는 할머니가, 부엌 쪽은 목자 내외가 거처하며 살았습니다. 이렇게 몇 개월을 자기 어머니처럼 보살피며 사는 중에 할머니는 예수님을 영접하시고 세상을 떠나셨답니다.

그런가 하면 이 목장에는 어린 세 아이를 양육하는 한 엄마가 있었습니다. 세 아이를 데리고 매주 목장에 참석하는데, 어린아이들 때문에 목장 모임이 장난이 아닙니다. 세 아이를 낳아놓긴 했어도 엄마가 육아를 제대로 못 하는지라, 모일 때마다 난장판입니다. 그런데도 목자 내외는 가난한 중에도 목원들을 변함없이 사랑하며 꾸준히 섬겼습니다. 목자를 본받은 목원들도 그들을 따뜻하게 보살펴 주자, 세 아이 엄마의 신앙이 잘 자랄 수 있었습니다.

어느 날 세 아이의 엄마가 목사님께 이런 고백을 하였답니다. "저도 목자가 되고 싶어요." 그러자 목사님이 그 이유를 물었습니다. "우리 목자님의 섬김에서 천국을 보았어요." 목자 생활이 매우 힘들 거라고 하자, 이러더랍니다. "목장이 천국이기에 힘들지 않을 거예요." 그렇습니다. 천국 생활이 힘들다면 그건 천국이 아닙니다. 목장이 천국처럼 느껴지는 것은 목자의 섬김이 있기 때문입니다. 이렇게 섬김은 목장을 천국으로 만들어 냅니다.

19. 목장 모임을 천국으로 만들고 싶습니다.

우리가 신앙생활을 하며 이 땅에서 천국을 맛볼 수 있는 가장 좋은 환경은 교회입니다. 지속적인 교회 생활을 통해 천국이 어떠한 곳인지 느낄 수 있는 이유는 교회가 바로 주님의 몸이기 때문입니다. 또한 교회는 천국의 시작점이요, 하나님의 나라와 맞닿은 끝자락이기 때문입니다. 말씀을 통해 은혜받고, 기도를 통해 성령의 역사를 체험하며, 성도들과 교제를 통해 사랑을 나누는 교회, 이런 교회에서는 얼마든지 천국의 맛을 느낄 수 있습니다.

예수님께서는 말씀하십니다. "하나님의 나라는 눈으로 볼 수 있는 모습으로 오지 않는다. 또 '보아라, 여기에 있다' 또는 '저기에 있다' 하고 말할 수도 없다. 보아라, 하나님의 나라는 너희 가운데 있다." (누가복음 17장 20~21) '너희 안에 있다'라는 말은 마음을 의미하기도 하지만, 또한 '너희 가운데 있다'라는 의미입니다. 이것은 사람과의 관계를 말합니다. 그 관계에 하나님이 임재하시는 것을 말합니다. 즉 사람들과의 관계 속에서 천국을 체험할 수 있음을 암시합니다.

사람과의 관계에 결정적인 역할을 하는 것은 섬김입니다. 섬김은 목장을 '천국으로 만드느냐? 아니냐?'에 매우 중요한 열쇠입니다. 섬김이 없는 곳은 천국이 아니라, 정반대일 것입니다. 자기 잘난 것이나 자랑하고, 남의 허물이나 흉보고 비난하고, 섬김 이나 받기를 좋아한다면 천국이 이루어질 수 없습니다. 나의 섬김이 목장을 천국으로 만듭니다. 진정한 섬김이 천국의 시작이라는 사실을 저는 믿습니다.

20. 목장 모임의 기초는 섬김입니다.

교회의 핵심적인 가치 중의 하나는 섬김입니다. 섬김을 교회의 핵심 가치로 삼으려는 까닭은 주님께서 이 세상에 오신 목적이 바로 사람들을 섬기시기 위해 오셨기 때문입니다. 우리가 주님을 닮아가기를 원한다면 섬김의 삶 또한 당연히 본받아야 할 사는 방식이라고 생각합니다. 요즈음 대부분 교회가 병약해진 원인을 찾는다면, 교회의 리더십이 본래의 섬김에서 다스림의 리더십으로 변질되었기 때문이라고 봅니다.

섬김 속에는 보이지 않는 영적 권위가 담겨 있습니다. 한 가정의 예를 들면, 자녀가 부모보다 육체적으로 힘도 세고 공부도 많이 하고 사회적으로 아무리 잘 나가도 부모 앞에서 꼼짝 못 하는 이유는 그의 모든 성장 과정에 부모의 희생이 있었기 때문입니다. 목자 목녀들이 나이나 학력, 혹은 사회적 신분이 목장 식구보다 많이 뒤져도 사역을 잘 감당하고 있는 이유도 바로 여기에 있습니다. 목자의 집에서 목장 모임을 하는 이유이기도 합니다.

목장에는 섬김이 있어야 합니다. 믿지 않는 사람들을 예수님께로 이끌기 위해서는 그들을 진심 어린 사랑으로 섬겨야만 합니다. 섬김을 통해 예수님의 사랑을 맛보게 함으로써 감동을 주어야 합니다. 설령 예수님을 영접하고서도 여전히 이기적인 상태에 머무는 사람이라 할지라도 진심으로 섬겨주어야 합니다. 왜냐하면 그들도 언젠가는 섬기는 사람으로 변화될 것이기 때문입니다. 섬기되 지혜로워야 합니다. 그들도 섬김에 도전할 수 있도록 때때로 동기를 주는 지혜가 필요합니다.

21. 가까이 있는 사람에게 더 잘해야 합니다.

인간관계를 쉽게 잘 맺는 사람 중에는 간혹 처음에는 사람에게 재빨리 접근하여 사귀는데, 나중에 보면 사이가 좋지 않아 서로 멀어져 있는 경우를 종종 보게 됩니다. 이런 현상은 대개 상대방에게 지나치게 잘하려다 보니 나도 모르는 사이에 도를 넘어 상대방의 일에 간섭할 때 나타납니다. 오히려 인간관계에 이해와 감정이 뒤얽혀 꼬일 대로 꼬여 도저히 풀 수 없는 지경까지 도달하게 됩니다.

중국의 춘추전국시대에 있었던 일입니다. 초나라 백성들이 살길을 찾아 국경을 넘어 다른 나라로 날마다 떠나갔습니다. 인구가 점점 줄어들자 세수(稅收)까지 줄어들어 나라에 큰 걱정이 아닐 수 없었습니다. 제후로 있던 섭공이 초조한 나머지 공자에게 찾아가 물었습니다. '날마다 백성이 도망가니 천리장성이라도 쌓아서 막아야 할까요?' 잠시 생각하던 공자는 여섯 글자를 남기고 떠났습니다. '근자열 원자래(近者悅遠者來)' '가까이 있는 사람을 기쁘게 하면 멀리 있는 사람도 찾아온다'라는 뜻입니다.

사람을 소중하게 섬기라고 하면 가까운 사람은 제쳐두고 처음 만나는 남에게 잘하라는 의미로 오해하게 됩니다. 우리의 섬김의 대상은 가까이는 부모나 배우자, 자녀들이며, 직장의 상사나 동료, 부하 직원, 그리고 교우나 목원, 친구와 이웃들입니다. 허물없는 이들에게 먼저 잘 섬기는 것이 섬김의 우선순위입니다. 자칫 소홀하기 쉬운 주위의 사람들을 더 잘 섬겨야 하겠습니다.

22. 목장(모임)은 훌륭한 학습장입니다.

처음에 목장 모임을 조직해서 모임을 시작했을 때 대부분의 성도가 목장을 통해 뭔가 커다란 유익을 기대하는 눈치들이었습니다. 모임을 통해 생활의 정보를 얻고, 삶의 지혜와 교훈을 얻으려 하는 것은 어찌 보면 자연스러운 바람이었을는지도 모릅니다. 아무런 유익을 주지 못하는데 누가 그 모임에 참석하려고 할까요? 그러나 이런 요구는 애초부터 목장 모임의 성격을 올바로 인식하지 못한 데 있었습니다.

목장은 섬김을 위한 배움의 장소입니다. 그 배움은 나보다 부족한 사람, 연약한 사람, 힘들게 살아가는 사람 등등, 이들을 도와서 섬김의 삶을 한 번 실천해 보는 것입니다. 남을 세워주는 연습을 함으로써 실제적으로는 자신이 리더가 되어가는 과정인 셈입니다. 자기의 학벌이나 사회적인 지위, 물질의 부요함 때문에 남을 무시하거나 섬길 줄 모르는 사람은 진정한 리더가 될 수 없습니다. 섬기는 삶을 통해 공동체를 이끌어가는 리더로 훌륭하게 성장해 가는 것입니다.

목장 모임을 통해 이루어지는 또 하나의 학습은 자기 자신에 대한 내적인 연습입니다. 대화의 과정을 통해 일주일 단위로 해서 자신의 내적인 것들을 점검하게 해줍니다. 한 주간에 겪었던 일 중에 감사할 내용을 찾아 나눔으로써 감사할 줄 아는 긍정적인 사람으로 바뀌어 갑니다. 아픔을 나누는 과정에서 상처가 치유됩니다. 세상의 문화에 휩쓸리지 않고 말씀대로 살도록 동기를 줍니다. 그러기에 목장은 선심을 쓰듯 출석하는 곳이 아니라, 섬김을 통해 진정한 리더로 다듬어 주는 영적인 학습장입니다.

23. 교회 모임 중 목장은 최적화된 훈련장입니다.

자기 발전을 위해 가장 적합한 장소를 꼽으라고 한다면 주저 없이 목장이라고 하겠습니다. 우리 교회 매주 금요일 목장 모임에는 나에게 관심을 가지고 기꺼이 내 말을 들어주는 사람들이 있습니다. 그리고 아낌없이 격려와 위로를 주기도 합니다. 이처럼 목장은 아무나 마음을 열고서 자기의 감정이나 생각을 자유롭게 말할 수 있는 곳이기도 합니다. 목장 모임을 잘 활용한다면 자기 발전에 많은 도움을 얻을 수 있습니다.

목장 모임이 우리에게 주는 유익을 몇 가지로 말하라면, 우선 대화하는 힘이 향상됩니다. 목장에서 나눔을 갖기 전에 무엇을 말할 것인지 생각해 보고 참석한다면 그 유익은 배가가 됩니다. 제가 목회하는 데 도움을 주었던 과정 중에, 고등학교 시절 흥사단 활동을 빼놓을 수 없습니다. 매주 토요일 정기 모임에 3분 스피치가 있었는데, 이때의 훈련들이 지금도 목회 현장에서 많은 도움이 되곤 합니다. 때론 수많은 말을 늘어놓는 것보다 적절한 말을 하는 것이 더 필요할 때가 있습니다.

또 한 가지의 유익은 감정의 순화입니다. 목장 모임에서 한 주간에 있었던 일 중에 굳이 감사한 일을 나누라고 하는 이유는 감정의 순화를 위한 것입니다. 감정의 순화란 여러 가지 어려운 일로 인해 기분 상하고 상처 난 감정을 긍정적으로 회복하는 것을 뜻합니다. 서로 감사했던 일들을 나눔으로 부정적인 것에 민감하게 반응했던 마음을 긍정적으로 되돌리게 합니다. 더 중요한 것은 자신의 감정을 숨기지 않고 속마음을 사람들에게 열 수 있는 감성이 길드는, 일종의 감성 훈련인 셈입니다.

24. 가정은 또 하나의 실습장입니다.

모든 사람이 행복한 가정생활을 원하지만, 원한다고 해서 행복한 가정이 저절로 이루어지는 것은 아닙니다. 가족 간의 희생적인 섬김이 뒷받침될 때 가정에 환한 웃음꽃이 피어나며 모두가 행복을 느끼게 됩니다. 가정에서의 행복은 섬김과 정비례로 나타나게 됩니다. 특히 한두 사람의 일방적인 희생보다는 가족 구성원 전체가 서로 간에 기쁘게 희생하는 그것이 즐거워서 할 때 행복지수는 그만큼 상승하게 됩니다.

교회의 리더일수록 행복한 가정을 만들기 위해 가족들에게 섬김의 본을 보여주는 것이 매우 중요합니다. 초대교회는 이 사실을 중요하게 여겼습니다. 교회의 감독에 대해 '자기 가정을 잘 다스리며, 언제나 위엄을 가지고 자녀들을 순종하게 하는 사람이라야 합니다. 자기 가정을 다스릴 줄 모르는 사람이 어떻게 하나님의 교회를 돌볼 수 있겠습니까?' (디모데전서 3장 4~5절) 라고 말한 것처럼, 한 가정 안에서 섬김의 리더가 될 수 없다면 그는 교회 안에서 존중받는 진정한 리더가 될 수 없을 것입니다.

리더라면 가족들을 위해 내가 무엇을 기꺼이 희생할 것인가를 한 번쯤 생각해 보고 섬김을 손수 실천하는 삶이어야 합니다. 교회가 하나님의 말씀을 듣고 깨달아 은혜를 경험하고 마음이 회복되는 곳이라면, 목장은 깨달은 사실을 목원들 간에 섬김을 통해 훈련하는 최적의 장소가 되어야 하고, 가정은 그것을 실천하는 최고의 실습장이어야 합니다. 이런 과정들이 지속될 때 마침내 가정은 행복의 미소를 띠게 될 것입니다.

25. 교회 모임 중 목장은 영적 훈련장입니다.

　자기 스스로 영적인 상태를 점검한다는 것은 쉬운 일이 아닙니다. 물론 성경을 읽거나 기도하면서, 또 설교를 들으면서 얼마든지 돌아볼 수도 있지만 영적 진전의 상태를 파악하기는 쉽지 않습니다. 이때, 다른 이들의 믿음과 적절하게 비교해 보는 것도 유익한 방법의 하나입니다. 문제는 상대방의 상태를 잘 파악해야 하는데 겉모습만 보고 쉽게 판단하는 경우가 종종 생깁니다. 남의 속을 들여다볼 수 없기 때문입니다.

　목장 모임은 우리에게 이런 좋은 기회를 제공해 줍니다. 서로의 진솔한 나눔을 통해 상대방이 하나님을 섬기려고 어떻게 노력하는지, 말씀대로 바르게 살려고 얼마나 애쓰는지, 인간관계를 잘 맺으려고 얼마나 힘쓰는지 등등 많은 사실을 듣기도 하고 눈으로 직접 보기도 합니다. 이런 과정을 통해 서로를 알아갈 뿐만 아니라, 자신의 영적인 진전이 얼마나 이루어지고 있는지 가늠하기도 합니다. 자기 혼자서는 영적인 상태가 옳은지, 아닌지 알 수가 없습니다.

　목장은 자신의 영적인 상태를 점검하고 보충할 수 있는 가장 중요한 훈련장입니다. 목장에서는 여러 가지 많은 유익을 얻게 됩니다. 우선 힘들 때 가식 없는 진정한 위로를 받게 됩니다. 말씀대로 살지 못할 때 소중한 조언을 듣기도 합니다. 영적인 문제나 해결하기 어려운 문제에 부딪혔을 때 목장 식구들에게서 수시로 중보기도의 도움을 받습니다. 이런 면에서 목장은 나를 양육하고 훈련하여 온전한 사람으로 세워주는 섬김의 훈련장인 셈입니다.

26. 섬김은 VIP가 최우선입니다.

우리 교회는 섬김의 최우선순위가 VIP(Very Important Person: 아주 중요한 인물, 귀빈)입니다. 대부분 교회 안의 VIP라면 교회를 위해 열심히 일하는 헌신 된 일군이거나, 교회 세우는 일에 많은 공로가 있는 중직자들을 연상할 것입니다. 그러나 교회에서 VIP란 기존 성도들이나 중추적인 역할을 하는 직분자를 말하는 것이 아닙니다. 교회나 목장에 처음 나오신 분, 그중에서도 예수님을 전혀 모르는 분이 바로 우리의 VIP입니다.

우리가 불신자들을 VIP로 섬겨야 할 이유는 간단합니다. 갓 결혼한 가정을 예로 든다면, 그들은 장차 새롭게 태어날 생명이기 때문입니다. 결혼한 후에 임신하여 아이가 세상에 태어나기까지는 약 9개월이라는 시간이 필요합니다. 이 기간에 임산부는 태어날 아이를 위해 태아 교육 등 많은 정성을 기울입니다. 그리고 갓난아이가 태어난 이후에는 그 아이에게 온갖 수고를 다 기울입니다. 그들에게 아이는 어떤 것과도 바꿀 수 없는 존재이기 때문입니다.

주님은 한 생명의 소중함을 이렇게 말씀하셨습니다. "사람이 만일 온 천하를 얻고도 자기 목숨을 잃으면 무엇이 유익하리오?" (마가복음 8장 36절) 한 생명이 천하보다 귀하다는 의미입니다. 기존 성도들이 이미 자랄 대로 자란 자녀라면, VIP들은 아직 영적으로 태어나지도 않은 존재입니다. 우리가 이들을 주님의 사랑으로 품고 섬겨주지 않으면, 어떻게 새 생명의 역사가 일어날 수 있을까요? 이들을 향한 우리의 섬김이 또 한 생명의 탄생을 이뤄내는 것입니다.

27. 섬김은 종이 되는 리더십입니다.

가정교회가 좋은 줄 알면서도 목회자 대부분이 시도하지 못하는 이유 중 하나는 종이 되는 리더십을 두려워하기 때문입니다. 가정교회가 좋아서 시작했다가 목회에 어려움을 겪는 이유도 단지 섬김을 흉내만 낼뿐이지 종이 되는 삶을 살지 못하기 때문입니다. 목회자 자신이 하나님으로부터 부여받은 영적 권위를 내려놓고 낮은 자세로 섬긴다는 것이 결코 쉬운 일이 아닙니다. 그러기에 섬길 때 감동이 있는 것입니다.

목자가 리더가 되었다는 우월감에 사로잡히지 않고, 얼마나 종이 되려는 리더십에 충실한가에 목장의 성패가 달려있습니다. 종은 하나님과의 관계에서 자신의 필요보다 하나님의 필요를 우선하는 사람입니다. 사도바울이 그랬고 디모데가 그랬습니다. 빌립보서 2:21에서 사도바울은 디모데를 칭찬합니다. "모두가 다 자기 일만 구하고 그리스도 예수의 일은 아랑곳하지 않습니다. 그러나 디모데의 인품은 여러분이 잘 알고 있습니다. 그는 자식이 아버지에게 하듯이 복음을 위하여 나와 함께 봉사하였습니다."

또한 종은 사람과의 관계에서 자신보다 다른 사람을 우선하는 사람입니다. 가정생활에서는 배우자를 행복하게 해주고, 자녀들을 바르게 양육해서 그들이 가진 재능을 잘 발휘할 수 있도록 돕는 것을 섬김의 목표로 삼습니다. 직장에서는 상사에게 없어서는 안 될 사람이 되고, 부하 직원에게는 승진의 길을 열어주는 사람이 되는 것을 섬김의 목표로 삼습니다. 이처럼 종은 섬김을 통해 하나님을 기쁘시게 하고, 이웃을 성공시켜주는 사람입니다.

28. 섬김은 주인의 뜻에 따르는 것입니다.

언젠가 목회자 한 분이 긴히 상담할 것이 있다며 제게 찾아왔습니다. 지금 마땅히 섬기는 교회가 없어서 당분간 이 교회에서 자원해서 봉사하겠다는 것이었습니다. 그러나 저는 그의 제안을 단호히 거절했습니다. 자원봉사란 책임감이 없는 행동일 가능성이 매우 크기 때문입니다. 봉사하다가 힘들거나 어려운 일이 생기면 그만두는 게 자원봉사의 특성이기 때문입니다. 주님의 일이란 나의 상황에 따라 하고 싶으면 하고, 하고 싶지 않으면 그만두는 것이 아닙니다.

이렇게 내 기분과 내 뜻에 따라 봉사할 것인지 말 것인지 스스로 판단하고 결정하는 행위는 나에 대한 주도권을 여전히 내가 가지고 있음을 뜻합니다. 대개 이런 사람들은 살아가는 환경이 좋아 시간에 여유가 있으면 하고, 기분이 좋으면 열심히 하다가도 갑자기 상황이 변하면 아무 소리도 없이 그만둡니다. 예를 들어 기분이 나쁘다거나 시간이 바쁘면 슬며시 뒤로 빠집니다. 대부분 자원봉사자가 이런 유형에 속한다고 보겠습니다.

진짜 섬김은 그 주권이 나 자신에게 있는 것이 아니라 전적으로 주님께 있습니다. 내가 아무리 바쁘고 힘들어서 도저히 감당할 상황이 안 되어도 주님의 뜻대로 순종하려고 무진 애를 쓰며 섬깁니다. 때론 자기 감정과 자존심이 심히 상해도 스스로 극복하며 주님을 섬깁니다. 자신의 환경이나 감정에 좌우되는 것이 아니라, 주님의 말씀과 그것에 대한 사명감으로 섬깁니다. 이것이 진짜 섬김의 모습이요 참 종의 모습입니다.

29. 발을 씻어줄 이웃이 있나요?

예수님께서 제자들에게 마지막 보여주셨던 모습은 섬김입니다. 유월절을 맞이하면서 제자들과 다락방에서 저녁 식사를 하시던 중에 예수님은 대야에 물을 떠서 제자들의 발을 씻어주셨습니다. 허리를 동인 수건으로 한 사람씩 닦아주시면서 이렇게 말씀하셨습니다. "주이며 선생인 내가 너희의 발을 씻겨 주었으니, 너희도 서로 남의 발을 씻겨 주어야 한다. 내가 너희에게 한 것과 같이, 너희도 이렇게 하라고, 내가 본을 보여준 것이다." (요한복음 13장 14~15절)

섬김은 우리가 닮아야 할 예수님의 인격적인 모습입니다. 당시의 관습은 종들이 출타하고 집에 돌아온 주인의 발을, 제자들이 자기를 가르치는 선생의 발을 씻기고 닦아주는 것이 예의였습니다. 그런데도 예수님은 이러한 사회적인 관습과 통념을 넘어서서 진정한 천국 시민의 삶이 무엇인지 죽으시기 전에 친히 본을 보여주셨습니다. 예수님의 이런 모습은 당시 사람들의 상식을 뛰어넘었습니다. 우리는 섬김의 삶을 산다면서도 예전의 세상 관습과 고정관념에서 벗어나지 못한 채 살아가고 있습니다.

주님께서 십자가에 달려 죽으신, 우리가 일컫는바 고난의 주간에 주님의 고난을 묵상하며 경건하게 지내는 것은 그리스도인으로서 매우 바람직한 자세일 것입니다. 그런데 이 고난주간에 단지 십자가의 고통을 생각하며 가슴 아파하는 감성적인 것보다 그분의 마지막 섬김의 모습을 몸소 이웃에게 실천해 보는 것이 더 중요하지 않을까요? 당신이 발을 씻겨야 할 이웃은 누구입니까?

30. 어려움 중에도 섬긴답니다.

어느 교회에 시각장애로 전혀 앞을 보지 못하는 분이 계셨습니다. 그런데 그는 그 교회의 목자가 되어 목원들을 섬기고 있었습니다. 신체적인 장애로 불평과 원망의 나날을 보낼 수도 있는 처지였지만, 도리어 인생의 장애물을 극복하고 목자로 섬겨온 것입니다. 다른 이들 같으면 섬김을 받으려고 할 터인데 도리어 사람들을 섬기는 삶을 살아왔습니다. 더군다나 얼마나 열심히 섬겼는지 남이 한 번도 경험해보지 못한 목장 분가를 여러 번씩이나 했다는 것입니다.

물론 목자 아내(목녀)의 쉼 없는 내조도 한몫했겠지만, 자신의 장애 때문에 섬길 수 없다는 생각보다, 오히려 목자가 되어 사람들을 섬기는 일에 하나님께 쓰임 받고 싶은 생각이 훨씬 더 컸을 것입니다. 어느 날 여러 사람과 함께 식사하는 자리에서 그를 아는 한 분이 그를 모임에 참석한 사람들에게 소개하며 이런 말을 했답니다. "눈 감고도 목자를 한답니다." 비록 그가 사람들을 웃기려고 던진 말이었겠지만, 그 말은 주위 사람들에게 진한 감동과 강한 도전을 불러일으켰습니다.

이처럼 어려운 환경에도 굴하지 않고 목자가 되어 섬기는 모습은 주위 사람들의 비웃음과 조롱보다 커다란 반향(反響)을 일으킵니다. 섬기는 일에는 신체적 장애나 어려운 환경도 사실 핑계가 되지 않습니다. 자신보다 환경이 더 열악한 사람들에게 시선을 돌려보면 그래도 그들보다 나은 조건에 있음을 알게 됩니다. 섬김은 마음의 문제입니다.

31. 서로 간에 신뢰를 쌓아가야 합니다.

　신앙생활 중에 어려운 점 하나를 든다면 사람들과의 관계에서 신뢰를 쌓아가는 일입니다. 섬김은 실제적으로는 목자와 목자 간의 관계, 목자와 목원들 간의 관계에서 거의 이루어집니다. 자기 나름대로 최선을 다해 섬겼는데 뭔가 잘못된 결과가 나타나게 된다면 크게 실망할 것입니다. 이런 일들이 관계 속에서 자주 나타나게 된다면 인간관계에 대한 불신의 두려움이 마음 한구석에 자리를 잡습니다.

　인간관계에서 우리가 조심해야 할 일이 있습니다. 그것은 신뢰감을 잃지 않도록 하는 것입니다. 어떤 때는 상대방의 행동에 대한 자신의 부정적인 예측이 불신을 낳아 섬김의 삶을 방해하기도 합니다. 그로 인해 사역이 위축됩니다. 설령 섬긴다고 할지라도 겉으로만 섬기는 척하는 가식적인 섬김의 늪에 빠질 가능성이 큽니다. 때론 일방적으로 신뢰를 깨는 사람, 신의를 저버리는 사람, 이간질을 통해 관계를 깨뜨리는 사람 등 여러 종류의 상황을 겪기도 합니다.

　서로를 신뢰하지 못한다면 원활한 사역이 이루어지지 않습니다. 신뢰가 가정교회 사역의 기초이기 때문입니다. 우선 목자들 간에 서로 신뢰 관계가 형성되도록 힘써야 합니다. 상대방의 목자를 존중하기 위해서는 다른 목장의 목원을 사사로이 만나거나 해서는 안 됩니다. 이것은 신뢰를 쌓아가는 사역의 가장 기본적인 예의입니다. 더 중요한 것은 목자와 목원들이 서로를 한식구로 인식하고 존중해 줄 뿐만 아니라 허물까지도 받아들일 줄 아는 일입니다.

32. 갈등은 사랑의 또 다른 이름입니다.

목장 모임은 서로 사랑하고 섬기려고 모인 곳입니다. 그런데 종종 갈등이 생길 때가 있습니다. 이것은 당연한 일입니다. 갈등은 서로 사랑하는 과정에서 겪는 성장의 아픔입니다. 우리가 예수님을 믿는 믿음으로 죄에서 의롭게 되었지만, 그렇다고 완전한 사람이 된 것은 아닙니다. 우리는 모두 불완전한 모습을 가진 사람들입니다. 그러다 보니 우리의 사랑과 섬김도 불완전하기 마련입니다.

사랑은 부족한 것을 완전에 이르도록 활력을 보충해 주는 영양제요, 이해관계가 얽히고설켜서 멀어질 수밖에 없는 사이를 이어주는 강력한 접착제입니다. 사랑하는 사람만 사랑한다면 그것은 진정한 사랑이 아닙니다. 목장 안에서 서로 섬기다 보면 때론 서로 넘을 수 없는 간극(間隙)으로 인해 힘들기도 하고, 상대방에게서 바라던 기대감에 미치지 못해 실망하기도 합니다. 문제는 갈등이 생길 때 그대로 두어서는 결코 안 된다는 사실입니다.

갈등을 극복하려면 우선 서로의 모습을 있는 그대로 인정해 주어야 합니다. 상대의 부족한 모습을 비판하기보다 자기 모습을 비춰봐야 합니다. 불완전한데도 서로를 사랑하고 섬기는 그 자체는 매우 아름다운 모습입니다. 또한 서로에게 솔직해야 합니다. 기회가 주어진다면 자신의 마음에 있는 부담감이나 실망하는 부분을 자연스레 고백할 수 있어야 합니다. 목장 모임은 우리의 부족함과 연약함을 서로 세워주기 위한 모임입니다. 이러한 모임에서 진정한 하나님의 용서와 사랑을 경험하게 됩니다.

33. 섬김의 모습이 참 행복해 보입니다.

지난 몇 년 동안 가정교회를 하며, 또 여러 교회를 방문하거나 콘퍼런스에 참석하면서 섬김의 모습들을 보아 왔습니다. 그럴 때마다 하나님 앞에서 섬기는 것처럼 아름다운 모습도 없다는 것을 느끼곤 합니다. 특히 아름답게 느껴지는 것은 '소리가 나지 않는 섬김'의 모습입니다. 여러 사람이 모이다 보면 종종 시끄러운 소리가 들려오는데, 가정교회를 하면서부터는 전혀 큰 소리도 나지 않고, 맡은 일을 부지런히 하려는 모습들만 보입니다.

때론 "행복한 모습의 섬김"을 볼 때도 있습니다. 목자 목녀들의 온전한 헌신과 기쁨의 사역이 만들어 낸 결과물입니다. 목자 목녀들의 환한 웃음과 기쁨으로 섬기는 모습에서 '바로 이런 것이 천국이겠구나' 하는 생각을 갖지 않을 수 없습니다. 어느 한 사람도 얼굴에 그늘진 모습이 없습니다. 목자가 자기 비용을 들여가며 목장을 이끌어가고, 불신자들을 전도하기 위해 VIP로 섬긴다는 것이 힘든 일이지만 기쁨으로 수고하는 이들의 모습에서 참 행복이 무엇인가를 봅니다.

'감동을 주는 섬김', 이것이 가정교회의 또 하나의 큰 특징입니다. 기쁜 맘으로 하는 섬김에는 항상 감동이 있습니다. 매주마다 목자와 목녀가 기도와 사랑의 마음을 담아 음식을 빚어냅니다. 음식을 맛있게 먹으면서 나누는 교제는 세상에서 맛볼 수 없는 가장 맛있는 요리입니다. 세상에 어느 요리사가 눈물의 기도와 사랑의 땀으로 양념 된 요리를 담아냅니까? 이 음식을 먹으면 행복해지지 않을 수가 없습니다.

제3장 당신의 마음에 감사가 있나요?

34. 섬김을 가능케 하는 버팀목

아무런 연관이 없는 사람을 섬긴다는 것은 결코 쉬운 일이 아닙니다. 인간관계를 맺을 때 처음에는 어색할 뿐만 아니라 접촉하는데도 어떻게 해야 할지 많은 고민이 됩니다. 그런데도 굳이 섬기려 하는 데는 자기 나름대로 이유가 있어야 합니다. 우리의 섬김은 영리 목적이 아니기 때문입니다. 그것은 오로지 주님의 명령, 불신 영혼을 구원하여 제자로 삼으라는 말씀 때문입니다.

이웃을 섬기는 일을 가능케 하는 두 개의 버팀목이 있습니다. 첫 번째 버팀목은 하나님께 감사하는 마음입니다. 누군가의 섬김을 통해서 나를 구원해 주신 하나님의 은혜보다 더 큰 감사가 어디 있을까요? 우리가 아직 죄인 되었을 때 아들이신 예수님을 우리 죄를 대신하여 십자가에 못 박아 죽게 하셨습니다. 그리고 하나님은 누군가의 섬김을 통해 우리에게 복음을 듣게 하셨습니다. 우리는 이 믿음으로 말미암아 값없이 거저 구원을 얻었는데, 이걸 일컬어 하나님의 은혜라고 부릅니다.

두 번째 버팀목은 이웃을 사랑하는 마음입니다. 이 세상에 그 어떤 것도 생명보다 소중한 것은 없습니다. 돈도, 명예도, 권력도 생명이 있을 때 비로소 필요한 것입니다. 우리가 불신 영혼을 섬기려는 이유는 그들의 영혼을 죄와 사망에서 구원하는 것, 즉 그들이 영원한 생명을 얻도록 돕기 위함입니다. 그러기 위해선 우리 안에 이웃을 불쌍히 여기는 마음, 진정으로 그들의 영혼을 사랑하는 마음이 있어야 합니다. 이 마음이 섬김을 가능케 합니다. 감사와 사랑은 섬김의 내적 동기입니다.

35. 당신의 마음에는 감사가 있나요?

섬기는 자의 마음 자세는 감사하는 마음입니다. 감사하는 마음을 가지면 섬기는 일이 한층 즐겁습니다. 섬기고 나서 몸은 힘들지만, 마음에는 표현할 수 없는 뿌듯함과 기쁨이 있습니다. 가정형편이 어려운데도 꾸준히 자원봉사 하는 분들이 주위에 있음을 종종 봅니다. 이들이 이렇게 하는 것은 자신보다 더 많은 어려움을 겪고 있는 사람들을 도움으로 보람을 느끼기 때문입니다. 나도 누군가를 위해 헌신할 수 있다는 생각은 삶의 가치를 느끼게 해줍니다.

만일 섬기기는 하되 억지로 한다면, 그것은 아직도 과거의 나 중심의 삶에서 벗어나지 못한 데서 비롯된다고 말할 수 있습니다. 애덤 그랜트의 말처럼 '다른 이들을 섬기는 것은 우리 자신을 위해 가장 좋은 것'이긴 하지만, 오랫동안 나 중심적인 삶에 타성이 붙어있기에 남을 섬기는 일에 힘들어하는 것은 당연한 현상입니다.

우리가 감사하는 마음으로 사람을 섬겨야 할 이유는 구원의 은혜입니다. 빌립보서 2장 7~8절은 말합니다. "오히려 자기를 비워서 종의 모습을 취하시고, 사람과 같이 되셨습니다. 그는 사람의 모양으로 나타나셔서, 자기를 낮추시고 죽기까지 순종하셨으니, 곧 십자가에 죽기까지 하셨습니다." 하나님의 아들이신 예수님께서 우리를 섬기시기 위해 스스로 종의 모습으로 낮아지셨고, 우리를 죄와 사망에서 건지시려고 대신 죽으셨습니다. 이것이 감사함으로 섬겨야 할 이유입니다.

36. 요즘 당신의 감정은 어떤가요?

섬김은 의지적인 자기 표현법입니다. 신앙생활에서 섬김처럼 적극적인 행동도 없습니다. 철저한 자기 헌신, 온전한 자기희생이 없이는 남을 섬길 수 없기 때문입니다. 직장생활에서 이루어지는 섬김은 수직적인 상하관계로 대부분 의무적이지만, 교회 안에서의 섬김은 너와 나의 수평적인 대등한 관계로 이루어지는 자발적인 행위입니다. 남을 섬기지 않았다고 해서 결코 불이익을 받지도 않습니다. 하기 싫으면 그만입니다.

섬기는 삶은 자발적이어야 합니다. 마지못해 어쩔 수 없이 하는 섬김은 사람을 감동하게 하는 매력이 없습니다. 오히려 섬김을 받는 상대방이 매우 불편하게 느낍니다. 음식을 대접하면서 힘들다고 투덜거린다거나 찡그린 표정을 짓는다면, 식사를 하는 사람도 마치 얻어먹는 느낌이 들어 불쾌할 것입니다. 음식을 맛있게 먹을 수 없습니다. 먹으면서도 돌을 씹는 기분이 든다든지, 먹어도 소화가 안 될 것입니다. 억지로 하는 섬김은 상대방에게도 그대로 전달됩니다.

자발적인 섬김의 동기를 주는 것은 감사하는 마음입니다. 예수님이 구원해 주신 은혜, 하나님이 자녀로 삼으신 은혜, 교회 안에서 영적인 한 가족 됨, 나의 손과 발을 도구로 써 주시는 것 등등 이러한 것에 감사의 마음이 있어야 진정한 섬김이 이루어집니다. 신약성경에 사용된 감사라는 말은 '은혜를 입은 것에 대해 나타내는 감정'을 뜻합니다. 그러기에 섬기기 전에 하나님이 베푸신 수많은 은혜에 대한 나의 감정이 어떠한지 살펴보아야 하겠습니다.

37. 하나님이 기뻐하시는 삶의 모습

감사하는 마음은 하나님께서 매우 기뻐하시는 삶의 모습입니다. 시편 78편은 이스라엘 백성들이 이집트에서 나온 후 40여 년 동안 수많은 이적들을 경험하며 광야에서 살아온 과정들을 기록하고 있습니다. "그들이 광야에서 하나님께 얼마나 자주 반역하였던가? 황무지에서 그를 얼마나 자주 괴롭혔던가? 그들은 하나님을 거듭거듭 시험하고, 이스라엘의 거룩하신 분의 마음을 상하게 하였다."(40~41절) 그들이 하나님의 마음을 힘들게 한 것은 다름이 아니라 원망과 불평이었습니다.

하나님이 기뻐하시는 우리의 모습은 감사하는 삶입니다. 데살로니가전서 5장 18절에 보면 "범사에 감사하라. 이것이 그리스도 예수 안에서 너희를 향하신 하나님의 뜻이니라."라고 말씀하십니다. 지금 당장 느끼는 부족함 때문에 원망하는 것보다 눈에 보이는 한 가지의 감사가 삶을 훨씬 더 풍성하고 행복하게 이끌어 줍니다. 그런 삶 가운데 하나님이 즐겨 계시며, 하나님의 선하신 도움의 손길이 함께 하십니다.

감사의 유익은 감사의 마음이 사람의 감성을 자극하여 상대방에게 부드러움으로 다가가게 해주며, 사람들과의 관계 형성을 훨씬 쉽게 돕는 데 있습니다. 대개 부정적이고 비판적인 사람은 날카로운 이미지를 가지고 있지만, 긍정적이고 감사하는 마음으로 살아가는 사람은 온유한 이미지를 가지고 있는 이유도 여기에 있습니다. 감사는 긍정적인 자아상을 형성하는 데에도 매우 중요한 역할을 합니다.

38. 꼬리에 꼬리를 물고 오는 축복

감사라는 말은 삶을 행복하게 만드는 윤활유와 같습니다. 인간관계를 부드럽게 만들고, 감사라는 말은 쓰면 쓸수록 삶이 행복해집니다. 감사는 상대방이 내게 베푼 어떤 행위에 대한 고마움의 반응입니다. 누가복음 17장 11~19절에 보면 감사를 표현하는 확률이 단지 10%임을 알 수 있습니다. "열 사람이 다 깨끗함을 받지 아니하였느냐 그 아홉은 어디 있느냐 이 이방인 외에는 하나님께 영광을 돌리러 돌아온 자가 없느냐." 감사가 당연한데도 90% 이상이 감사의 표현이나 반응을 나타내지 않은 채 살아가고 있습니다.

톰 피터스는 'The little big think'에서 말했습니다. "성공이란 오늘 '감사합니다.'라는 말을 몇 번 했는지, 오늘 보낸 감사 편지 수에 비례한다. 모든 일에 감사하는 마음으로 살아간다면 감사해야 할 일은 끊임없이 꼬리를 물고 이어질 것이다." 감사는 좋은 일의 꼬리에 또 다른 축복의 꼬리를 물고 오는 힘이 있습니다. 그러니 뭐든지 잘될 수밖에 없습니다. 성공의 확률적인 측면에서 살펴본다면 감사할 줄 아는 사람은 이미 10%의 숫자에 들어있는 사람이라고 할 수 있습니다.

감사가 사람을 행복하게 만드는 이유는 감사 속에 청량제가 있어서 듣는 사람의 마음을 저절로 기분 좋게 만들어 주기 때문입니다. '감사합니다'라는 말을 듣는 순간, 뭔가 기분이 좋아집니다. 힘들었던 지난 일들이 한순간 씻기듯이 싹 사라집니다. 당연히 해야 할 감사의 말에도 이런 힘이 있는데, 하물며 감사하는 마음으로 섬기고, 더 나아가 '감사합니다'라는 말을 건넬 땐 그 섬김이 얼마나 아름답겠습니까?

39. 계곡에 흐르는 맑은 물이어라.

섬김은 마치 깊은 산속에 흐르는 계곡의 맑은 물과 같아서 섬김을 받는 사람의 마음을 유순하게 하고, 감동의 물결을 통해 세상살이에 찌들고 오염된 사람의 마음을 맑게 정화합니다. 이런 정화작용은 자신의 양심을 되찾게 함으로써 자칫 잃어버리기 쉬운 인간성을 회복하게 만듭니다. 섬김이 있는 곳에 훈훈함이 있고 행복함이 있는 것이 바로 이런 까닭입니다. 사람을 섬기는 일은 결국은 자기 자신에게 행복이라는 가장 큰 선물을 주는 셈입니다.

섬긴다고 하면서 마음에 원망이나 불만이 가득 있게 되면, 정화되지 못한 나쁜 감정이 독(毒)이 되어 상대방에게 고스란히 전달됩니다. 이럴 경우, 상대방이 속으로 기분 나쁘게 여긴다든지, 강한 거부감을 나타내기도 합니다. 이것이 섬김의 부작용입니다. 섬김의 부작용은 섬김으로 인한 유익보다 그 폐해가 생각하는 것보다 훨씬 더 큽니다. 지금까지 애써왔던 일들을 하루아침에 물거품으로 만듭니다. 오히려 나쁜 감정만 상대방의 마음에 심어놓은 결과를 초래합니다.

그러므로 섬기는 자의 마음에 늘 감사하는 마음이 있어야 합니다. 감사는 마치 파장과 같아서 감동의 파장을 일으키며 상대방에게 그대로 전달되어 상대방도 그 따뜻함을 마음에 느끼게 됩니다. 이때 철창처럼 굳게 잠겨있던 마음의 문이 열리기도 하고, 때론 오랫동안 앙금으로 쌓인 원수지간의 벽이 무너지기도 합니다. 감사의 섬김은 이웃과의 관계를 새롭게 그리고 행복하게 만듭니다. 감사는 섬기는 자의 중요한 자세임을 기억해야 하겠습니다.

40. 날마다 다섯 가지씩이나 감사를요?

4주간 동안 시편과 함께하는 오감(五感) 일언(一言) 일기(一祈) 작정 기도회를 진행하였습니다. 이렇게 긴 시간을 작정기도회로 정하고 기도하기는 참 오랜만이었습니다. 처음 목회를 시작할 때는 열정에 못 이겨 40일 작정기도회를 수시로 했던 기억이 납니다. 한때 일천번제 기도회가 유행처럼 퍼져나갈 땐 외출하다가도 밤 10시가 되면 예배당에 나와 성도들과 함께 예배하고 기도하다가 이부자리 깔아놓고 잠자던 일이 선하게 떠오릅니다.

날마다 다섯 가지 감사(五感)를 찾아 하나님께 감사드린다는 것이 처음엔 쉽지 않아 보였습니다. 감사란 특별한 일이 있을 때만 하는 것으로 깊이 인식되어 있기 때문입니다. 그런데 하루하루 지날수록 감사하는 내용이 아주 사소한 것들로 바뀌어 가며 마음에 풍요로움이 찾아오는 것이었습니다. 삶은 어제나 오늘이나 똑같은데도 삶의 질이 달라지기 시작합니다. 불만이나 원망의 마음이 스멀스멀 생기다가도 금세 어디론가 사라져 버립니다.

행복이란 좋은 여건이 다 갖춰졌을 때 오는 것이 아니라, 어떤 마음을 갖느냐에 따라 찾아온다는 사실을 새삼 깨닫습니다. 누구나 다 아는 사실이지만, 아주 작은 것들을 감사 거리로 여기지 않는 것이 불행으로 가는 첫 단계입니다. 감사하는 마음을 갖고 산다고 환경이 나아지지 않을지는 몰라도, 마음속 환경만큼은 달라지기 시작합니다. 그 속에서 자라 나오는 것이 긍정의 생각이요, 그 생각을 바탕으로 적극적인 행동이 나옵니다. 나 스스로가 행복을 만들어 가는 미다스(Midas)의 손이 됩니다.

41. 감사할 일이 없다고요?

지난 시간을 뒤돌아보면 종종 부끄러울 때가 있습니다. 무슨 큰 잘못을 해서가 아니라, 감사할 줄 모르고 살아온 삶이 부끄럽습니다. 누구나 일이 잘 풀리지 않아서 어려움을 겪다 보면 자신도 모르게 짜증을 부리고 불평을 늘어놓거나 원망을 쏟아내기도 합니다. 그런데 이런 삶이 지속되어서는 안 됩니다. 잠시 짜증 내거나 불평하는 일은 어찌 보면 일시적인 인간의 자연스러운 반응일 수 있지만, 이런 상황이 지속되면 자꾸만 마음이 우울해지고 삶이 어두워집니다.

저 역시도 이런 늪에 빠져서 한동안 허우적거린 적이 있기에 이런 상황을 조금은 이해할 수 있습니다. 눈물의 빵을 먹어보지 않은 사람은 배고픈 사람의 심정이 어떤지 결코 헤아리지 못합니다. 질병으로 크게 몸부림쳐 보지 않은 사람이 중증 환자가 겪는 그 아픔을, 사업 실패를 겪어보지 못한 사람이 실패라는 쓰디쓴 아픔을, 죽음이라는 극단적인 상황에 가보지 않았다면 자살하려는 사람의 마음을 이해하지 못합니다.

제가 이런 늪에서 빠져나온 비결이 있다면, 바로 감사였습니다. 어떤 분은 이렇게 말합니다. '도대체 감사할 일이 있어야 감사하지요. 그리고, 감사한다고 문제가 해결되나요?' 중요한 한 가지 사실은 감사에는 마음을 순화시키는 능력이 있습니다. 원망이 가득 찼다가도 억지로라도 감사하게 되면 나도 모르게 원망이 가라앉습니다. 환경은 여전할지라도 마음이 조금씩 평안해지면서 삶에 행복을 느끼게 됩니다. 아픔을 극복하고서 마음에 깃들이는 순화되고 정제된 감성이 감사이기 때문입니다.

42. 진짜 감사할 거리가 뭐예요?

"하루 한 가지씩 감사할 거리를 찾아보기로 결심했더니, 황당하게도 진짜로 감사할 거리가 있지 뭐예요?" 40번 넘는 대수술을 견디고 화상을 극복한 이지선 씨의 고백입니다. 그녀는 교통사고로 몸의 절반 이상에 3도 화상을 입었습니다. 하지만 40번이 넘는 대수술을 견뎌내고 화상을 극복한 비결은 감사에 있었습니다. 억지로라도 하나씩 찾다 보니 진짜로 감사 거리가 있었다며 '처음으로 화장실까지 걸어간 일, 처음으로 환자복 단추를 내 힘으로 채운 일 등 사소한 것들에도 감사하다 보니 어느 날 일반 병실로 옮길 수 있었고 결국은 퇴원했다'라고 합니다.

우리는 특별한 일에만 감사하는 데 익숙해져 있습니다. 일상생활에서 일어나는 지극히 사소한 것에 대해 감사할 줄 모릅니다. 감사할 일이 있어도 당연하다는 듯 그러려니 하고 무심코 지나쳐 버립니다. 그러다 보니 감사하는 마음을 잃어버리게 되고 나중에는 감성이 서서히 황폐해지고 관계도 파괴됩니다. 처음에는 멋지게 시작된 인간관계가 시간이 지나면서 시들해지는 이유도 감사하는 마음을 잃기 때문입니다.

감사하는 마음은 자기 자신에게 희망을 품게 합니다. 감사하는 마음을 갖게 되면 자신이 처한 환경을 보는 시각이 부정적인 면에서 긍정적인 면으로 바뀝니다. 모든 걸 참을 수 있는 인내심이 생기면서 마음에 불평이 사라집니다. 감사하는 마음에는 슬픔이 자리 잡지 못하므로 불행의 씨앗이 싹 틀 자리가 없습니다. 가장 행복하고 부유한 사람은 자기가 가지고 있는 것을 감사하는 사람입니다.

43. 감사를 헤아리는 밤을 가져보셨나요?

감사라는 단어를 떠올릴 때면 문득문득 윤동주의 시 [별 헤는 밤]이 떠오릅니다. '(상략) 나는 별 하나에 아름다운 말 한마디씩 불러봅니다. 소학교 때 책상을 같이 했던 아이들의 이름과 패(佩), 경(鏡), 옥(玉) 이런 이국 소녀들의 이름과 벌써 아기 어머니 된 계집애들의 이름과 (중략) 프랑시스 잠, 라이너 마리아 릴케 이런 시인들의 이름을 불러봅니다. (하략)'

깊은 밤인데도 잠이 오지 않을 때는 침대에 누워 별 헤듯이 지나온 일들을 곰곰이 되짚어 봅니다. 그럴 때마다 그 하나하나에 하나님의 손길이 있음을 깨닫습니다. 그야말로 별 하나에 감사 한마디를 읊조리는 거죠. 그렇게 하나님께 감사를 드리다가 스르륵 잠이 들곤 합니다. 지금까지 하나님께서 제게 베푸신 은혜와 사랑이 어찌 밤하늘의 뭇별보다 적을까요. 감사가 은하수를 이루어 하나님이 계신 곳에까지 맞닿습니다. 그러는 날엔 눈물이 새벽이슬 되어 눈가를 적십니다.

목회가 갈수록 힘들어지고, 교회의 임대료는 차곡차곡 밀려가고, 카드회사에서 독촉하는 전화가 빗발치듯 걸려 오며, 사는 게 사는 것이 아니었던 시절이 있었습니다. 그런데 저의 간증이 담긴 수필집을 써가면서 하나님의 섬세하신 손길을 깨닫고서야 비로소 살아온 날들이 다 하나님의 은혜였음을 고백할 수 있었습니다. 지금도 잠이 안 올 땐 감사를 하나하나 헤아리며 고백한답니다. '하나님 감사합니다.'

44. 감사는 행복을 가져오는 좋은 습관입니다.

요즘 우리나라 경기가 IMF 때보다 더 어렵다고들 합니다. 만나는 사람마다 한결같이 사는 것이 너무 힘들고 고달프다고 합니다. 혹시 당신도 삶이 힘들어서 투덜거리진 않나요? 경제적으로 어려워서 나도 모르게 원망이나 불평을 말하지는 않나요? 영국의 유명한 설교가인 스펄전은 이렇게 말했습니다. "불행할 때 감사하면 불행이 끝나고, 형통할 때 감사하면 형통이 연장된다." 감사는 불행을 끝내게 하는 묘약입니다.

힘든 것을 힘들다고 사실 그대로 말하는 것이 뭐가 잘못이겠습니까만, 그런 마음가짐으로는 당신을 둘러싸고 있는 불행한 환경을 걷어낼 수 없습니다. 『365 Thank You- 마음을 감동시키는 힘』의 저자인 존 크랠릭은 할아버지께 이런 말을 들었습니다. '네가 가지고 있는 것들에 감사하는 법을 배울 때까지 너는 원하는 것을 얻지 못할 것이다.' 축복받는 사람이 되기를 원한다면, 먼저 감사하는 연습부터 하십시오.

성공하는 사람들의 습관 중의 하나가 감사하는 것이라고 합니다. 원망을 통해 인간은 비루(鄙陋)한 자가 되기도 하고, 감사를 통해 부자가 되기도 합니다. 어려운 환경에 나를 방치하면 불평과 원망이라는 습관이 독버섯처럼 자라게 됩니다. 감사는 마치 당신의 얼굴을 아름답게 다듬는 화장의 마지막 손질과도 같습니다. 「베티 스타」의 다음과 같은 조언을 들려주고 싶습니다. "하루를 원망하며 사는 것보다는 하루를 감사히 받아들이는 것이 나에 대한 최선의 예의이다."

45. 이런 것도 감사하느냐고요?

몇 주 전 갑자기 감사에 대한 좋은 글감이 떠올랐습니다. 그런데 막상 글을 쓰려고 하니 글감이 어디론가 사라져 버렸습니다. 컴퓨터에 남겼나, 스마트폰에 남겼나? 아무리 찾아봐도 없습니다. 머릿속에도 흔적 없이 사라져 버렸습니다. 기억 어딘가에 남아있는지 며칠을 수색(?)했으나 찾질 못했습니다. 글을 쓴다는 것이 이렇게 쉽지만은 않습니다.

이처럼 저는 기억력이 안 좋은 편에 속합니다. 학생 시절에 제일 힘든 시험 문제는 외워서 쓰는 문항들이었습니다. 열 개를 외우면 한두 개 정도 겨우 기억할까요. 영어 단어, 수학 공식, 국사나 세계사 연도 등등 암기에는 도무지 자신이 없었습니다. 그런데 이런 현상이 목회에서도 그대로 나타났습니다. 전화번호 외우기, 심지어 교회에 새로 등록한 신자 이름을 기억하는 것은 고역이었습니다. 이거 너무 심하다 싶었죠.

그런데 기억을 잘 못하는 것이 결코 나쁜 것만은 아니라는 사실에 감사하였답니다. 왜냐고요? 무슨 안 좋은 일이 있을 땐 그 문제에 집착하지 않으니까요. 사건을 잊었기에 불현듯 생각나는 경우가 많지 않습니다. 시간이 지나면 실타래처럼 얽힌 감정도 어느새 수그러들고 생각이 단순해집니다. 그러다 보니 스트레스를 비교적 적게 받습니다. 기억력 부족, 이것이 시험으로부터 나를 보호해 주고, 스트레스로부터 나를 지켜주는 하나님의 방어기제인 셈입니다. 그래서 부족한 기억력에 감사하곤 합니다.

46. 침상에서의 짧은 감사

돈을 많이 벌어 은행 잔고를 많이 쌓은 사람은 부자이지만, 좋은 추억을 많이 쌓은 사람은 행복한 삶의 부자입니다. 이 두 종류의 사람 중에 나는 어떤 사람일까? 그간 작은 교회에서 목회하며 성도들을 섬기느라 돈하고는 멀리 지냈기에 부자는 아니지만, 섬김을 위한 좋은 추억들이 차곡차곡 쌓였으니 행복한 사람이겠죠? 언젠가 컴퓨터 하드디스크를 정리하다 보니 웬 사진들이 그리 많은지…. 물론 사진 찍기 좋아하니까 파일이 많겠지만, 그만큼 좋은 추억이 많다는 증거가 아닐까요?

행복을 사전에서 이렇게 설명합니다. "생활에서 충분한 만족과 기쁨을 느끼어 흐뭇해하거나 그러한 상태." 행복이란 현재 삶의 상태를 마음으로 느끼는 어떤 감정임을 알 수 있습니다. 돈이 행복한 삶을 이루는 하나의 조건은 될지언정 절대적인 조건은 아닙니다. 저같이 돈이 적어도 얼마든지 행복을 느낄 수 있기 때문입니다. 돈과 같은 것에서 행복이 찾아온다면 소유물이 많은 부자가 더 많이 행복해야 하지 않을까요?

코로나19 감염이 저희를 불행하게 만든 것이 아니라, 오히려 행복을 선물하고 갔답니다. 코로나19에 감염되어 생사를 넘나들던 때 치료 방법을 찾아 병원을 전전긍긍하다 지친 몸으로 밤을 맞이하면, 침상에서 안사람과 손을 맞잡고 생명의 주님께 기도하였답니다. '하나님, 오늘도 저희 생명을 지켜주셔서 감사합니다. 그리고 오늘도 목회자로 섬길 수 있어서 감사합니다.' 그때부터 침상에서 하는 감사 기도의 습관을 줄곧 이어오고 있는데요. 단지 하루의 생명을 지켜주심만으로도 감사하니 행복도 내 침상에 새근새근 잠이 듭니다.

47. 나눔은 감사의 또 다른 이름입니다.

일반적으로 우리가 섬김이라는 말을 사용할 때 자주 곁들이는 단어가 나눔입니다. 섬김에 감사와 나눔은 하나의 짝을 이룹니다. 감사하다고 하면서도 나눌 줄 모른다면 섬김이 온전히 이루어질 수 없습니다. 단지 구호에 그칠 뿐입니다. 나눔은 감사의 실제적인 한 방법입니다. 나의 소유를 도움이 필요한 다른 사람에게 나누어줄 때 비로소 섬김이 이루어지는 것입니다. 감사와 나눔이 있으므로 섬김이 온전해집니다.

섬김의 생활에 갈등을 겪는 사람들은 대부분 욕심이 많은 사람일 것입니다. 평생 자신의 소유욕을 위해 살아왔으니, 이들에게는 나눔이라는 것이 익숙하지 않습니다. 남들이 나눔을 실천하는 모습이 보기에는 좋지만, 정작 자신이 실천하려고 하면 그리 쉽지 않습니다. 이런 면에서 보면 나눔은 많은 연습이 필요함을 알 수 있습니다. 자꾸만 소유하려는 욕망을 자제하고 우선 조그마한 것부터 나누는 연습을 해야 합니다. 작은 실천이 큰 실천으로 이어집니다.

섬김은 자신의 것을 나누어주는 것입니다. 사람들을 섬기려면 시간을 내주어야 하고, 경제적으로 도우려면 물질을 내주어야 합니다. 생활적인 측면에서 도우려면 자신의 재능을 내주어야 합니다. 영적인 면에서 도우려면 받은 은사를 내주어야 합니다. 이렇게 나눔을 통해 섬기게 될 때 입으로만 사랑하는 것이 아니라, 우리는 행동으로 사람을 도울 수 있습니다. 성경은 이렇게 권합니다. "자녀 된 이 여러분, 우리는 말이나 혀로 사랑하지 말고, 행동과 진실함으로 사랑합시다." (요한일서 3장 18절)

48. 내겐 섬길만한 것이 없다고요?

사람들이 나눔을 생각할 때 물질과 연관시키려는 경향이 많습니다. 나눔은 대부분 물질의 형태로 이루어지기 때문에 그렇게 생각하는 것이 당연한지도 모릅니다. 어쩌면 내가 오히려 남에게 도움을 받아야 할지도 모릅니다. 그러다 보니 나는 늘 나눌 것이 없다고 여기게 됩니다. '사실 먹고 살기에도 빠듯한데, 어디 남을 도울 물질의 여유가 있겠습니까?' 이러한 생각은 '나눔이란 물질을 가진 자가 가지지 못한 자를 돕는 것'이라고 국한하고 있기에 생깁니다.

우리가 섬김을 통해 나눌 수 있는 것은 물질 외에도 많습니다. 우선 재능의 나눔이 있습니다. 하나님은 우리가 거듭나는 순간, 한 가지 이상의 재능을 주셨습니다. 이 사실은 고린도전서 12장 은사와 교회의 지체라는 관점에서 잘 설명하고 있습니다. 몸에 어느 하나 불필요한 것이 없듯이 교회 안에 성도 한 사람도 필요하지 않은 사람이 없습니다. 자기 자신이 깨닫지 못해서 그럴 뿐이지 누구나 다 한 가지 이상의 재능을 받았습니다. 이 재능은 서로 세우기 위한 목적으로 받은 것입니다.

우리가 나눌 수 있는 것 중에 또 한 가지는 중보기도의 나눔입니다. 내가 기도하는 시간에 어려움을 당한 누군가를 위해 기도해 주는 것, 이것은 영적인 나눔입니다. 중보기도는 서로가 짐을 나누어지는 것입니다. 이것은 짐을 마음으로 나누는 것이며, 영적으로 나누는 것입니다. 이웃에게 조금만 관심이 있다면 얼마든지 기도로 도울 수 있습니다. 이렇게 생각해 보면 나눔을 통한 섬김이 결코 어려운 것만은 아닙니다. 관심의 문제입니다.

49. 섬김 자체를 즐겨야 합니다.

진정한 섬김의 사람은 섬김 자체를 즐깁니다. 큰맘 먹고 섬김의 삶을 실행하는 것도 중요하지만 지극히 작은 것부터 섬기는 것을 즐겨야 합니다. 섬김을 즐기지 않는 사람은 오래 섬김의 삶을 살 수 없습니다. 섬김은 지금 당장 커다란 희생을 요구하지 않습니다. 순교한다거나 거액의 재산을 기부해야 하는 그런 종류의 삶이 아닙니다. 남의 손길이 미치지 않는, 나의 도움의 손길이 필요한 곳이라면 그곳이 바로 섬김의 현장입니다.

예전에 친구 목사님들과 오랜만에 만나는 모임이 있었습니다. 몇 년만에 만나는 한 목사님에게 너무 반가운 나머지 이렇게 인사했습니다. "목사님, 요즘 목회가 재미있으시죠?" 그러자 그분은 대뜸 이렇게 말하는 것이었습니다. "목회를 재미로 해요? 사명으로 하지!" 분명 그분의 말이 틀린 것은 아니었습니다. 그런데 내 마음에 그분의 말이 사명감이 넘치는 은혜로운 말로 들리지 않았습니다. '지금 목회 상황이 상당히 힘들겠구나' 하는 느낌으로 다가왔습니다.

뭔가 목표를 이루기 위해 갖은 힘을 다해 죽자살자고 하는 자세도 중요합니다. 그러나 이보다 더 중요한 것은 지금 자신이 하는 일을 즐기는 것입니다. 일정한 목적을 정하고 곧장 달려가는 사람보다 그 과정 자체를 즐기는 사람이 성공할 확률이 더 높습니다. 앞으로만 달려가는 사람은 쉽게 지치지만, 즐기는 사람은 지칠 줄 모르기 때문입니다. 오히려 일을 즐기는 그 과정에서 힘을 얻습니다. 그러니 능력이 배가되는 것입니다. 우선 섬김을 즐기는 것부터 배우는 것이 어떨까요?

제4장 섬김은 인간관계의 천국 사다리

50. 멀리 가려거든 함께 가십시오.

인디언 속담에 이런 말이 있습니다. '빨리 가려거든 혼자 가라. 멀리 가려거든 함께 가라.' 어떤 급한 용무가 있어 빨리 가야 하는데 부득이 하여 여럿이 가게 되면 때론 발걸음에 지장을 줄 수도 있습니다. 동행 하나 없는 낯선 여행길, 그것도 머나먼 여행길을 혼자 갈 때, 처음에는 홀가분할지 몰라도 시간이 지날수록 고독이 밀려오는 외로운 길이 될 것입니다. 사랑하는 이나 친한 이가 곁에 있다면 그 여행길은 이내 즐 거움으로 바뀌게 될 것입니다.

신앙생활도 이와 마찬가지입니다. 천국에 가는 길, 이 땅을 떠날 때 는 혼자서 가야 하겠지만 그렇다고 해서 자기 마음대로 가고 싶을 때 아무 때나 가는 길은 아닙니다. 하나님의 백성인 성도들과 더불어 몇십 년 살 만큼 살다가 주님께서 부르실 때 가는 길입니다. 이 세상에 사는 동안 때로는 외로움도 있고, 괴로운 일도 만나기에 머나먼 인생길을 결 코 혼자서만 살아갈 수 없습니다. 그러니 멀리 바라보고, 성도들과 더 불어 섬기며, 천천히 가는 것이 멋진 인생을 사는 길입니다.

섬김은 인생길을 행복하게 하는 활력소입니다. 누군가의 섬김을 통 해 위로받고, 힘과 용기를 얻게 됩니다. 또한 섬김은 인생 여행길에 꼭 필요한 생수입니다. 심한 갈증으로 시달리고 지쳐있을 때 목을 시원하 게 적셔주는 한 모금의 물입니다. 섬김은 험한 인생길에 지쳐 마음이 팍팍해질 때 삶을 새롭게 하는 생수입니다. 섬김으로 이웃이 행복해집 니다. 누군가의 인생길에 동행자가 되어 섬김의 삶을 산다면 나 또한 행복해질 것입니다.

51. 좋은 이웃을 얻고 싶은가요?

요즘 아파트의 층간 소음이 사회적인 문제로 대두되고 있습니다. 위층과 아래층이 서로 항의하는 과정에서 커다란 불상사가 여기저기에서 발생함을 종종 듣습니다. 때론 이것이 감정싸움으로 격화되어 이웃의 목숨까지도 앗아가고 있는 현실을 보며 참으로 안타까움을 금할 길이 없습니다. 이처럼 우리가 이웃과 어떤 관계를 맺느냐에 따라 행복한 삶을 살기도 하고 씻을 수 없는 불행의 길로 가기도 합니다.

속담에 '세 닢 주고 집을 사고 천 냥으로 이웃을 산다'라는 말이 있습니다. 사실 세 닢과 천 냥의 차이는 엄청납니다. 우리는 좋은 이웃을 얻으려는 것보다 우선 집부터 사려고 합니다. '팔백 금으로 집을 사고 천금으로 이웃을 산다'라는 격언도 있습니다. 대궐 같은 좋은 집에서 사는 것보다 좋은 이웃과 함께 사는 것이 훨씬 더 낫다는 말입니다. 좋은 집보다 좋은 이웃이 중요함을, 인간관계가 얼마나 소중한지를 옛 선인들이 살아오면서 느낀 경험을 역설하고 있는 삶의 격언들입니다.

성경은 말합니다. "선물은 사람이 가는 길을 넓게 열어주고, 그를 높은 사람 앞으로 이끌어 준다. 너그럽게 주는 사람에게는 은혜 입기를 원하는 사람이 많고, 선물을 잘 주는 사람에게는 모두가 친구이다."(잠언 18장 16절, 19장 6절) 선물을 주고서라도 이웃을 만들라는 것입니다. 내가 이사하여 살려고 하는 '좋은 집의 가치'보다 함께 살아가야 할 '이웃의 가치'가 비교할 수 없을 만큼 더 큽니다. 우리의 작은 섬김이 좋은 이웃이 되어주고, 좋은 이웃을 만드는 가장 효과적인 방법입니다.

52. 영혼 구원을 향한 황금 인맥

사람은 누구나 마음속으로는 인간관계를 잘 맺고 싶어 합니다. 주위에 좋은 인맥을 형성하여 살아가는 사람을 보면 정말 부러울 때도 있습니다. 그래서 소극적이고 내성적인 자신의 성격을 탓하기도 합니다. 마당발처럼 활동적인 사람을 보면 자신도 모르게 기가 죽어 남아있던 자신감조차 잃어버리기도 합니다. 그렇다면 인간관계의 달인이 되기 위해서는 어떻게 해야 할까요? 내성적인 성격을 바꿔야 할까요? 그 비결은 없는 것일까요?

인간관계에서 가장 중요한 비결은 섬김의 정신을 갖는 것입니다. 섬김의 정신이란 '내가 상대방에게 어떠한 도움이 될 수 있을까?'를 먼저 생각하는 자세입니다. 누군가를 처음 만나게 되면 우선 상대방에게 내가 어떻게 도움이 될 수 있을지를 골똘히 생각해 봐야 합니다. 우리가 흔히 하는 실수는 아무런 생각 없이 무턱대고 상대방에게 도움을 주려고 대드는 태도입니다. 이런 방식은 오히려 상대방에게 부담감만 안겨주어 관계 형성에 커다란 장애가 됩니다.

도움을 주려는 섬김의 자세와 정신을 가지고 상대방을 꾸준히 대하면 그 사람의 필요를 발견할 수 있습니다. 여기에서 관계 형성의 좋은 방법이 나오고, 이런 행동들이 하나하나 차곡차곡 쌓여 황금과 같은 좋은 인맥을 형성하게 됩니다. 좋은 관계를 맺는 것이야말로 비즈니스 세계에서 성공의 중요한 요인이기도 하지만, 영적인 일에서도 영혼을 구원하는 일에 결정적인 역할을 합니다. 좋은 인간관계를 형성하는 일은 곧 영혼 구원의 황금 인맥을 만드는 셈입니다.

53. 황금률의 실천 원리인 섬김

예수님은 이웃사랑의 실천 방법을 교훈하셨습니다. "그러므로 너희는 무엇이든지, 남에게 대접을 받고자 하는 대로 너희도 남을 대접하여라. 이것이 율법과 예언서의 본뜻이다." (마태복음 7장 12절) 하나님께서는 구약시대의 많은 선지자를 통해 그의 백성들에게 인간관계에 대한 수많은 가르침을 주셨는데, 이것을 한마디로 요약한다면 이웃사랑, 네 이웃을 네 몸과 같이 사랑하라는 말씀입니다.

간혹 어떤 사람은 좋은 교훈이나 은혜로운 설교를 들을 때 그것을 자신보다는 남에게, 그것도 자기와 사이가 안 좋은 사람에게 적용하려는 경향이 있습니다. '이 설교는 아무개가 꼭 들어야 하는 말씀인데….' 이런 식으로 자기는 변하려 하지 않고 남이 변하기만을 바라는 마음을 가지고 있다면, 변화는 절대로 일어나지 않습니다. 인간관계의 변화는 대부분 나를 기점으로 해서 파장을 이뤄갑니다. 다시 말해서 인간관계의 행복을 위한 변화는 나로부터 시작됩니다.

그러므로 상대방과 관계가 좋아지기를 원한다면 내가 먼저 참다운 관심을 표시하십시오. 아는 사람을 만나거든 먼저 '안녕하십니까? 만나서 반갑습니다.' 이렇게 기분 좋은 말을 건네십시오. 이에 대한 반응은 즉각적으로 올 수도 있고, 서서히 나타날 수도 있습니다. 아무튼 지속적이고 적극적인 섬김의 삶은 상대방의 마음에 긍정적인 변화의 반응을 불러일으킵니다. 인간관계를 황금의 인맥으로 이루어 줍니다.

54. 이제라도 황금 인맥을 만들어요.

좋은 이웃 관계를 형성하는 데 섬김보다 더 훌륭한 방법도 없을 것입니다. 섬김은 내가 예수님의 삶의 방식을 실천하는 방법이기도 하거니와 그로 인해 많은 사람과 좋은 관계를 맺게 하는 방법이기도 합니다. 섬김이 좋은 이웃과의 관계를 형성해 주는 이유는 사람들의 마음에 신선한 반향을 일으키기 때문입니다. 섬김을 받으려고만 하는 이때, 자기를 섬겨주니 싫어할 사람이 어디 있을까요?

그러나 이기적인 목적을 가지고 섬기며 그것을 인맥 쌓기에 이용하려 한다면, 상대방의 마음에 감동을 주기 어렵습니다. 어떤 야욕을 가지고 섬기려 한다면, 언젠가는 자신의 숨겨진 욕심의 정체가 드러나게 됩니다. 특히 이해관계가 얽혀 손해를 봐야 할 상황일 경우에는 더욱 두드러지게 나타납니다. '사람이 무엇으로 심든지 그대로 거둔다'라는 갈라디아서 6장 7절의 가르침처럼 인간관계로 맺은 인맥의 혜택은 섬김의 지속적인 활동과 그것을 위해 꾸준히 심은 결과로 자연적으로 따라옵니다.

황금과 같은 축복의 인맥은 아무런 대가를 바라지 않고 그저 상대방이 잘되고 또 성공할 수 있도록 내가 먼저 도울 때, 적금통장에 돈이 모이듯 조금씩 쌓여가게 됩니다. 누군가를 만나면 내가 이 사람을 어떻게 돕고 섬길 수 있는지 먼저 자신에게 질문하는 사람이 황금 인맥을 이루는 해답을 가진 인간관계의 달인이 될 가능성이 큽니다. 특히, 평소에 아랫사람에게 잘 대해주는 사람이 어떤 좋은 기회가 주어졌을 때 진짜 성공으로 이어주는 축복의 인맥을 가진 사람이 될 가능성이 매우 높습니다.

55. 불편을 느끼게 하는 섬김도 있답니다.

사람을 섬기려는 까닭은 상대방을 돕기 위한 것입니다. 그런데 그 섬김이 상대방에게 도움이 되지 않고 큰 불편을 느끼게 한다면, 그것은 뭔가 잘못된 것입니다. 그러기에 섬김에는 상대방을 잘 살필 줄 아는 세심한 주의력이 필요합니다. 그래야 적절한 시기에 적절하게 대응하여 섬길 수 있습니다. 상대방을 돕기 위해 생각 없이 무턱대고 섬기려다가는 오히려 낭패당하게 됩니다. 특히 상대의 자존심을 건드리는 행동을 해서는 안 됩니다.

섬기더라도 상대방이 불편을 느끼는 경우는 섬기는 대상의 감정보다 자기감정을 우선할 때입니다. 자신의 감정에 사로잡혀 기분 따라 행동하면 상대방은 불편해합니다. 자기는 기분이 좋아 신바람이 나서 행동하는데, 상대방은 어떤 심각한 문제로 매우 우울한 상태에 있다고 합시다. 그럴 땐 상대방의 기분을 살펴서 행동해야 합니다. 상대방 마음은 아랑곳하지 않고 자기 기분대로 한다면 문제가 생기는 것은 당연합니다.

또 하나의 경우는 지나친 간섭입니다. 돕는 마음으로 시작한 섬김이 시간이 지나다 보면, 상대방의 개인적인 일에 끼어들기 쉽습니다. 상대방이 원하지 않는데도 잘못을 지적하거나 감정을 건드리고, 심지어 가정사에 끼어들기까지 합니다. 그러다 보면 틈새가 벌어지고 나중에는 이유도 없이 상대방이 멀리하려고 합니다. 지나친 관심은 자칫 간섭으로 흐르게 됨을 항상 기억해야 합니다. 베드로전서 4장 15절 말씀처럼 이런 섬김에는 오히려 고난이 뒤따르게 됨을 명심해야 하겠습니다.

56. 나의 존재감을 느껴보시겠어요?

자기 모습을 가장 아름답게 드러나게 하는 방법은 섬김입니다. 우리는 받는 것에서 기쁨을 더 느끼는 것 같으나, 사실은 주는 것에서 더 많은 기쁨을 느낍니다. 우리가 섬김을 받는 데서 섬기는 삶으로 쉽게 바꾸지 못하는 까닭은 섬긴다는 것이 무엇인가 소중한 것을 빼앗기고, 나만 희생하고, 뭔가 내 것이 없어져 가난해진다는 오해에서 비롯됩니다.

섬기는 행위는 잠재적 능력의 최고 표현입니다. 섬김의 삶은 하나님의 사랑을 진정으로 깨달은 사람만이 할 수 있는 행위입니다. 그 사랑을 깨닫지 못하면 섬김의 삶은 그리 오래가지 않을 것입니다. 한계상황에 도달하면 더 이상 남을 섬길 기력이 없어집니다. 어느 정도의 물질이 있고 남을 도울 재능이 있다고 할지라도 남에게 나눠주고 싶은 마음 자체가 사라져 버립니다. 섬김은 물질과 희생 이상의 것이기에 하나님의 사랑으로 채워져야만 합니다.

우리는 섬기는 행위 자체에서 자신의 올바른 존재감을 경험하게 됩니다. 단순히 받는 자가 아닌, 남에게 줄 수 있고 섬길 수 있다는 사실은 자신의 존재감을 더욱 확실하게 해주며, 삶의 보람과 기쁨을 느끼게 해줍니다. 섬기는 삶은 자신의 신앙적인 내적 표현을 최상으로 할 수 있는데, 하나님으로부터 받은 크고 놀라운 사랑에 대한 고마움, 예수님의 십자가 용서와 사랑에 대한 이웃사랑의 표현입니다. 이것이 섬기면 섬길수록 섬김을 더욱 즐기게 되는 까닭입니다.

57. 섬김에도 두려움이 있답니다.

섬김의 삶 가운데 두려움 중의 하나는 '혹시 상대방이 내 호의를 거절하지는 않을까'에 대한 막연한 두려움입니다. 그런 부정적인 생각을 가지고 사람들을 섬기다가 실제로 거절당하면, 마음 한구석에 두려움으로 남게 됩니다. 거절에 대한 두려움은 전도의 현장에서도 자주 나타납니다. 그 두려움 때문에 적극적이지 못하고 미적거리다가 나중에는 포기하게 됩니다. 그리곤 이것이 자기에겐 은사가 아니라고 속단하게됩니다. 거절에 대한 두려움의 결과입니다.

싫으면 누구나 거절하는 것은 어디에서나 있는 당연한 현상입니다. 11년 동안 보험왕에 오른 예영숙 삼성생명 명예 전무는 말합니다. '영업은 고객의 거절에서 시작된다. 거절도 영업의 과정이다. 이걸 깨닫고 나서 거절에 대한 두려움이 사라졌다. 우리는 상대로부터 거절당할 것이란 두려움 때문에 말을 못 건다. 그런 두려움이 없어지니 자신감이 생길 수밖에 없다.' 거절당함도 섬김의 한 과정입니다.

어떤 일을 시작할 때 처음에 두려움을 갖는 것은 당연한 일입니다. 관계에서 거절에 대한 두려움을 당연한 것으로 받아들이지 않고 그것이 자신의 마음을 지배해 버린다면, 그 두려움이 자신감을 상실하게 만들어 모든 행동을 위축시킬 것입니다. 거절에 대한 두려움은 누구나 겪는 과정입니다. 우리가 가져야 할 진정한 두려움은 거절에 대한 두려움이 아닌, 지금 내가 너무 잘하고 있다는 자신감에 대한 두려움이어야 할 것입니다.

58. 실수를 두려워하지 않습니다.

섬김은 평범한 사람들이 위대한 삶으로 가는 축복의 지름길입니다. 남을 섬기는 과정에서 여러 실수를 통해 자신의 부족함을 발견하며 깨달아 가기 때문입니다. 남에게 내가 노출되기 전까지는 자신의 부족함이 무엇인지 제대로 깨닫는 사람은 별로 없습니다. 이런 수많은 실수의 과정을 통해 인격과 행동이 다듬어지면서 완전을 향해 나아가게 됩니다. 처음부터 완전하다거나 완벽한 사람은 없습니다. 그런 면에서 보면 섬김은 나를 훌륭하게 다듬는 가장 좋은 축복의 도구인 셈입니다.

섬김의 삶을 살면서도 여전히 평범함에 머무르는 사람과 위대함으로 나아가는 사람의 차이가 있는데, 그것은 바로 실패에 대한 인식과 반응입니다. 리더십 전문가인 워렌 베니스 교수가 다양한 분야에서 최고의 성공을 이뤄낸 70명을 인터뷰한 결과, 매우 놀랍게도 그들 중 누구도 자신의 실수를 결코 실패로 여기지 않았다고 합니다. 이들은 실수에 대해 '경험에서 배웠다.', '지불해야 할 수강료', '성장할 기회'라는 등의 긍정적인 반응을 보인 것입니다.

실수가 두려워 인간관계를 꺼리거나 섬김의 삶을 주저한다면, 그는 여전히 평범하게 살게 될 것입니다. 섬김의 과정에서 얼마든지 누구나 실수할 가능성이 있습니다. 진정으로 예수님처럼 섬김의 삶을 살길 간절히 원한다면, 실수를 두려워하지 말고 일단 나가서 사람들과 부딪쳐야 합니다. 그 실수를 성공의 디딤돌로 삼아야 합니다. 위대함으로 나아가는 사람은 실수를 두려워하지 않습니다.

59. 그러나 열정적인 실수가 더 낫습니다.

사람들 대부분이 '혹시 내가 실수하지 않나?' 하는 두려움을 가지고 있습니다. 우리가 하는 실수 중에는 조심하지 않아서 잘못하는 단순한 실수도 있겠지만, 잘 알지 못해서 생기는 실수도 종종 있습니다. 실수가 꼭 나쁘다고만 할 수 없습니다. 실수를 통해 얻는 교훈이 단지 지식으로 얻는 것보다 더 가슴 깊이 새겨지며, 살아있는 경험으로 쌓이게 됩니다. '당신이 인생에서 범하는 가장 큰 실수는 실수할지도 모른다는 두려움에 사로잡혀 있는 것이다.' 알버트 후버의 말을 가슴에 새겨봐야겠습니다.

피터 드러커(Peter Drucker)와 함께 현대 경영의 창시자로 불리는 경영의 대가로 '싱커스50 평생 공로상'을 받은 「톰 피터스」는 말합니다. '지혜로운 무관심보단 열정적인 실수가 더 낫다. 신속한 승리가 가장 좋겠지만 거기에 도달하려면 신속한 실패가 필요하다. 요약하자면 그건 실행력이다. 매일 뭔가 하나만이라도 하기 망설여지는 일을 과감히 해보라.' 성공은 열정적으로 실수하는 사람에게 손짓합니다.

실수를 통한 크고 작은 실패들은 깊은 내공으로 쌓입니다. 특히 큰 실패를 경험하면 그 교훈이 뼈에 깊이 새겨져 사소한 실수를 범하지 않습니다. 그러니 자꾸 망설이지만 말고 새로운 것을 배우려고 애쓰고, 새로운 것을 이루려고 시도해 보십시오. 한두 번쯤 멋진 실수도 해보십시오. '뛰어난 실패엔 상을 주고, 그저 그런 성공은 질책하라. (리처드 브랜슨 버진그룹 회장)' 작은 성공에 만족해하는 사람은 결코 큰일을 이룰 수 없습니다. 실패, 괜찮습니다. 그것은 성공을 이루는 커다란 자산이 됩니다.

60. 섬기는 당신이 바로 억만장자

지상에 현존하는 리더십 중에 가장 위대하고 탁월한 리더십의 원리는 섬김의 리더십입니다. 섬김의 리더십은 하나님의 아들이신 예수님께서 친히 그의 삶을 통해 보여주셨습니다. 예수님은 '나는 섬기는 자로 너희들 중에 있다' (누가복음 22장 27절)라고 하시면서 그 리더십을 보여주셨습니다. 예수님의 삶은 비록 33년밖엔 안 되었지만, 그 짧은 생애를 통해 전 세대 전 인류에 가장 막강한 영향력을 끼치셨습니다.

섬김의 리더십의 특징은 인간관계에서 '주는 것'으로 나타납니다. 섬기는 자가 아무것도 주지 않는 데서 그의 리더십이 형성될 리가 없습니다. 그래서 성경은 상대방에게 필요한 그 뭔가를 채워주라고 말합니다. 그리하면 하나님께서 섬기는 자가 리더의 역할을 충분히 감당할 수 있도록 그의 그릇에 필요들을 넘치도록 채워주실 것을 약속하십니다.

멕시칸 음식전문점으로 성공한 바하 프레시 김욱진 회장이 억만장자들을 만날 기회가 많았는데, 그들에겐 한결같이 이런 공통점이 있었다고 합니다. 그것은 곧 '주는 능력이 탁월하다'라는 것입니다. 그들은 그의 귀에 못이 박히도록 '성공하려면 줘야 해요, 결국 주는 사람이 성공합니다.'라고 얘기했답니다. 그는 이렇게 말합니다. "주는 것만큼 당신의 리더십과 인격을 쌓게 하는 것은 없다. 그것은 부와 리더십의 핵심이 베푸는 마음과 연결되어 있기 때문이다." 섬김은 억만장자로 가는 길인 셈입니다.

61. 섬김에는 어떤 한계점도 없습니다.

사람마다 제각기 할 수 있는 일과 할 수 없는 일이 있습니다. 모든 것을 100% 다 잘하는 만능인 사람은 아무도 없습니다. 문제는 '난 타고난 재주가 없어', 그럴만한 능력이 없어'라는 이유만으로 자기에게 울타리를 치고 그 안에 갇혀버리는 것입니다. 시도해 보려고 하지도 않고 쉽사리 자기 능력의 한계를 결정짓습니다. 그리곤 자기는 그런 사람밖에 못 된다고 하는 불행에 갇힙니다.

섬김에도 예외는 아닙니다. 섬김의 삶을 살다 보면 얼마 지나지 않아 자신의 한계점을 느끼게 됩니다. 남을 섬기는 데 따른 한계상황들, 변하지 않은 자아를 극복하는 어려움, 그리고 주어진 일을 잘하고 싶은데 미치지 못하는 한계점에 도달하게 됩니다. 그러다 보면 '나의 능력은 여기까지밖에 안 돼'라는 생각이 자기의 능력을 꽁꽁 묶는 한계점을 만듭니다.

나의 능력이 여기까지라고 생각하는 한계는 진짜 한계가 아닙니다. 조금만 더 긍정적으로 생각의 폭을 넓혀본다면, 지금까지 할 수 없다고 생각하고 시도조차 하지 않았던 일 가운데서도 할 수 있는 일이 얼마든지 있음을 발견하게 됩니다. 긍정적인 생각은 우리를 제한하고 있는 한계점을 훌쩍 넘어서게 합니다. 우리를 구성하고 있는 유전자는 평소에 겨우 3%만 활동하고 있다고 합니다. 긍정적인 생각으로 잠자고 있는 97%의 유전자를 깨울 수만 있다면, 우리가 할 수 있는 섬김의 일은 엄청나게 많아질 것입니다.

62. 섬김의 적(敵)도 있다고요?

　자랑과 관련하여 이런 속담이 있습니다. '자랑 끝에 쉬슨다.' '자랑 끝에 불붙는다.' 이 말은 '너무 잘난 체하거나 거들먹거리며 자랑하면 그 끝에는 말썽이나 화가 생겨 일을 그르치게 된다'라는 의미입니다. 자랑이란 무엇일까요? 자기 자신 또는 자기와 관계있는 사람이나 물건, 일 등이 썩 훌륭하거나 남에게 칭찬받을 만한 것임을 드러내어 말하거나 뽐내는 것입니다. 자랑으로부터 오는 것은 유익이 아니라 오히려 큰 손해가 됨을 알 수 있습니다.

　노자는 일찍이 이 점을 이렇게 설파하였습니다. '자신을 스스로 자랑하는 자는 공이 없고, 자신을 칭찬하는 자는 오래가지 못한다. 이는 모두 발끝으로 오래 서 있으려는 것과 같다.' 자기 스스로 하는 자랑은 아무런 유익이 없습니다. 자신을 자랑하는 사람보다 오히려 상대방을 칭찬하는 데 익숙한 사람이 더 많은 존경과 사랑을 받습니다. 자신을 드러내어 자랑하면 그 당시에는 모든 사람이 부러운 시선으로 바라보는 것 같지만, 오히려 주변의 사람들을 잃게 만들므로 섬김의 적이 됩니다.

　대부분 칭찬거리가 있을 때 주위 사람들에게 공을 돌릴 줄 아는 사람, 자기를 드러내지 않으며 항상 낮은 마음으로 남을 섬기는 삶을 사는 사람을 따르길 좋아합니다. 자랑거리가 있다고 할지라도 그 모든 영광을 주님께 돌리며 묵묵히 섬김의 삶을 사는 사람을 진심으로 존경합니다. 뭔가를 자랑하고 싶어 하는 사람들에게 바울은 말합니다. "자랑하는 자는 주 안에서 자랑할지니라."

63. 섬김? 생각만 해도 스트레스를 받아요.

지난 목회자 부부 모임에서 있었던 일입니다. 어느 목사님 내외분이 처음으로 이 모임에 참석하게 되었습니다. 서로의 삶을 자유롭게 나누던 중 그 사모님이 지난 세월 겪었던 일 중에 제일 힘들었던 것이 바로 섬김이었다고 고백하는 것이었습니다. 섬김에 대한 스트레스가 너무나 커서 단어만 들어도 소름이 끼칠 정도로 진절머리가 난다는 것입니다. 그간에 목회 현장에서 겪으셨을 일들이 가히 짐작되고도 남습니다.

섬김이 어떤 이에게는 기쁨과 보람으로, 어떤 이에게는 부담과 스트레스로 다가갑니다. 이것은 섬김이 주님을 사랑하는 마음에서 나오는 자발적 섬김이냐, 아니면 목회자니까 사모니까 하는 의무적 섬김이냐에 따라 다르다고 하겠습니다. 구레네 시몬처럼 억지로 십자가를 지고 가려 한다면, 골고다 언덕에 오르기까지 참으로 힘든 고난의 길이 될 것입니다.

섬김은 자발적이어야 합니다. 마음에서 우러나와야 합니다. 그 동기가 예수님의 섬김과 희생일 때, 마음에서 우러나오는 자발적 섬김이 가능해집니다. 흉내만 내거나 의무적으로 하기에는 너무 힘든 삶입니다. 예수님이 하나님의 아들이라는 위치를 버리고 종으로 이 땅에 오셔서 섬김의 삶을 사신 것과 우리 죄를 대신하여 십자가에서 돌아가신 사건이 항상 현재처럼 느껴진다면, 섬김의 삶은 가능합니다.

64. 내 안에 긍휼히 여기는 마음이 있나요?

우리는 선한 사마리아인의 이야기를 잘 알고 있습니다. 그를 선하다고 하는 까닭은 강도 만난 자를 지나치지 않고 불쌍히 여겼기 때문입니다. 그 마음이 있었기에 강도를 만나 피 흘리며 죽어가는 자에게 다가갈 수 있었고, 기꺼이 자기 비용을 들여가며 치료해 줄 수 있었습니다. (누가복음 10장 25~37절) 이런 섬김은 이웃을 긍휼히 여기는 마음에서 비롯됩니다. 긍휼히 여기는 마음이 없으면 좋은 이웃도 될 수 없습니다.

섬김에 필요한 긍휼은 단순히 상대방에 대해 측은히 여기는 마음에서 비롯되지만, 인간적인 측은한 마음은 그리 오래가지 않습니다. 섬김은 일생을 통해 계속 이루어져야 하므로 한두 번의 인간적인 측은한 마음으로는 섬김의 삶을 이어가기가 매우 어렵습니다. 사람을 긍휼히 여기는 마음은 하나님의 사랑에 그 근거를 두어야 합니다. "그러나 하나님은 자비가 넘치는 분이셔서 우리를 사랑하신 그 크신 사랑으로 말미암아 범죄로 죽은 우리를 그리스도와 함께 살려 주셨습니다." (에베소서 2장 4~5절)

우리가 내가 좀 더 낫다는 우월감으로 상대방을 대하면, 나도 모르는 사이에 상대방을 무시한다거나 배려하는 마음을 잃게 됩니다. 이런 경우에는 섬김이 이루어지지 않게 되며, 그들의 진정한 이웃이 될 수도 없습니다. 우리가 하나님의 긍휼히 여기심을 받는 존재라는 사실을 깨닫게 될 때, 함부로 사람을 비난한다거나 비판하지 않게 됩니다. 섬김에 하나님의 긍휼하심이 꼭 필요한 이유입니다.

65. 낮은 자존감, 건강한 생각

자기 능력이 부족하다는 생각, 자신을 돌아보는 깊은 성찰에서 우러나오는 겸손함이 아닌, 단지 낮은 자존감에서 나오는 생각을 가지면 아무것도 이루지 못합니다. 낮은 자존감을 가진 이들의 공통점은 주변 사람들이 주는 긍정적인 메시지보다 부정적인 메시지에 민감하다는 것입니다. 또한 그 메시지를 스스로 곱씹고 나중에는 삶이 지배당하여 자신을 해치므로 진정한 섬김의 삶을 살 수 없습니다.

낮은 자존감을 가진 사람은 올바른 자존감을 회복하려고 노력해야 합니다. 낮은 자존감이 수많은 세월 속에서 조금씩 쌓여 이루어졌듯이, 회복도 하루아침에 이루어지지는 않을 것입니다. 어쩌면 내 삶의 전부를 애써야 할지도 모르지만, 건강한 삶을 위해 자신의 낮은 자존감이 어디에서 비롯되었는지 파악하는 것이 우선되어야 합니다. 그리고 낮은 자존감에서 비롯된 문제점들을 발견하고 스스로 인정해야 합니다.

위대함은 자기 스스로에게서 시작됩니다. 우리가 생각하는 위대함도 초라함도 사실은 보이지 않는 근원, 즉 자신의 마음과 생각에서 비롯됩니다. 위대함을 만들어 내는 섬김은 상대방을 대할 때 그가 스스로 초라하게 느끼지 않도록 세심한 주의를 하는 데서 시작됩니다. 이것은 섬기는 자가 낮은 자존감을 극복하여 자신을 초라하게 여기지 않는 건강한 생각과 마음에 기초를 두고 있습니다. 건강한 자존감에서 나오는 섬김이 위대함을 이룹니다.

66. 자기를 섬길 줄도 알아야죠.

어느 날 율법 교사 한 사람이 예수님께 여쭈었습니다. "선생님, 율법 가운데 어느 계명이 중요합니까?" 예수님은 이렇게 답변하셨습니다. "네 마음을 다하고 네 목숨을 다하고 네 뜻을 다하여 주 너의 하나님을 사랑하라 하였으니, 이것이 가장 중요하고 으뜸가는 계명이다. 둘째 계명은 네 이웃을 네 몸과 같이 사랑하라 한 것이다." 주님께서는 성경이 담고 있는 신앙의 핵심적인 요소를 명확하게 말씀하셨습니다.

여기서 중요한 사실은 "네 이웃을 네 몸과 같이 사랑하라"라는 말씀을 통해 이웃사랑의 원리와 방법을 제시하고 있다는 것입니다. '네 이웃을 네 몸과 같이' 이 말은 내 몸을 사랑하지 않고서는 이웃을 제대로 사랑할 수 없다는 것입니다. 자기 생명을 아끼고 사랑하는 자가 이웃도 그렇게 사랑할 수 있습니다. 자신을 사랑하지 못하고 남을 진정으로 사랑하기는 어렵습니다.

남을 섬기기 전에 우리는 자기를 사랑하는 법을 배워야 합니다. 매일 자신을 칭찬할 줄 아는 삶, 그것이 자기 섬김의 시작입니다. 남에게 높은 평가를 받고 인정받는 것도 중요한 일입니다만, 정작 자신은 자기를 낮게 평가하고 스스로 인정하지 못한다면 이거야말로 불행입니다. 이런 사람은 남을 섬기는 삶이 오래가지 못합니다. 하루의 일과를 마치고 돌아보며 '오늘은 내가 생각해도 참 잘했어.' 이렇게 스스로 칭찬해 주고, 뿌듯해하며 만족을 느낄 줄 알 때 섬김의 삶 또한 성숙해져 갑니다.

67. 사람의 속마음을 얻고 싶습니까?

세상에서 가장 어려운 것이 사람의 마음을 얻는 것입니다. 이것은 아무리 돈이나 선물을 주고 환심을 사기 위해 온갖 노력을 기울인다 해도 진짜 속마음을 얻기란 여간 어렵지 않습니다. 설령 그렇게 해서 상대의 마음을 얻는다고 할지라도 그것은 그리 오래가지 않을 것입니다. 사람의 마음을 얻기 위해서는 진실한 마음이 담긴 신뢰가 쌓여야 합니다. 그것은 하루아침에 이루어지는 것이 아니라 오랜 세월을 거치며 낙엽 쌓이듯 서서히 쌓여가는 것입니다.

사람의 마음을 얻기 위해 먼저 해야 할 일은 상대방을 이해해 보는 것입니다. 상대방을 이해하게 될 때 서로의 마음과 마음, 감성과 감성이 통하게 됩니다. 그런 단계로 가려면 우선 상대방의 말에 관심을 가지고 귀 기울여 들으면서 마음속으로 상대방이 지금 처해있는 그 입장에 한 번 서보는 것입니다. '이해하다 (Understand)'라는 영어 단어는 바로 이런 뜻을 의미하고 있습니다. 즉 타인의 밑(Under)에 서야(Stand) 진정으로 그 사람을 이해할 수 있게 됩니다.

그런 다음 그 사람의 밑에 서서 낮은 자세로 섬기는 것입니다. 다시 말해 자신 스스로가 그 사람의 아랫사람이 되어보는 것입니다. 이러한 노력은 우리를 겸손한 자세로 만들어 갑니다. 이것은 상대방에게 좋은 인상을 안겨주며 상대방이 마음을 열 뿐만 아니라, 나중에는 자신의 마음까지도 내주게 됩니다. 이런 섬김은 예수님처럼 상대방의 마음에 깊이 다가가서 그 영혼까지도 얻을 수 있게 됩니다.

68. 남을 성공시키는 사람이 되고 싶다고요?

많은 사람이 성공이란 내가 주변 사람들을 얼마나 밟고 올라서느냐에 좌우된다고 여기는 경향이 있습니다. 생존 경쟁, 약육강식, 적자생존 등 이 모든 말들이 이런 생각을 포함하고 있습니다. 세상에서 살아남는 승자의 자리에 오르려면 어떻게 해서든지 경쟁에서 이겨야만 합니다. 상대방을 이길 수만 있다면 어떠한 수단과 방법을 가리지 않고 덤비려고 합니다.

그런데 진정한 성공은 남을 성공시켜 주는 데서 찾아옵니다. 고대 그리스의 철학자 플라톤은 이렇게 말했습니다. '남을 행복하게 해줄 수 있는 사람만이 행복을 얻을 수 있다.' 주위의 모든 사람이 불행한 상태에 빠져있는데 그 상황에서 자기 혼자만 행복감을 느낄 수 있을까요? 만일 그렇다고 할지라도 그 행복은 그리 오래가지 않을 것입니다. 나로인해 주변 사람들이 행복해질 때 나 자신 또한 행복이 배가되고 오래 지속될 뿐만 아니라, 자기 행복이 상승하게 됩니다.

진정한 섬김의 사람은 자신의 성공에만 집착하거나 머무르지 않고, 남의 성공을 기뻐해 주며 또한 그를 성공시켜주는 사람입니다. 내가 먼저 상대방의 행복과 성공을 위해 섬긴다면, 자연스럽게 나의 행복과 성공도 뒤따라옵니다. 끊임없는 섬김을 통해 주변 사람들이 위로와 용기를 얻을 수 있도록 그들을 이끌어 올려준다면, 나중엔 그들이 나를 이끌어 올려주게 됩니다. 한 마디로, 섬김은 서로 도움이 (win-win) 되는 상생의 비결인 셈입니다.

69. 스스로 다듬고 싶다고요?

섬김이라는 말을 들을 때 우리 머릿속에는 먼저 낮아짐이나 희생 등의 말을 떠올리게 됩니다. 내가 남보다 낮아지지 않고는 섬길 수 없고, 희생하지 않고는 섬김이 이루어지지 않기 때문입니다. 그런데 섬김을 통해 오는 유익은 대가를 치른 것보다 훨씬 많습니다. 마치 한 알의 밀알이 땅에 떨어져 죽으면 거기에서 나온 싹으로 인해 나중에는 수많은 밀알을 얻을 수 있는 이치와 같다고 하겠습니다.

섬김은 우리의 자아를 깨트려 줍니다. 자아를 깨트린다는 것은 죽는 거나 마찬가지로 무척 힘든 일입니다. 지금까지 살아오면서 형성된 자아가 예수님을 믿었다고 아주 변화되지는 않습니다. 우리 주위에는 실제로 변화되지 못한 채 살아가는 사람, 심지어 불신자보다 더 못한 모습으로 살아가는 사람을 볼 수 있습니다. 그 이유는 신앙생활을 한다고 해서 저절로 변화되는 것이 아니라, 무수한 내적인 싸움을 거쳐 새로운 자아가 성숙하게 되기 때문입니다.

섬김은 우리의 성격을 적극적으로 만들어 줍니다. 남을 섬기기 위해서는 내가 먼저 행동을 취해야 하기 때문입니다. 대화도 내가 먼저 걸어야 하고, 도움을 줘도 내가 먼저 손을 내밀어야 섬김이 가능합니다. 그러기 때문에 섬김의 삶을 지속해서 살다 보면 자신도 모르는 사이에 적극적인 성격으로 변화됩니다. 이렇게 섬김을 통해 다듬어진 적극적인 성격은 인간관계에서도 적극성을 나타나게 합니다. 이것이 관계를 성공시키는 요인이 됩니다.

70. 진짜 섬김을 좋아하나요?

미국에서 노벨상 수상자를 많이 배출한 대학 중 하나인 시카고대학은 그들이 배출한 노벨상 수상자들에게 물었답니다. "어떻게 하면 당신처럼 창조적 성과를 낼 수 있습니까?" 그러자 그들이 한결같이 답했습니다. "좋아하는 일을 하십시오."(Do what you love) 아무리 천재라할지라도 노력하는 자를 이길 수 없고, 노력하는 자도 그것을 즐기는자를 이길 수 없습니다.

우리가 섬김이 단지 일이라고 생각하는 순간, 그 섬김은 의무적으로해야 할 무거운 짐이 될 수밖에 없습니다. 이런 생각을 가지고 섬긴다면, 그 섬김은 그리 오래가지 않을 것입니다. 섬기는 것이 힘들면 당연히 하기 싫은 마음이 생겨 얼마 못 가서 포기하고 말 것이기 때문입니다. 사실 우리는 남을 섬겨야 할 아무런 이유도 의무도 없습니다. 섬김은 의무가 아닙니다. 더군다나 나 먹고살기도 바쁘고 힘든 세상인데 언제 남까지 섬깁니까?

섬김의 삶은 하나님의 은혜를 깊이 깨달은 자가 살고 싶어 하는 예수님의 삶입니다. 예수님을 닮고 싶고, 예수님처럼 살고 싶은 마음에서우러나와야 섬김이 제대로 이루어집니다. 그리고 그것을 즐기게 될 때어느 순간 당신의 섬김에서 예수님의 모습과 능력이 나타나게 됩니다. 너무나 하고 싶은 마음으로 섬기게 되면, 당신의 삶에 더 이상 섬김이일이라는 인식이 존재하지 않게 됩니다. 섬김 자체를 즐기는 자가 진짜섬김의 종이 되며, 참된 예수님의 제자로서의 삶을 누리게 됩니다.

71. 섬김은 자신의 한계를 넓혀줍니다.

주님의 모습을 닮기 위해 섬김의 삶을 살면서 어느 순간 자신의 한계를 인식하게 된다면, 그것은 지금 제대로 주님을 닮아가고 있다는 뜻입니다. 섬김의 삶을 살면서 한 번도 그런 한계를 경험한 적이 없다면, 그것은 한계에 도달할 만큼 노력을 기울이지 않았다는 의미입니다. 사람에게는 누구나 한계점이 있는데, 그 한계상황에 부딪히게 될 때야 비로소 자신의 부족함을 깨닫습니다. 우리는 유한한 존재이기 때문입니다.

한계점이 그 사람이 가지고 태어난 그릇의 크기입니다. 섬김의 삶을 살면서 한계상황에 부딪히고 그것을 넘어서지 못하는 것은 그것이 그 사람이 가진 마음의 크기이기 때문입니다. 그런데 중요한 것은 우리가 어떻게 노력하느냐에 따라 마음의 그릇을 얼마든지 크게 넓힐 수 있다는 점입니다. 성경은 말합니다. "보답하는 셈으로 여러분도 마음을 넓히십시오." (고린도후서 6장 8절) 하나님의 은혜는 마음의 크기만큼 채워지게 되며, 그릇이 작아서 더 이상 담을 수 없게 되면 결국 흘러버리게 됩니다.

우리의 섬김이 어떤 한계에 부딪혔다는 것은 다른 면에서 보자면 내 좁은 마음을 넓힐 기회가 찾아왔다는 의미이기도 합니다. 그러니 한계 앞에 설 때마다 끙끙거리며 아파만 할 것이 아니라, 자신의 마음을 넓힐 기회를 주신 것에 대해 감사하고 기뻐해야 할 것입니다. 섬김의 삶은 한마디로 자신의 마음 그릇을 끝없이 넓혀가는 과정이라고 할 수 있습니다. 마음의 그릇이 넓어진 만큼 어떠한 사람도 마음에 품고 기꺼이 섬길 수 있게 됩니다.

72. 섬김이야말로 최고의 재능입니다.

요즘 사회 일각에서는 바람직한 흐름 중에 하나로 '재능기부' 운동이 한창인데, 기부의 새로운 형태로 자신의 재능을 사회에 기부하는 것을 말합니다. 즉, 각 개인이 가진 재능을 개인의 이익이나 기술개발에만 사용하지 않고 이를 활용해 사회에 이바지하는 새로운 기부 형태를 일컫는 말입니다. 재능기부는 각자의 재능을 사회에 환원한다는 점에서 의미가 있다고 보겠습니다.

이런 점에서 보면 섬김이야말로 최고의 재능기부인 셈입니다. 사람은 누구나 태어날 때부터 한 가지 이상의 재능을 가지고 태어납니다. 그리스도인들은 특히 예수님을 영접하고 성령의 은혜를 경험하게 되면 특별한 재능이 나타나는데, 그것이 바로 성령의 은사입니다. 성령님께서 우리에게 은사를 주시는 까닭은 교회에 맡겨진 사역들을 잘 감당하고 다른 지체들을 섬기도록 하시기 위함입니다. 누구나 가치 있는 삶을 살아가도록 하나님께서 특별히 배려하신 것입니다.

넬슨 만델라는 말합니다. '아무런 대가도 바라지 않고 시간과 힘을 쏟아서 남을 돕는 것만큼 큰 재능은 없을 것이다.' 남보다 뛰어난 어떤 특별한 재능이 내게 없다고 할지라도 섬김의 삶을 산다면, 섬김 자체가 가장 큰 재능입니다. 하나님은 영혼 구원 사역을 위해 여러분의 재능기부를 원하고 계십니다. 나의 보이지 않는 작은 섬김이 영혼을 살리고 그를 주님의 제자로 세운다면, 이보다 더 훌륭한 일이 어디 있을까요?

73. 섬김에는 우직한 성실함이 필요합니다.

목회를 오래 하다 보니 어느 날 은혜 받았다고 물불 안 가리고 겁 없이 교회 봉사와 사역에 뛰어드는 사람을 보면 괜한 걱정과 염려가 앞섭니다. 그래서 그들에게 어떤 임무를 빨리 맡기기보다는 활활 거리는 불을 진정시키고 나서야 비로소 교회의 일을 맡깁니다. 일순간에 활활 타는 불은 얼마 못 가서 결국 사그라져 버리는 것을 자주 보아왔습니다. 앞뒤를 가리지 않는 이들의 행동을 뒤치다꺼리하는 것도 힘들지만 한 번 타다가 꺼져버린 나무에 다시 불을 붙이기란 여간 어렵지 않습니다.

섬김의 삶은 일순간에 타오르는 불로는 불가능합니다. 때론 20대의 미친 듯이 몰아치는 열정이 사람들 보기에는 빛나 보이지만, 온돌 밑에서 구들장을 데워주는 은은한 연탄불이 한겨울 추운 밤을 따뜻하게 지낼 수 있게 만듭니다. 비록 사람들의 눈에 보기에는 화려하고 요란한 뜨거움이 없지만, 성실하게 따뜻함을 제공해 주는 우직함에 손을 들어주고 싶습니다. 이러한 섬김이 모여 사람들의 마음을 따뜻하게 녹여주고 감동을 주기 때문입니다.

열정이 성공을 만들어 내는 요인인 것만은 분명하지만 순식간의 불타오름, 그것으로 인해 남의 마음에 상처나 피해를 주는 뜨거움이 아니라, 뜨거움을 서서히 묵묵히 내뿜는 구들장 같은 열정이라야 합니다. 섬김의 삶이란 한 번에 후다닥 해치우는 일회성에 그치는 일이 아닙니다. 다른 사람과 함께 마음을 모아 만들어 가야 비로소 완성해 낼 수 있는 지속적인 일입니다. "사람을 기쁘게 하는 자와 같이 눈가림만 하지 말고, 오직 주를 두려워하여 성실한 마음으로 하라." (골로새서 3장 22절)

74. 섬김을 통해 인생을 배웁니다.

우리는 살아가면서 수많은 사람을 대하게 됩니다. 그중에 대부분은 한두 번의 만남으로 끝나는 정도로, 단지 스쳐 지나가는 사람들입니다. 자주 대하는 사람들이라 할지라도 가까이하기 전까지는 불행한 사람인가 행복한 사람인가, 실패한 사람인가 성공한 사람인가 등등 그가 어떤 사람인지에 대해 잘 알지 못합니다. 가까이 다가갈 때만이 그 사람의 실상을 바로 알게 됩니다.

섬김은 사람을 아주 가까이하게 만드는 지름길입니다. 상대방을 섬김으로써 서로 간에 마음과 마음을 통하게 하여 상대의 실제 모습을 볼 수 있게 합니다. 섬김으로 주변 사람들에게 진솔하게 다가감으로써 상대방으로부터 실패 혹은 성공의 비결을 배우게 됩니다. 허물없이 나누는 대화 속에는 상대방의 인생이 고스란히 담겨 있습니다. 상대방이 왜 실패하게 됐는지, 불행하게 됐는지를 알게 됨으로써 인생의 귀한 교훈을 받습니다. 깊은 경청을 통해 상대방의 인생 성공의 비결을 배울 수도 있습니다.

우리 주위에는 남의 인생을 자기 성공의 디딤돌로 대하는 사람이 있는가 하면 단지 공동묘지의 묘비 정도로 대하는 사람도 있습니다. 섬김을 통해 상대방의 인생을 가까이 들여다보며 그들의 실패나 성공을 교훈 삼아 더 발전할 기회로 삼는다면, 삶에 커다란 유익을 얻을 것입니다. 그러나 무관심하게만 바라본다면, 주변에 아무리 훌륭하고 좋은 사람이 있을지라도 아무런 도움이 되지 않을 것입니다. 섬김은 다른 사람이 겪은 인생의 여러 가지 교훈을 내 것으로 만들어 줍니다.

75. 사람과의 갈등이 나를 성숙시킵니다.

우리 주변에 내 마음에 척척 잘 맞는 마음씨 좋은 사람들만 있다면 얼마나 좋을까요? 이런 이웃을 만나 오순도순 서로 도우며 친밀한 관계를 맺고 살면 참 행복할 것만 같은데, 살다 보면 꼭 그렇지만은 않습니다. 때로는 불편한 사람, 더 나아가 나를 힘들게 하고 아무 이유도 없이 괴롭히는 사람이 종종 생겨납니다. 특별한 원한 관계가 없는데도 불편하게 하고 힘들게 합니다. 아무런 이해관계가 얽히지 않았는데도 스토커처럼 말없이 나를 괴롭힙니다.

이런 관계들은 나의 인내심을 길러주고 마음의 깊이를 넓게 만드는 과정입니다. 힘든 상황을 참아낼 줄 아는 인내와 남을 좀 더 깊이 이해할 수 있는 마음으로 나를 이끕니다. 역설적으로 말하면, 나 자신을 괴롭히는 사람이 있어야 합니다. 이들이 내 인생의 훌륭한 스승이 되어 나의 내적인 힘과 인격을 단련시킵니다. 그 갈등을 긍정적인 시각으로 받아들이면 나를 성숙시키는 긍정의 결과를 가져옵니다.

사람들은 자신을 힘들게 하는 사람을 만났을 때, 그 사람을 변화시켜 달라고 기도합니다. 그런데 아무리 살펴봐도 변화의 조짐이 보이지 않습니다. 이런 기도에 대해 하나님은 아무런 말씀도, 어떠한 반응도 없으십니다. 하나님은 상대방의 변화보다 나의 변화에 더 깊은 관심을 두고 계시기 때문입니다. 내가 변화될 때 비로소 상대방에게서 조금씩 변화의 조짐이 보입니다. 하나님의 관심은 상대방이 아닌, 바로 나 자신에게 있습니다.

76. 새 생명을 위한 자기 몸부림

올해는 보리가 풍년이라고 합니다. 보리는 중부지방에서는 10월 상순에, 남부지방은 10월 하순 무렵에 파종하여 기나긴 겨울을 지나 4월 말에서 5월 상순에 꽃이 피고, 이삭이 나온 후 35일 지난 망종 무렵이 최적기라고 합니다. 1960년대 초반까지만 해도 가을에 추수한 식량이 다 떨어지는 이른 봄철이면 춘궁기(春窮期), 즉 '보릿고개'라 하여 보리 수확기까지 양식이 떨어져 한두 끼 정도 굶는 농가가 많았습니다.

엊그제 보리와 관련된 뉴스를 보다가 문득 예수님께서 하신 말씀이 떠올랐습니다. "내가 진정으로 진정으로 너희에게 말한다. 밀알 하나가 땅에 떨어져서 죽지 않으면 한 알 그대로 있고, 죽으면 열매를 많이 맺는다." (요한복음 12장 24절) 예수님이 보여주신 섬김은 한 알의 보리 (또는 밀)가 땅에 떨어져 죽는 과정과도 같습니다.

일단 씨앗이 땅에 떨어지면 그 씨앗은 자기 존재를 부정하고, 땅속에 깊이 파묻힙니다. 자기를 전혀 드러내지 않고 땅속에 묻혀서 서서히 썩으면서 죽어갑니다. 그리곤 새 생명의 탄생을 위한 뿌리를 내리며 파란 새싹을 땅 위로 힘껏 밀쳐 올립니다. 땅을 뚫고 올라온 가냘픈 새싹은 햇빛을 받고 자라면서 꽃을 피웁니다. 그러다가 때가 되면 그 꽃은 또 다른 모습을 지닌 많은 열매를 맺습니다. 이처럼 한 사람의 숨겨진 희생적인 섬김이 수많은 영혼을 결실하게 만듭니다.

77. 참된 힘은 섬김에서 나옵니다.

사람들은 사회적인 지위가 올라가는 것에 대해 이 세상에서 다른 사람보다 더 많은 것을 누리는 것으로 생각하는 경향이 있습니다. 그러기에 어떻게 해서든지 남보다 높은 지위에 올라가려고 발버둥 칩니다. 그러다 보니 그 과정보다 사람들로부터 평가받는 어떤 결과를 더 중요하게 여깁니다. 남보다 더 좋은 자리, 더 높은 자리에 올라갈 수만 있다면 어떤 수단과 방법을 사용하든 별로 개의치 않습니다.

높아진 만큼의 지위는 내가 섬겨야 할 사람들이 그만큼 더 많아졌다는 것을 뜻합니다. 이것이 하나님 나라의 법칙입니다. 예수님은 말씀하셨습니다. "너희가 아는 대로 이방 사람들을 다스린다고 자처하는 사람들은 백성들을 마구 내리누르고, 고관들은 백성들에게 세도를 부린다. 그러나 너희끼리는 그렇게 해서는 안 된다. 너희 가운데서 누구든지 위대하게 되고자 하는 사람은 너희를 섬기는 사람이 되어야 하고, 너희 가운데서 누구든지 으뜸이 되고자 하는 사람은 모든 사람의 종이 되어야 한다." (마가복음 10장 42~44절)

섬김의 법칙은 교회 안에서도 마찬가지입니다. 목회자가 되는 것도, 장로나 권사가 되는 것도, 목자가 되는 것도 교회 안에서 그 지위를 누리라고 주신 것이 아닙니다. 나보다 낮은 사람, 나보다 믿음 없는 사람, 나보다 배우지 못한 사람, 나보다 연약하고 가난한 사람 등을 섬기라고 주셨습니다. 교회 안에서의 지위는 그 목표가 항상 아래로 향하여 있습니다. 사람을 움직이는 참된 힘은 낮은 자를 향한 섬김입니다.

78. 엑스트라 마일(Extra mile)

엑스트라 마일은 '또 누구든지 너로 억지로 오 리(1mile)를 가게 하거든 그 사람과 십 리(2mile)를 동행하고' (마태복음 5장 41절)라는 말씀에서 나온 원리입니다. 예수님 당시 로마제국이 유대 사회를 지배하고 있을 때, 무거운 장비들을 갖고 다닌 로마 병사들은 유대인을 만나면 그 장비를 운반하도록 했습니다. 당시 로마 병사들의 군장은 보통 45kg, 1마일은 1,470m, 따라서 군장을 1마일 나르는 것은 매우 힘든 일이었습니다. 그런데 예수님은 그 서비스를 두 배로 하라고 가르치신 것입니다. 이것이 바로 'extra mile'의 원리입니다.

'Extra mile', 즉 한 걸음 더 나아간다는 뜻입니다. 상대방이 뭔가를 요구하면 그의 기대보다 더 많은 것으로 반응하는 것입니다. 10개를 요구하면 11개를 채워준다거나, 물을 가져오라 하면 냅킨까지 챙겨서 가져가는 식입니다. 상대방의 기대와 요구를 넘어 한 발짝 더 다가서면 누구든 마음의 문을 활짝 엽니다. 실제로 집념이 강한 사업가 대부분이 자신도 알게 모르게 이 원리를 그들의 사업 현장에 적용했습니다.

경영과 리더십의 전문가인 조영탁 씨는 말합니다. '상대방의 기대를 넘어 한 발짝 더 나아가는 엑스트라 마일이 반복되면 누구나 닫힌 마음을 열게 됩니다. 경영도 리더십도 인간관계도 모두 사람의 마음을 얻는 것입니다. 진정한 사랑이 담긴 엑스트라 마일만이 진한 감동과 사랑을 불러옵니다.' 예수님은 일찍이 이런 경영과 리더십의 원리를 제자들에게 일깨워 주신 것입니다. 섬김에 Extra mile이 꼭 필요한 이유입니다.

79. 섬김은 당신을 매력적으로 만듭니다.

  세상 사람들이 기독교인들을 싫어하는 문제는 비단 어제오늘의 일만은 아닙니다. 예전에는 신앙적인 다름으로 인해 싫어했다면, 지금은 기독교인들의 이중성으로 인해 실망하는 사람들이 많습니다. 기독교가 사랑의 종교라고 다들 알고 있는데 기독교인들이 하는 행동을 보면 그렇지 않은 모양새입니다. 돈이나 어떤 이익의 문제가 걸려있으면 똑같이 이기적이고, 매일 기도로 갈고닦은 말주변으로 자기 권리나 우겨대니 사람들이 실망해 버리고 맙니다.

  그러다 보니 기독교에 대해 도무지 매력을 느낄 수 없고, 예수를 믿어야 할 이유도 발견하지 못하는 것입니다. 오히려 안티기독교 집단이 생겨 기독교를 마구 공격합니다. 세상 사람들을 구원하기 위해서는 우선 이들의 눈에 기독교인들의 삶이 매력적으로 보여야 합니다. 그러려면 세상 사람들과 뭔가 다른 삶을 살아야 합니다. 이들에게 매력적으로 보이게 만드는 삶의 키워드는 과연 무엇일까요? 그것은 바로 섬김, 뭐니 뭐니 해도 '희생'과 '손해'를 기꺼이 감수할 줄 아는 섬김의 모습입니다.

  마태복음 5장 13~16절에서 주님은 우리를 일컬어 '세상의 빛이요 소금'이라 하셨고, 16절에서 '너희 착한 행실'이라고 말씀하셨습니다. 여기서 착한 행실은 세상 사람들이 생각하는 일반적인 착한 행실을 뛰어넘는 것입니다. 똑같은 불리한 상황을 맞이했다 칠 때, 내가 기꺼이 희생과 손해를 감수하며 섬길 때, 세상 사람들은 '기독교인은 과연 뭔가 다르긴 다르구나!' 하는 매력을 느끼게 됩니다.

80. 섬김은 현명한 이기주의의 삶을 살게 합니다.

이기주의에 대한 사전적인 설명은 '다른 사람이나 사회 일반에 대해 배려하지 않고 자신의 이익이나 행복만을 고집하는 사고방식이나 그러한 태도'라고 말하고 있습니다. 즉 자기만의 이익을 중심에 두고, 다른 사람이나 사회의 이익은 전혀 고려하지 않는 태도를 말합니다. 요즘에는 이런 개인적인 이기주의를 넘어 자기가 사는 지역의 이익만을 추구하는 지역 이기주의, 자기가 속한 집단의 이익만을 추구하는 집단 이기주의가 횡행하고 있습니다.

섬김이라는 단어를 머릿속에 떠올리면 자신을 희생해야만 할 수 있다는 막연한 선입견을 대부분 품겠지만, 사실은 그렇지 않습니다. 남을 섬길 때 가장 덕을 보는 것은 자기 자신이고, 최고의 행복을 얻는 것도 물론 자기 자신입니다. 남을 섬기는 자의 주위엔 사람들이 떠나려 하질 않고 자꾸만 달라붙습니다. 그러므로 행복한 삶으로 가는 최선의 길, 지혜로운 삶은 남을 섬기는 것이라 하겠습니다. 이런 면에서 볼 때, 섬김은 진정한 이기주의적 삶의 지혜입니다.

남을 섬기는 일은 자신을 희생하고 상대방만 이롭게 하는 것이 아닙니다. 다른 사람을 사랑하는 섬김은 궁극적으로 나를 행복하게 해주는 묘약이 됩니다. 노년에 이르러 견디기 가장 힘든 것은 건강하지 못한 것과 돈이 없는 것과 외로움이라고 합니다. 이 세 가지 중에서도 가장 힘든 것이 있다면, 누군가로부터 관심과 사랑을 받지 못하는 일일 것입니다. 섬김은 수많은 사람으로부터 사랑받으며 살아가게 하는 사랑의 묘약이며, 가장 지혜로운 이기주의적인 삶입니다.

제5장 대화는 섬김의 통로

81. 하나님이 인간에게만 주신 선물

하나님이 지으신 모든 생명체 가운데 인간에게는 특별한 선물을 주셨습니다. 그것은 혀와 입을 통해 자기 의사를 표현할 수 있는 말이라는 언어입니다. 말을 통해 자기 생각을 상대방에게 정확하게 전달할 수 있다는 사실이 얼마나 감사한 일인지요. 우리는 이 사실조차 까마득히 잊은 채 하루에도 수많은 말들을 하며 삽니다. 말을 통해 서로 간에 의사전달이 제대로 이루어져야 섬김이 가능해집니다. 섬김도 말에서부터 시작된다고 하겠습니다.

종종 어떤 이들은 온갖 정성으로 열심히 섬기고서 어느 한순간에 말로 다 까먹는 것을 보게 됩니다. 그 수고가 말 한마디에 온데간데없어지고 맙니다. 정작 본인은 자기가 수고한 것을 몰라준다고 서운하게 생각하거나 심지어 서로 오해까지 하는 경우도 생깁니다. 참 안타까운 일입니다. 말과 관련하여 톨스토이는 이런 말을 했습니다. '말은 생각한 다음에 하고, 사람들이 듣기 싫어하기 전에 그만두어야 한다. 인간이 언어를 가지고 있으므로 다른 동물보다 특별하지만, 그 언어 때문에 커다란 손해를 본다.'

무심코 던진 한마디가 상대방에게 치명적일 때가 있습니다. 연못을 지나가던 소년이 던진 돌멩이에 개구리가 맞아 죽는 경우라 할까요? 이런 일이 발생하면 아무리 헌신적으로 섬긴다고 할지라도 감동은커녕 반감만 생기게 됩니다. 칼에 베인 상처는 낫게 할 수야 있지만, 심한 말로 마음에 상처를 주면 그 상처는 사라지지 않고 오래갑니다. 탈무드에 이런 말이 있습니다. '당나귀는 긴 귀를 보고 알 수 있고, 어리석은 사람은 긴 혀를 보고 알 수 있습니다.'

82. 나의 혀엔 어떤 열매가 맺히고 있나요?

입 안에 있는 세 치 혀는 각종 맛을 느끼게도 하지만, 말을 만드는 역할을 합니다. 혀의 움직임과 위치에 따라 만들어지는 여러 말들이 언어를 형성하여 의사전달을 하게 합니다. 놀라운 건 혀는 심장과 턱 근육과 함께 인체에 있는 수많은 근육 중에서 크기 대비 가장 강력한 존재라는 사실입니다. 또한 혀에서 만들어지는 말은 사람의 마음을 움직이고, 심지어 천하까지 움직이는 힘이 있습니다.

혀에는 순기능과 역기능이 공존합니다. 야고보서 3장에서는 혀를 세 가지로 비유합니다. 첫째, 말의 재갈입니다. 재갈을 물리느냐 마느냐에 따라 명마가 되기도 하고 야생마가 됩니다. 둘째, 불입니다. 불을 잘 다루면 열에너지가 되어 우리에게 수많은 유익을 주나, 잘못 다루면 한순간에 모든 걸 다 태워버립니다. 셋째, 커다란 배의 키입니다. 방향을 어디로 조정하느냐에 따라 목적지가 달라집니다.

혀와 관련한 대부분의 교훈이 순기능보다는 역기능에 그 초점을 맞추고 있습니다. 그만큼 말할 때 실수를 많이 한다는 뜻입니다. 6절에 '누구든지 말에 실수가 없는 사람은 온몸을 다스릴 수 있는 온전한 사람입니다.'라고 할 정도입니다. 잠언은 혀에 대해 이렇게 교훈합니다. '죽고 사는 것이 혀의 힘에 달렸으니, 혀를 잘 쓰는 사람은 그 열매를 먹는다.' 지금 나의 혀엔 어떤 열매가 맺혀가고 있나요?

83. 이 열쇠로 사람의 마음을 열어보세요.

소리 없이 빙긋이 웃는 웃음인 미소, 사람들은 보통 미소 짓는 사람의 모습을 보면 그가 아마 행복하거나 즐거울 거로 생각합니다. 실제로 행복 때문에 미소 짓기도 하지만, 때론 인간관계를 위해 일부러 미소 짓기도 합니다. 인위적인 미소라고 해서 배제하거나 나쁜 것으로 생각해서는 안 됩니다. 처음에는 인위적인 미소에서 시작했을지라도 사람들이 그 미소를 보고 나중엔 즐거워하면서 진짜 미소를 짓게 됩니다.

미소에는 숨은 놀라운 능력이 있습니다. 우선 자기 자신의 내적 상태를 치유합니다. 찰리 채플린은 말했습니다. '웃음은 강장제이고 진정제이며 진통제이다' 미소는 또한 인간관계를 복원시켜 줍니다. 마크 트웨인도 이런 말을 했습니다. '인류에게 정말 효과적인 무기 하나가 있다. 그것은 바로 웃음이다.' 미소 짓기가 참 어렵다고요? 마더 테레사의 말에 귀를 기울일 필요가 있습니다. '제가 강조하고 싶은 것은 미소 짓기 어려운 때일수록 서로 미소로 대해야 한다는 것입니다.'

당신의 섬김 속에 미소가 담겨 있는지 살펴보시기를 바랍니다. 곤도 노부유키 일본 레이저 사장은 '곤도의 결심'에서 말합니다. '사람의 마음을 여는데 미소만큼 확실한 방법은 없다. 우리 회사에서 미소는 성격이 아니라 능력이다. 이것 또한 능력이라고 받아들이는 순간, 갈고 닦아야 할 훈련의 대상이 된다.' 그는 40년 전부터 '좋은 소식을 보고받을 때는 미소를 띠고, 좋지 않은 소식을 보고받을 때는 더욱 미소를 띠자' 이렇게 다짐하고 지금까지 줄곧 실천했답니다. 미소, 사람의 마음을 여는 열쇠입니다.

84. 립 서비스도 맞춤화해야 한답니다.

말치레, 흔히 사용하는 단어로 립 서비스(Lip-service)는 상대방의 마음을 왠지 기분 좋게 만드는 효과가 있습니다. 그러나 그것이 단지 입에 발린 말처럼 들릴 때는 오히려 기분이 상하게도 하며, 도에 지나쳐 비위를 맞추는 것으로 느껴질 때는 심한 모멸을 당하는 느낌이 들게도 합니다. 그럴지라도 '가는 말이 고와야 오는 말도 곱다'라는 속담처럼 립 서비스는 상대방을 섬기는데 여전한 효능이 있습니다.

사람들은 누구나 인정에 목말라합니다. '나는 누군가로부터 인정받는 것, 그까짓 것 필요 없다'라고 말하는 사람조차 오히려 인정받는 것이 더 필요한 사람일는지도 모릅니다. 인정받을 필요가 없다고 강하게 말하는 까닭은 진정성이 없이 누구에게나 똑같이 행해지는 그런 말치레를 받고 싶지 않다는 표현입니다. 그러기에 사람을 섬기는 방식은 개인별로 각기 달라야 합니다. 우선 상대방을 인정하고자 하는 내용이 정확해야 하고, 눈에 보이는 것이어야 합니다.

산타클라라 대학 '혁신과 기업가 정신 센터'의 최고 연구위원인 제임스 쿠제스는 그의 책 「리더십 챌린지」에서 말합니다. '누구에게나 똑같이 적용되는 인정 방식은 진심 없이 마지못해 하는 것 같고 사려 깊지 못하다고 느끼게 한다. 누군가를 특별한 방식으로 인정할 수 없다면, 당신은 그 사람에게 관심을 쏟지 않는 것이다. 사람들은 가장 의미 있는 인정에 대해 하나같이 개인별로 다르게 해주는 것이라고 말한다.' 상대방에게 관심과 애정을 갖고 다가가야만 이런 맞춤형 인정을 통한 섬김이 가능해집니다.

85. 친절한가요? 불친절한가요?

친절을 생명처럼 여기는 서비스업에 종사하는 사람 중에 불친절한 자세로 손님을 대하는 것을 종종 봅니다. 저도 이런 경우를 당한 경험이 있는데, 종업원이나 주인이 불쾌하게 행동하면 기분이 상합니다. 심한 불친절을 경험하게 되면 다시는 이곳을 찾지 않겠다고 다짐하며, 서둘러 그 현장을 빠져나옵니다. 이런 감정의 손상은 당연히 친절하게 대할 것이라는 기대감이 무너졌기 때문에 오는 현상입니다. 이렇게 생각해 볼 때 서비스의 첫 번째 생명은 친절인 것을 알 수 있습니다.

교회는 단순히 돈을 받고 물건을 파는 곳이 아니라, 예수님을 통해 영원한 생명을 나눠주는 곳입니다. 그러기에 어느 곳보다 더욱 서비스가 강조되는 곳입니다. 친절은 사람들을 기분 좋게 합니다. 따뜻하게 합니다. 마음을 감동하게 합니다. 마음을 열어 서로 간에 친숙하게 만듭니다. 사람들의 마음을 끌어들입니다. 그러기에 친절한 곳에 사람이 항상 많습니다. 친절에는 이런 힘이 있습니다.

친절은 얼굴에서 나타납니다. 그 사람의 얼굴을 보는 순간에 그 사람을 파악하려는 경향이 있으므로 표정이 중요합니다. 친절은 언어에서도 나타납니다. 입에서 어떤 말이 나오느냐에 따라 친절도가 평가됩니다. 얼굴이 상냥해 보여도 말이 무뚝뚝하면 불친절한 것입니다. 친절은 예절이 있는 태도에서 나타납니다. 목이 뻣뻣하거나 거만스럽게나 본 척만척하는 태도 등은 불친절의 대명사입니다. 친절은 곧 종의 섬기는 자세임을 기억해야 하겠습니다.

86. 친절은 사람을 매료시킵니다.

친절은 인간관계에서 사용되는 단어로 나의 어떤 것을 상대방의 마음에 그대로 전달하게 만드는 행위입니다. 나의 친절한 행동에 따라 상대방의 마음에 내 모습이 긍정적인 이미지로 그려질 수 있고, 부정적인 이미지로도 그려질 수 있습니다. 어떤 모임에서건 여러 사람을 만나고 헤어진 다음에 마음에 남아있는 것은 상대방의 친절한 행동과 불친절한 언행입니다. 특히 불친절한 것들은 상당히 오래도록 남아있습니다.

친절하다는 말은 상대방을 대하는 태도가 매우 정답거나 고분고분한 것을 말합니다. 친절은 섬김에 있어서 매우 중요한 역할을 합니다. 속담에 '친절한 동정은 철문으로도 들어간다'라는 말이 있습니다. 친절은 아무리 강퍅하고 무뚝뚝한 사람일지라도 그 마음을 열게 하는 힘이 있습니다. 친절을 베푸는 일에는 그리 큰돈이 들지 않습니다. 마음에서 우러나오는 행동으로 상대방을 기쁘게 대하면 됩니다. 만일 섬긴다고 하면서 전혀 친절하지 않다면 그것은 섬김이 아닙니다.

예쁜 얼굴과 멋진 몸매는 사람들의 눈을 잠시나마 즐겁게 하나, 친절한 섬김은 사람의 영혼을 오래도록 매료시킵니다. 친절한 섬김은 사람의 마음으로 다가가는 감동이 있으며, 사람들을 이끄는 보이지 않는 강한 힘이 있습니다. 친절함, 그 자체에서 스며 나오는 이런 따스함은 사람들과의 관계에 훈훈한 체온이 됩니다. 그러기에 친절한 섬김이 있는 곳에 인정이 흘러넘치고 웃음꽃이 활짝 피며 서로서로 행복을 느끼게 됩니다.

87. 내겐 관계를 이어주는 끈이 있나요?

　대화는 인간관계를 이어주는 끈입니다. 생전에 처음 보는 사람일지라도 서로 한두 번 인사를 나누거나 간단한 이야기를 나눔으로써 관계의 끈이 만들어집니다. 이런 관계는 대화가 많아질수록 깊어질수록 더욱 긴밀한 관계를 형성해 갑니다. 대화를 통해 우리는 상대방을 깊이 알게 되고 이해하게 됩니다. 그의 성격과 그에 관한 것들을 파악하게 될 때 그에 대한 진정한 이해심을 갖게 됩니다. 상대방을 이해하게 될 때 진정한 섬김도 가능해집니다.

　이렇게 관계를 깊이 이어주는 대화에는 중요한 특징이 있는데, 그것은 바로 경청입니다. 대화는 독백과 달라서 말하는 자와 듣는 자가 존재합니다. 말하는 자만 있고 듣는 자가 없다면 대화가 잘 이루어지지 않습니다. 야고보서 1장 19절은 말합니다. "사랑하는 형제자매 여러분, 여러분은 이것을 알아 두십시오. 누구든지 듣기는 빨리하고, 말하기는 더디 하고, 노하기도 더디 하십시오."

　대화 중에 말을 많이 하는 사람이 말을 잘하는 사람이 아닙니다. 말을 잘하는 사람은 상대방이 말을 자유롭게 할 수 있도록 적절한 때에 분위기를 이끌어 주는 사람입니다. 남을 섬길 줄 아는 사람은 상대방을 격려해 주고 칭찬함으로써 말하는 사람을 돕습니다. 이런 사람이 있을 때 대화의 분위기가 살아납니다. 혼자서 제 말만 많이 하는 사람은 분위기를 망쳐놓습니다. 따라서 대화 중에 말을 많이 하는 것보다 상대방의 말을 경청하는 것이 훨씬 중요합니다. 이것이 대화로 상대방을 섬기는 것입니다.

88. 행복의 문을 여는 말 한마디

사람과의 의사소통에 가장 중요한 요소는 대화입니다. 대화는 주로 입에서 나오는 말에 따라 이루어지는데, 말 한마디 할 때마다 내 이미지를 상대방의 마음에 그려 넣습니다. 그래서 내 모습이 어떤 사람에게는 호감이 가는 사람으로, 어떤 사람에게는 호감을 별로 느끼지 못하는 사람으로 인식됩니다. 심리학자들은 우리 감정의 95%는 그 순간 마음을 스쳐 가는 말에 의해 좌우된다고 할 만큼 말의 중요성을 강조합니다.

말은 인간관계를 형성하는 일에 매우 중요한 역할을 합니다. 말을 하지 않으면 사람과의 관계 형성이 그리 쉽지 않습니다. 아무리 오래된 이웃이라고 할지라도 인사말 한마디도 건네지 않고 살아왔다면 인간관계 역시 제대로 형성이 될 리 없습니다. 말은 사람과의 관계를 이어주는 중요한 도구인 까닭입니다. 사람을 섬기는 일에도 말은 필수적인 요소입니다. 따뜻하고 배려심 있는 말 한마디는 상대방을 이끌어 주고, 칭찬과 격려의 말 한마디는 사람을 세워줍니다. 좋은 말 한마디로도 얼마든지 사람을 섬길 수 있습니다.

말은 행복의 문을 여는 열쇠입니다. 사람의 뇌는 자신이 말한 언어를 의식 속에 넣어 자기 삶에 반영시키는 자동 시스템입니다. 따라서 행복한 인생을 실현하고 행복한 교회를 만들기 위해 긍정적인 말을 의식적으로 선택해서 사용하는 습관이 중요합니다. 그런데 대부분 생각나는 대로 언어를 사용하는 습관이 있습니다. 긍정적인 말을 심으면 행복을 거두고, 부정적인 말을 심으면 불행을 거둔다는 사실을 기억해야 하겠습니다.

89. 때론 말벗이 되어주세요.

주한미국대사(1993-1997)를 지낸 제임스 레이니는 학자이면서 정치가요, 목사였습니다. 그가 임기를 마치고 귀국하여 에모리대학의 교수로 재직하게 되어 출퇴근하던 어느 날, 쓸쓸하게 혼자 앉아있던 노인한 분을 발견하게 됩니다. 그 교수는 노인에게 다가가 다정하게 인사를 나누고 말벗이 되어주었습니다. 그가 이러기를 2년여 동안이나 했는데, 어느 날 노인이 보이지 않자 그의 집을 방문하게 되었습니다. 그런데 그 노인이 바로 전날 돌아가셨다는 겁니다.

그는 장례식장에 가서야 그 노인의 신분, 그가 바로 '코카콜라 회장'을 지낸 분임을 알게 되었습니다. 한 유족이 레이니에게 다가와서 회장님이 남긴 유서라면서 봉투 하나를 건네줍니다. 그 유서의 내용엔 다음과 같이 쓰여 있었습니다. 『2년여 동안 내 집 앞을 지나면서 나의 말벗이 되어주고 우리 집 뜰의 잔디도 함께 깎아 주며 커피도 나누어 마셨던 나의 친구 레이니! 고마웠어요. 나는 당신에게 25억 달러와 코카콜라 주식 5%를 유산으로 남깁니다.』

아무런 연고도 없는 노인에게 친절을 베풀었다는 이 한 가지 이유만으로 엄청나게 큰돈을 받은 그것에 감동한 레이니 교수 또한 그가 받은 유산을 에모리대학 발전기금으로 내놓게 됩니다. 이 이야기는 친절한 말벗이 되어준 것만으로도 사람의 마음을 감동하게 한 사례입니다. 친절이 감동을 낳고 감동이 또 다른 감동을 낳은 것입니다. 베이컨은 말합니다. '최악의 고독은 한 사람의 벗도 없는 것을 말한다.' 오늘 당신은 누구의 친절한 말벗이 되어주시겠습니까?

90. 말 한마디에 담긴 것은?

서비스의 근본 자세는 친절입니다. 친절에서부터 기업의 이미지를 느낄 수 있도록 회사들은 사원들의 친절에 대해 많은 교육적인 투자를 합니다. 유명한 대기업일수록 친절도가 높습니다. 요즘은 가정을 방문하는 A/S 기사들조차 매우 친절합니다. 자신이 엔지니어라고 해서, 예전처럼 무뚝뚝하거나 퉁명스러운 모습을 하는 기사들을 찾아보기가 거의 힘들 정도입니다. 고압적이던 관공서조차 몰라보게 친절해졌습니다.

친절은 밝은 미소 환한 얼굴에서부터 나타납니다. 얼굴은 그 사람의 내면을 바라볼 수 있게 하는 거울이요, 자신의 이미지를 상대방에게 심어주는 첫 번째 행위입니다. 내 얼굴을 내가 책임질 줄 아는 사람이 섬김이 무엇인지를 아는 사람입니다. 불친절한 모습의 대명사는 무뚝뚝한 얼굴입니다. 얼굴에 아무런 반응이 없습니다. 오히려 어떤 사람은 화난 것처럼 표정을 짓습니다. 이런 얼굴을 보면 자신도 모르게 불쾌합니다. 섬김은 자신의 표정을 책임지는 것입니다.

친절은 상냥한 말 한마디에 실려 상대방에게 그대로 전달됩니다. 말 한마디가 상대방의 마음을 밝게 할 수도, 어둡게 할 수도 있습니다. 말 한마디가 상대방에게 위로를 줄 수도, 낙담케 할 수도 있습니다. 이처럼 말 한마디가 사람의 마음을 살리고 죽이는 강한 힘이 있습니다. 긍정적인 언어의 표현, 따뜻하고 상냥한 말은 사람을 섬기는 일에 가장 기본적인 친절의 행위입니다. 오늘도 우리 입에서 나오는 말들 속에 사람을 섬기는 친절함이 묻어나도록 해야 하겠습니다.

91. 나의 말버릇에서 신뢰가 쌓여갑니다.

　신뢰는 건축구조물에 비유한다면 벽돌이라고 하겠습니다. 벽돌은 기둥과 기둥 사이의 칸들을 막아 건물을 완성합니다. 단지 기둥만 세워진 건물은 뼈대만 앙상하게 드러난 흉물에 불과합니다. 거기엔 아무도 살 수 없습니다. 또한, 신뢰는 신체에 비유한다면 혈관이라고 하겠습니다, 사람과 사람 사이를 이어주는 소통에 매우 중요한 역할을 합니다. 서로 간에 신뢰가 이뤄지지 않아 불신만 한다면, 소통도 원활하게 이뤄지지 않습니다. 불신은 인간관계를 허뭅니다.

　신뢰를 뜻하는 영어 단어 Trust의 어원은 '편안함'을 의미하는 독일어의 Trost에서 연유된 것이라고 합니다. 우리는 누군가를 믿을 때 마음이 편안해지기 때문입니다. 신뢰에서 신(信)자는 '믿다', '신임하다'라는 의미입니다. 신(信) 자는 人(사람 인) 자와 言(말씀 언) 자가 결합한 모습입니다. 글자의 어원에서 알 수 있듯이 사람과의 믿음은 그 입에서 나오는 말과 깊은 연관이 있음을 알 수 있습니다.

　「미야모토 마유미」는 '돈을 부르는 말버릇'에서 이렇게 말합니다. 「행복 언어가 말버릇이 되면 행복을 끌어당겨 천국 같은 인생을 살게 된다. 반대로 불행 언어가 말버릇인 사람은 불행을 끌어당겨 지옥 같은 인생을 살게 된다. 인생이란 그 사람의 말 그 자체요, 말에서 당신의 인생이 태어난 것이다.」 평소 사용하는 나의 말버릇, 그것이 쌓여 상대방에 대한 나의 신뢰도를 형성합니다. 상대방에게 편안함을 줍니다. 서로 간에 소통을 원활하게 이룹니다. 평소의 말버릇 하나가, 행복이 머무는 가정으로 천국 같은 교회로 세웁니다.

92. 내일을 만드는 나의 말 한마디

요즘 새벽기도회에 매일 잠언 한 장씩을 읽고 있습니다. 잠언은 성경의 모든 책 중에서 유대인이나 기독교인이 아닌 사람들, 종교가 없는 사람들도 많이 읽는 책 중의 하나입니다. 잠언에는 이 세상에서 행복한 삶을 살아가는 데 필요한 많은 조언이 담겨 있습니다. 그중에서도 언어와 관련된 조언들이 많은데, 이것은 우리의 입에서 나오는 말이 그만큼 우리의 삶에 중요한 위치를 차지하고 있음을 알려줍니다.

유대인이 안식일마다 공부한다는 피르케이 아보트(Pirkei Avot (아비들의 윤리 또는 선조들의 어록이라고 번역되어 출간)라는 책이 있습니다. 이 책은 유대인들의 현자들이 쓴 일종의 잠언과도 같은 책입니다. 여기에 보면, 현명한 사람의 7가지 특징을 말하고 있습니다. 첫째, 자기보다 현명한 사람 앞에서 이야기하지 않는다. 둘째, 동료의 말을 가로막지 않는다. 셋째, 성급하게 답하지 않는다. 넷째, 주제에 맞게 질문하고 간결하게 답한다. 다섯째, 두서를 가려서 말한다. 여섯째, 제대로 듣지 못한 것은 이해하지 못했다고 말한다. 일곱째, 진실을 인정한다. 대화에 그 사람의 현명함이 고스란히 녹아있습니다.

우리 속담에도 '말 한마디로 천 냥 빚도 갚는다'라는 말이 있습니다. 말 한마디의 중요성을 강조하고 있는 속담입니다. 즉, 말을 하는 사람이 공손하고 조리 있게 잘하면 때로는 어려운 일이나 불가능한 일도 말로써 잘 해결할 수 있다는 의미입니다. 말을 할 땐 이왕이면 조금 더 주의를 기울여서 상대방에게 말하는 습관을 지녀야겠습니다. 내 입에서 나오는 말 한마디가 나의 내일을 만들어 줍니다.

93. 내가 하는 말이 곧 내 인생입니다.

오늘은 글의 서두에 미국 TV 토크쇼의 여왕이라 불리는 「오프라 윈프리」의 말을 인용하려고 합니다. "당신이 바라거나 믿는 바를 말할 때마다 그것을 가장 먼저 듣는 사람은 당신이다. 그것은 당신이 가능하다고 믿는 것에 대해 당신과 다른 사람 모두를 향한 메시지다. 스스로에 한계를 두지 마라." 그렇습니다. 자신이 말한 것을 가장 먼저 듣는 사람, 가장 깊이 있게 듣는 사람은 바로 자기 자신입니다. 그 말에 의해 매일매일 자신이 만들어져 갑니다.

우리나라 속담에 "말이 씨가 된다"라는 말이 있습니다. 내가 입버릇처럼 늘 말하던 것이 마침내 사실대로 되었을 때를 이르는 말입니다. 이것을 전문용어로 심층 언어(Deep Language)라고 합니다. 심층 언어는 우리의 몸과 마음과 생각에 큰 영향을 미칩니다. '아 짜증 나, 힘들어 죽겠네.' 이런 말을 습관적으로 자주 하게 되면 그 말이 청각기관을 거쳐 뇌에 전달됩니다. 그러면 뇌는 상황을 그렇게 인식하여 온몸을 긴장시키게 만드는 것입니다.

그러니 말할 때 긍정적이고 적극적인 표현을 사용해야 합니다. 이런 언어들은 세로토닌, 도파민 등과 같은 호르몬을 분비하여 마음을 행복하게 만들기 때문입니다. 또한 내가 평소 자주 사용하는 말들은 뇌에 계속 전달되면서 깊이 새겨지는 각인 효과를 일으킵니다. 그러다 보면 어느새 내가 말하던 대로 되어 갑니다. 어느 순간에 가서는 나도 모르게 내 인생이 그렇게 바뀌어 있음을 깨닫게 됩니다. 내가 자주 사용하는 말들이 내 인생을 만들어 갑니다.

94. 긍정적인 언어는 섬김의 보약입니다.

평소에 쓰는 우리의 말들이 우리 몸과 마음에 보이지 않게 많은 영향을 줍니다. 입에서 나온 말들이 청각기관을 통해 뇌에 전달되면 그것이 몸과 마음에 변화를 일으킵니다. 우리가 무심코 쓰는 말속에 담긴 심리 상태가 우리 몸과 마음에 그대로 투영되기 때문입니다. 우리의 입에서 나온 말들이 다른 사람들에게 전달되어 영향을 미치기도 하지만, 자신에게도 많은 영향을 미쳐 그 말로 자기 인격이 형성됩니다.

연세대 사회복지학과 김재엽·남석인 교수팀이 60대 남성 30명을 대상으로 TSL(Thank Sorry Love) 프로그램의 효과를 실험했습니다. 10명에게는 '고맙습니다', '미안합니다', '사랑합니다'라는 말을 매일 쓰게 하는 TSL 프로그램에 참여하게 했고, 10명은 교양 프로그램에 참여토록 했으며, 10명은 평소대로 생활하게 한 뒤 3차례 몸과 마음의 변화를 측정했습니다. 그 결과, TLS 프로그램 참여자 10명의 혈액 속 산화성 스트레스 지표가 현격히 감소했으며, 마음의 변화를 나타내는 우울 지표도 4.5→4.1→3.6점으로 점점 떨어졌답니다.

자기 자신을 위해서라도 긍정적인 언어를 사용해야 합니다. 우리가 일상생활에서 흔히 쓰고 있는 '좋습니다', '고맙습니다', '미안합니다', '사랑합니다' 등과 같은 말은 세로토닌이나 도파민 같은 호르몬을 분비하여 행복지수를 높이지만, '짜증 나', '힘들어 죽겠어.' 등과 같은 말들은 스트레스 지수를 높입니다. 그뿐만 아니라 긍정적인 말을 자주 할 때 친밀한 인간관계를 맺게 된다는 미국 플로리다주립대 연구 결과도 있는 것으로 보아서 긍정적인 언어는 서로를 행복하게 하는 섬김의 보약입니다.

95. 은 쟁반 위에 놓인 금 사과 같은 말

"경우에 알맞은 말은 은쟁반에 담긴 금사과이다." (잠언 25장 11절) 라는 말이 있습니다. 경우에 합당한 말이란 '경우에 알맞은 말', '경우에 닿는 말'을 뜻합니다. 우리 입에서 나오는 한마디의 말이 얼마나 아름답고 소중한가를 일깨워 주는 잠언입니다. 사람의 인격이 그가 하는 말 한마디 한마디마다 그 속에 담겨 있습니다. 그래서 듣는 사람은 그 말 속에서 상대방의 인격을 고스란히 느끼게 됩니다. 말은 이처럼 자신을 나타내는 중요한 수단이 됩니다.

더 중요한 사실은 말속에는 놀라운 능력이 있다는 것입니다. 무심코 내뱉은 말 한마디가 사람을 살리기도 하고, 때로는 죽이기도 합니다. 위로의 말, 격려의 말, 칭찬의 말 등은 사람을 살리는 생명의 능력이 있습니다. 이런 말을 듣는 사람은 낙심이 되어있다가도 용기를 얻고 소망을 가지게 됩니다. 그런가 하면 송곳처럼 찌르는 말, 자존심을 상하게 하는 말, 비난이나 험담하는 말 등은 사람을 파멸시키는 파괴력이 있습니다. 이런 말은 사람을 낙심하게 하고 깊은 좌절감을 느끼게 합니다.

섬김의 목적은 사람을 세우는 것입니다. 섬김에 있어서 언어의 중요성은 섬김의 첫 번째 표현이 말에서부터 시작되기 때문입니다. 헌신적으로 행동을 해놓고도 말을 함부로 하게 되면 수고한 것들이 삽시간에 무너지게 됩니다. 오히려 사람들에게 커다란 실망감을 안겨 줄 뿐만 아니라, 자칫 잘못하다가는 이중인격자로 보일 수도 있습니다. 섬김은 혀 끝에서부터 시작됨을 깊이 새겨두어야 하겠습니다.

96. 내 말을 들어줘서 고마워요.

안사람이 코로나19에 감염되었을 때의 일입니다. 심한 후유증에 시달리면서부터 아내와 대화하는 시간이 많아졌습니다. 일주일 내내 병원에 다닌다고나 할까요. 새벽기도회가 끝나면 약을 먹기 위해서라도 곧장 아침 식사를 합니다. 식사를 마치고 나면 잠시 쉬었다가 병원으로 달려갑니다. 병원에 가는 내내 이야기를 나눕니다. 그러던 어느 날엔가 아내가 넌지시 이런 말을 합니다. '내 말을 들어줘서 고마워요. 당신은 내 말에 귀 기울이지 않는 것 같은데, 다 기억하고서 들어주니 정말 고마워요.'

제가 30대쯤이었을까요. 빈손으로 교회 개척을 시작해 놓고 뭐가 잘 안되면 종종 아내 탓을 하곤 했습니다. 그러다 보니 말다툼으로 번지기도 했고요. 지금 돌이켜 보면 참 부끄러운 과거이기도 합니다. 걸핏하면 안사람에게 '사모가 어쩌고저쩌고~' 이렇게 막 해대니까 하루는 안사람이 이렇게 말합니다. '내가 사모가 되려고 해서 된 게 아니잖아요, 당신이 날 사랑해서 사모가 된 거지요.' 곰곰이 생각해 보니 그 말이 맞는 말이었습니다. 그날 이후로 저는 안사람에게 지적질하거나 요구하는 어떤 일도 하지 않기로 결심했습니다. 아내의 모든 것을 다 사랑하기로 맘먹었습니다.

내 말을 들어줘서 고맙다는 아내의 말이 다 끝나기도 전에 이렇게 말했습니다. '당신은 내게 세상에서 가장 소중한 사람이야. 소중한 사람의 말도 내겐 다 소중하니까…' 말할 수 없는 고통 가운데서도 그 순간 아내의 얼굴에는 잔잔한 미소가 번져나갑니다. 오미크론으로 인한 고통에 시달릴 수는 있어도, 사랑하는 마음에까지 고통을 줄 수는 없을 것입니다. '사랑은 죽음 같이 강하고'라는 아가 8장 6절을 새겨봅니다.

97. 무심코 던진 말 한마디가….

언젠가 차를 수리할 일이 있어 카센터에 들른 적이 있었습니다. 이분은 오래전부터 알고 지낸 어느 교회의 장로님이셨습니다. 하루는 차를 정비하면서 넌지시 이런 말을 건넵니다. "요즘 목사님들은 1,000원짜리를 우습게 생각하시나 봅니다…." 밑도 끝도 없이 던지는 말에 영문을 몰라서 한참 동안 멍하니 있다가 정신을 차리고 그분에게 물었습니다. "아니, 그게 무슨 말씀입니까?" "지난 주일에 목사님 한 분이 오셔서 설교하셨는데, 그 설교를 듣고 나서 열심히 일하려는 의욕과 살고 싶은 마음을 상실했습니다…."

어젯밤에 헌신예배 강사로 초대받은 어느 목사님의 설교가 '그까짓 천 원에 아옹다옹 목숨 걸지 말고, 하나님의 나라와 의를 위해 살라'는 것이었습니다. 분명 그 말씀이 맞긴 맞는데, 마음으로부터 동의가 되지 않더라는 것입니다. 오히려 설교에 대해 반감이 생기더라는 것입니다. 지금까지 오랜 신앙생활 동안에 이런 일이 한 번도 없어서 본인 스스로 매우 당황스럽다는 말까지 하며 이런저런 이야기를 곁들였습니다.

헌신예배에 설교하러 오신 목사님이 왜 그런 말을 던졌는지 목사인 저는 그 의미를 잘 이해합니다. '하나님의 나라와 그의 의'를 강조하다 보니 일어난 현상이었습니다. 말하자면 언어상 표현이 잘못된 것입니다. 그분의 말을 들으며, 우리가 무심코 던진 한마디의 말이 사람들의 삶의 의미를 상실케 한다는 사실을 깨달았습니다. 누군가 무심코 던진 돌멩이가 연못에 살던 개구리 머리에 날아들어서 그 목숨을 앗아갈 수도 있습니다. 장로님이 남긴 이 말은 한동안 내내 내 가슴에 맴돌았습니다.

98. 3분 동안 그리고 3미터

인간관계 가운데 가장 어려운 관계가 어쩌면 가족이 아닐까요? 너무 가깝게 있다 보니 한마디의 말과 사소한 행동, 심지어 표정까지 다 드러나기 때문입니다. 종종 만나는 사람은 서로 마음을 가라앉힐 시간이라도 있다지만, 집이라는 좁은 공간에 살다 보니 마음을 추스르기도 전에 또다시 마주해야 하는 상황이 연출되기 때문입니다.

가족관계에 어려움을 겪는 이유 중 대부분은 무심코 내뱉는 '말' 때문입니다. 사랑하기 때문에 던진 말인데도 때론 상처를 입고, 자존감마저 낮아지게 하고, 심지어 삶에까지 영향을 주기도 합니다. 관계 심리학자인 박상미 한양대 교수는 "내 생각을 말하지 말고 소망을 담아 말하라"라고 조언합니다. '너 그거 하지 마'가 아니라, '나는 네가 사람들한테 미움받지 않았으면 좋겠어. 인정받았으면 좋겠어.'라는 식의 말입니다.

모든 관계에는 지혜가 필요합니다. 산불이 나더라도 나무 사이가 3m 이상 떨어져 있으면 타죽는 걸 면할 수 있는 것처럼, 부부나 부모와 자녀의 관계에서 갈등이 생길 것 같으면 잠시 3분 동안 3m 이상 멀리 떨어져 있는 지혜가 필요하답니다. 잠깐 화장실 간다거나, 신발 신고 동네 한 바퀴 도는 등의 행동입니다. '서로 사랑하며 채소를 먹고 사는 것이, 서로 미워하며 기름진 쇠고기를 먹고 사는 것보다 낫다.'라는 잠언 15장 17절이 생각납니다.

99. 마음을 닫는 말, 마음을 여는 말

우리 속담에 '말 한마디에 천 냥 빚도 갚는다.'라는 말이 있습니다. 말만 잘하면 어려운 일이나 불가능해 보이는 일도 해결할 수 있다는 의미입니다. 우리 입에서 나온 좋은 말 한마디가 얼마나 중요한가를 강조한 속담이라 하겠습니다. 좋은 말은 상대방의 마음에 감동으로 다가가기도 하고, 닫혔던 사람의 마음을 열게도 만드는 놀라운 힘이 있습니다. 잠언 18장 21절은 말합니다. "죽고 사는 것이 혀의 힘에 달렸으니, 혀를 잘 쓰는 사람은 그 열매를 먹는다."

사람의 마음을 닫게 하는 세 가지 요소가 있는데, 한 가지는 상대방의 잘못을 지적하고 무심코 가르치려는 행위입니다. 이런 경우에는 친하다고 느껴질 때 자주 발생합니다. 또한 꾸지람을 자주 하면 상대방을 위축시킬 뿐만 아니라, 자신감까지도 잃게 만듭니다. 그리고 심한 질책은 상대방이 아무리 능력 있는 사람이라 할지라도 그를 무능하게 만들어 버립니다. 이런 것들은 섬기는 자가 함부로 사용해서는 안 됩니다.

사람의 마음으로 다가가는 좋은 말로는 세 가지가 있는데 위로와 격려, 칭찬입니다. 위로는 마음이 아픈 자에게 깊이 다가가 마음의 상처를 치유해 줍니다. 격려는 낙심한 사람에게 용기나 의욕이 솟아나도록 힘을 북돋워 줍니다. 드라이커스는 '식물에 물이 필요하듯 인간에게는 격려가 필요하다'라고 말합니다. 또한 상대방의 좋은 점이나 착하고 훌륭한 일을 높이 평가해 주면 칭찬을 받은 이는 자신감을 얻습니다. 말한마디가 사람을 세우기도 하고, 넘어뜨리기도 한다는 것을 꼭 기억해야겠습니다.

100. 언어의 초두효과와 빈발효과

언어는 상대방에게 나를 인식시키는 요소입니다. 특히 처음 만난 상대방에게 표현되는 말 한마디 한마디는 중요한 역할을 합니다. 상대방과 나눈 대화를 통해 나의 이미지가 그의 마음에 새겨집니다. 내가 언어로 표현한 말들이 상대방의 마음에 모여서 나의 이미지를 형성하게 되고, 그것은 호감형과 비호감형으로 각인됩니다. 이때 형성된 나에 대한 초두효과(Primacy Effect)는 상당히 오랫동안 그 사람의 마음에 남아있어 인간관계를 맺을 때마다 결정적인 역할을 합니다.

내가 상대방에게 좋은 이미지로 각인되기 위해서는 좋은 언어를 사용해야 합니다. 좋은 언어란 긍정적 느낌을 주는 언어입니다. 부정적인 언어는 비호감형인 부정적인 이미지를, 긍정적인 언어는 호감을 주는 긍정적인 이미지를 형성케 합니다. 특히 조심해야 할 것은 극단적인 언어의 사용입니다. 극단적인 언어에는 부정적인 요소가 너무 강해서 인간관계를 일시에 단절시킵니다. 자칫하면 이런 언어는 상대방의 마음에 상처를 주기 때문에 조심해야 하며, 말로 손상된 인간관계를 회복시키기란 여간 어렵지 않습니다.

우리가 사용하기에 가장 손쉬운 좋은 언어로는 '고미안수'가 있습니다. 고미안수란, '고맙습니다.' '미안합니다.' '안녕하세요.' '수고하셨습니다.' 앞 첫 글자를 딴 말입니다. 우리가 생활하면서 수시로 사용하는 이런 언어들은 평소 인간관계를 부드럽게 할 뿐만 아니라, 빈발효과(Frequency Effect)를 일으켜 나의 이미지가 설령 비호감이었다 할지라도 개선해 줍니다. 섬기는 사람의 이미지가 좋게 보일 때 그의 섬김도 극대화됩니다.

101. 사람은 마지막 말만 기억한답니다.

'입은 비뚤어져도 말은 바로 하라'는 속담이 있습니다. 맞는 말입니다. 그런데 바른말 하는 사람 중에 인기 있는 사람도 별로 없습니다. 어디를 가든지 사람들은 그런 사람을 대면하기를 꺼립니다. 열심히 일하는데도 주위 사람들로부터 독선적이라는 말을 자주 듣습니다. 이런 사람들은 부부 싸움도 잦습니다. 바른말을 잘하는 사람들의 행동을 살펴보면 공통된 한 가지 특징이 있는데, 남의 실수를 못 본 척 넘기질 못하고 잘못을 콕 집어 지적하기를 잘합니다.

바른말이란 이치에 맞는 말을 뜻합니다. 사실을 있는 그대로 말하는 것입니다. 이런 속담이 있습니다. '바른말 하는 사람은 귀염을 못 받는다.' 왜 그럴까요? 남의 잘못을 지적하거나 곧은 이야기를 하는 사람은 쉽사리 남의 비위를 건드리거나 감정에 상처를 입히기 때문입니다. 평소에 관계가 좋았다가도 어느 날 갑자기 아무 이유도 없이 관계가 깨지는 경우는 대개 여기에 해당합니다. 사람에게는 예전에 들었던 좋은 말보다는 마지막에 들은 기분 나쁜 말만 기억하는 속성이 있습니다. 이것을 최종정보효과(Recency effect)라고 합니다.

인간관계에 효과적인 섬김의 비결은 친절한 말에 있습니다. 상대방의 마음이 열리고 듣고 싶어져 귀가 솔깃해지는 말, 즉 잘못을 지적하기보다는 부족함을 돕는 격려와 위로가 담긴 친절한 말이 필요합니다. '불가능하다, 절대 안 된다'라는 부정적인 의미가 짙은 단정적인 말보다 '잘될 것이다, 좋은 일이 있을 것이다. 좋아질 것이다'라는 소망이 담긴 긍정적인 말은 실수한 사람의 연약함을 돕는 진정한 섬김입니다.

102. 양약(良藥)인가, 독약(毒藥)인가?

사람들은 누구나 자기의 장점이나 잘한 일에 대해 인정받기를 바라고 있습니다. 이럴 때 받는 칭찬만큼 힘이 되는 것은 없습니다. 때로는 열 마디의 꾸지람보다 한마디의 칭찬이 사람의 마음을 움직이고 변화시킵니다. 칭찬은 의기소침한 사람에게 분발하는 힘을 주고, 절망과 좌절에 빠진 사람에게 의욕과 용기를 북돋아 주며, 열심히 노력하는 사람에게는 긍지와 자신감을 강화해 주는 삶의 활력소가 되고, 자기 발전의 촉진제가 됩니다.

그런데 칭찬을 자칫 잘못 쓰면 독약이 되기도 합니다. 옛 어른들이 칭찬에 인색했던 이유는 해독(害毒)을 염려했기 때문이었습니다. 칭찬을 너무 많이 듣게 되면 자기가 제일 잘난 것으로 착각하게 되고, 나중에는 교만해져서 남을 우습게 봅니다. 특히 그냥 입버릇처럼 던지는 칭찬은 만성적인 칭찬 증후군에 걸리게 만듭니다. 잘한다는 소리를 듣고 싶은 기대치를 늘 채우려는 욕심이 생기게 됩니다. 이때가 그 사람에게는 가장 위험한 때입니다.

그런데도 칭찬은 부정적인 영향보다 훨씬 많은 유익을 줍니다. 켄 블랜차드는 '칭찬은 고래도 춤추게 한다.'라고 하였습니다. 칭찬이 상대방에게 좋은 약이 되려면 우선 칭찬하는 내용 자체가 상대방도 공감하는 것이어야 합니다. 그러려면 상대방의 수고와 성취한 것에 대해 잘한 점이 무엇인지를 헤아려 칭찬해야 합니다. 잠언 16장 24절은 말합니다. "선한 말은 꿀송이 같아서 마음을 즐겁게 하여 주고, 쑤시는 뼈를 낫게 하여 준다." 진심 어린 칭찬 한마디의 섬김이 상대방을 살려내는 양약이 됩니다.

103. 손다이크 효과를 아십니까?

사람에게는 누구나 잘하는 것과 못하는 것, 긍정적인 측면과 부정적인 측면이 공존합니다. 이 두 가지 중에 어떤 측면이 강화되느냐에 따라 전혀 다른 사람으로 삶이 바뀌게 됩니다. 이와 관련하여 '손다이크(Thorndike) 효과'라는 법칙이 있는데, 만족스러운 결과를 가져오는 행동은 더욱 강해지고 불만족스러운 결과를 가져오는 행동은 더욱 약해지는 효과를 말합니다.

우리가 열심히 섬긴다고 하면서도 상대방의 부정적인 것에 초점을 맞추고 그 사람이 잘못하고 있는 순간을 잡아내서 꾸짖거나 핀잔을 준다면, 이런 섬김은 상대방을 개선하는 데 전혀 도움이 되지 않습니다. 오히려 상황을 악화시킬 따름입니다. 내가 상대방이 잘못하고 있는 순간을 잡아내게 되면 대개 사람들은 방어적인 행동을 취하게 되고 변명을 늘어놓거나 회피하려고만 합니다. 이런 상황이 전개되면 아무런 변화를 기대할 수 없게 됩니다.

반면에 그 사람이 잘하고 있는 순간을 놓치지 않고 포착하여 칭찬하게 되면 자기도 모르는 사이에 부정적인 면을 넘어서게 되면서 긍정적인 면이 서서히 강화됩니다. 마음을 담은 진정한 칭찬은 사람들의 잠재력을 강화해 주어서 더 잘하고 싶다는 마음을 갖게 합니다. 이것이 칭찬을 통한 놀라운 변화의 역사입니다. 그러기에 우리가 효과적으로 섬기려면 상대방에 대한 세심한 관찰력이 필요하고, 또한 여기에 따라 적절하게 칭찬할 수 있어야 합니다. 한마디의 칭찬이 변화를 일으킵니다.

104. 누구에게나 꼭 필요한 영양소

진정한 칭찬을 얼마나 받고 사느냐에 따라 삶의 방향이 바뀌게 됩니다. 누구나 살아가다 보면 최악의 순간을 맞이하기도 합니다. 이때 누군가로부터 비난이나 심한 책망을 받는다면, 그는 자신감을 잃고 소극적이며 부정적인 삶을 살아가게 될 것입니다. 칭찬받지 못하는 사람에게서 훌륭한 일을 기대할 수 없는 이유입니다. 어려운 순간에 진심 어린 칭찬이나 따뜻한 격려를 받게 된다면 여기서 용기를 얻게 되고 자신감 있는 삶을 살아가게 될 것입니다.

칭찬이 필요하지 않은 사람은 아무도 없습니다. 사람은 칭찬 없이는 한시도 살아갈 수 없는, 칭찬을 먹고 살아가는 존재입니다. 칭찬은 아무리 위대하고, 유명하고, 성공했다 할지라도 누구나 필요로 하는 필수 영양소입니다. 칭찬은 마음의 상처를 아물게 하고 회복시키는 보약입니다. 칭찬이 크든 작든 간에 그것은 삶의 에너지원입니다. 칭찬은 영혼을 맑고 활기차게 만드는 산소입니다. 칭찬은 공동체를 원만하게 만드는 윤활유입니다. 칭찬이 있는 곳에 행복이 있습니다.

어떤 이들은 부작용에 대한 지나친 염려 때문에 칭찬에 매우 인색합니다. 그러면서도 정작 자기는 칭찬받기 좋아합니다. 이런 염려는 '사리 분별이 없는 분수에 지나친 칭찬', '아첨하려는 과도한 칭찬', '입에 발린 가식적인 칭찬'에서 생기는 부작용들입니다. 마음에서 우러나오는 진정한 칭찬은 사람을 아름답고 선하게 만듭니다. 반복적인 운동이 근육을 발달시키듯 이런 칭찬은 사람들의 자질과 인성을 강화시킵니다. 진정한 칭찬거리를 찾아서 격려해 주는 섬김의 삶은 모두를 행복하게 만듭니다.

105. 말하기와 듣기, 당신은 어느 쪽?

대화는 사람과의 관계를 이어주는 끈입니다. 대화를 통해 서로의 생각을 알게 되고, 관계를 맺게 됩니다. 대화를 이루는 두 가지 요소에는 '말하기'와 '듣기'가 있습니다. 말을 많이 하든 적게 하든 대화가 이루어지려면 말하기와 듣기가 적절하게 일대일의 관계를 유지해야 합니다. 다시 말해서 말하는 사람이 있는가 하면 듣는 사람이 있어야 대화가 이루어집니다. 혼자서만 말하고 듣는 사람이 없다면 그것은 대화가 아니라 독백입니다.

그런데 '대화'라는 단어를 들으면, 대부분 사람의 머릿속에는 '말하기'라고 연상하게 되는 이유는 무엇일까요? 대화를 잘하려면 말을 잘해야 한다는 생각 때문입니다. 이런 고정관념 때문에 사람들은 말을 잘해 보려고 갖은 노력을 기울입니다. 그러다가 어떤 모임에 나가서 말도 제대로 못 하고 돌아오면 '말도 못 하는 바보'라고 자학합니다. 또 어떤 이는 지나치게 말을 많이 하다가 사람들로부터 빈축을 사기도 합니다.

대화에는 말하기만 포함된 것이 아니라 듣기도 포함되어 있다는 것을 잊어서는 안 됩니다. 말하는 것만큼이나 듣는 것도 중요합니다. 사람들로부터 호감을 끌어내는 것은 말하기보다 오히려 듣기에 있습니다. 누구나 자기의 말에 귀를 기울여 주는 사람에게 친밀감을 느끼며, 자신의 속내를 털어놓게 됩니다. 그러기에 경청은 섬기는 자가 가져야 할 아름다운 인격입니다. 말하기가 테크닉이라면 경청은 수많은 인내 속에서 얻어지는 인격입니다. 경청할 수 있을 때 비로소 온전한 섬김이 가능해집니다.

106. 아하, 그랬었군요!

　우리의 섬김은 대화를 통해서도 얼마든지 효율적으로 이루어질 수 있습니다. 목장 모임이든 친교 모임이든 간에 몇몇이 앉아서 이야기를 나누다 보면 말을 하는 자가 있으면 듣는 자도 있기 마련입니다. 그 중에는 말을 많이 하는 사람, 비교적 적게 하는 사람, 말을 전혀 안 하고 입을 꾹 다물고 있는 사람 등의 부류가 있을 것입니다. 그런데 모두의 마음속에 가지고 있는 공통점은 말하고 싶어 하는 마음을 누구나 가지고 있다는 것입니다. 한두 사람이 분위기를 좌우하기 때문에 말을 못한 것뿐입니다.

　대화 속에서 섬김은 경청으로 이루어집니다. 상대방의 이야기를 들어줄 줄 아는 자세를 가져야 합니다. 상대방이 애써서 이야기하는데 상대방의 시선을 피해서 다른 곳을 바라보고 있다거나, 겉으로는 듣는 척하면서 대화와는 아무런 관련이 없는 생각이나 하고 있다가 엉뚱한 말이나 던지는 행위는 삼가야 합니다. 이런 일들은 상대방을 난감하게 만들며 모욕감을 느끼게 합니다. 또한 상대방의 자존심을 건드리는 행위이기 때문에 좋은 대화가 이루어지지 않습니다.

　경청의 방법 중에 좋은 방법은 공감입니다. 내가 지금 당신의 말을 열심히 귀담아듣고 있다는 신호를 상대방에게 보내는 것입니다. 상대방의 말에 고개를 끄덕거림으로 지지를 표시해 주거나, 그 말이 옳다는 듯이 맞장구를 쳐주는 것입니다. 그리고 '아하, 그랬었군요.' 하면서 동감을 표할 때 상대방은 마음속에 있는 것을 진지하고 진솔하게 털어놓을 수 있게 됩니다. 대화 중에 이러한 섬김만으로도 상대방의 마음에 남아있던 상처를 어느 정도 치유할 수 있게 됩니다.

107. 경청의 Listen과 Silent

사람과 처음 관계를 맺기 시작할 때는 남의 말에 줄곧 귀를 잘 기울이는데, 인간관계가 오래될수록 다른 사람의 말에 대해 잘 경청하지 않고 자기 말만 하려고 합니다. 심하면 사사건건 나서서 남의 말에 끼어들거나 심지어 가르치려고 대듭니다. 그러다 보면 관계가 서서히 멀어지거나, 정작 중요한 때에 사람들은 그에게 필요한 말을 해주길 꺼립니다. 아무리 말해줘도 그가 듣지 않을 거란 편견이 자리 잡기 때문입니다.

나름대로 성공한 사람일수록 경청에 어려움을 겪습니다. 물론 자신이 실제로 남보다 많이 알고 있기 때문이기도 하겠지만, 그간의 누적된 성공이 더 강한 확신과 자신감을 심어주기 때문입니다. 일단 지나친 자기 확신에 사로잡히면 남의 말에 귀를 기울이지 않습니다. 이럴 때가 가장 위험한 때입니다. 체로키 속담에 이런 말이 있습니다. '들어라. 그렇지 않으면 당신의 혀가 당신을 귀먹게 할 것이다.' 진정으로 남을 섬기려면 말하기보다 침묵하고 들을 줄 알아야 합니다.

'listen'과 'silent'는 똑같은 여섯 개의 알파벳을 사용한 단어입니다. 단어 배열 순서에 따라서 'listen(경청하다)'이 되기도 하고 'silent(조용한)'가 되기도 합니다. 현명한 사람이라면 진정으로 '듣기' 위해 남들이 말할 때 '조용히' 있을 줄 아는 사람입니다. '나는 그렇게 했고, 이러한 결과에 매우 기쁘다.' 세계적인 아웃도어 용품 회사인 잔 스포츠의 창업 회장인 스킵 요웰은 그의 책 「모험 본능을 깨워라」에서 인생 성공의 비결로 고백하고 있습니다. 섬기는 일에 성공하려면 조용히 들어야 합니다.

108. 애정이 담긴 코칭(coaching)

　섬김의 리더십은 사람들 가운데 자신의 위치를 높이는 것이 아니라, 오히려 섬김을 통해 그들을 세워주고 높여주는 것입니다. 여기에 필요한 것이 바로 코칭(coaching)입니다. 코칭은 누군가를 가르치는 것이 아니라 스스로 길을 찾아가도록 섬김을 통해 이끌어 주는 것입니다. 섬김의 목적은 그 사람이 가지고 있는 은사를 최대한 계발하고 발휘할 수 있도록 돕는 것이라 하겠습니다. 한마디로, 섬김은 사람들을 세우는 일입니다. 불신자를 신자로 구원하고, 초신자를 헌신 된 일군으로 세우는 것입니다.

　섬김을 위한 코칭에 가장 중요한 것은 경청입니다. 말을 논리적으로 잘한다거나 입담이 좋아야만 좋은 지도자가 되는 것이 아닙니다. 리더십의 조건은 상대방의 말을 잘 들을 줄 아는 경청의 능력에 있습니다. 상대방을 제대로 이해하고 파악해야만 도울 수 있기 때문입니다. 섣부르게 누군가를 자기 방식으로 가르치려고 해서는 안 됩니다. 상대방이 정말 마음속에서 하고 싶은 얘기를 하도록 질문을 통해 이끌어 주고 그에 적절한 격려를 할 때 진정한 도움을 줄 수 있습니다.

　영국 맨유의 박지성 선수가 국가 대표팀 선발 당시에 다리를 다쳐 라커룸에 혼자 앉아있었습니다. 그때 히딩크 감독이 나타나서 그의 어깨를 두드리며 이렇게 격려했답니다. "너는 정신력이 출중하다. 그런 정신력이라면 앞으로 뛰어난 선수가 될 수 있어." 박지성은 나중에 '당시 히딩크 감독의 말 한마디는 축구 신동이나 천재라는 말보다 훨씬 큰 격려가 됐다'라고 고백합니다. 이처럼 애정이 담긴 코칭은 사람을 위대하게 만든다는 것을 기억해야 하겠습니다.

109. 나는 정말 바보일까요?

어느 날 제 모습이 참 딱해 보였는지 안사람이 보다 못해 한마디 던집니다. '당신은 참 바보 같아요. 왜 한마디도 안 하는 거예요? 아니, 안 하는 거예요? 못 하는 거예요?' 예전 같았으면 제가 몇 마디 하거나 야단칠 터인데, 시종일관 한마디도 안 하고 꾹 참고만 있으니, 옆에서 보기에도 속이 터질 만하겠죠. 만일 제 권한이나 권리를 함부로 침범하거나 짓밟거나 하면 그땐 앞뒤를 가리지 않지만, 웬만하면 잘 참는 편에 속합니다.

제가 참는 일로 불이익을 당하거나 오해를 살 때가 종종 있습니다. 어떤 오해냐고요? 마냥 참고만 있으면 사람들 눈에 그저 바보처럼 무능해 보이잖아요. 그런데 참지 못해서 생긴 일로 오랜 시간 동안 쌓아 놓은 것들이 하루아침에 와르르 무너지는 상황들을 종종 보아왔습니다. 몇십 년 쌓은 두터운 우정이 금이 가서 한순간 갈라선다든가, 목회자가 참지 못해서 던진 말 한마디로 교회가 혼란에 휩싸이는 일들입니다.

그럼, 이런 현상이 두려워서 참느냐고요? 그건 아닙니다. '바보 하나님' 때문입니다. 불경(不敬)이라고요? 저는 종종 하나님께 '하나님은 바보'라고 말씀드리곤 합니다. 하나님은 아들 바보, 딸 바보이십니다. 제가 주님을 만난 이후로 평생토록 하나님은 제게 한마디도 야단치지 않으셨습니다. 실수해도 뭐라고 꾸짖거나 나무라지도 않으셨습니다. 잘못을 깨닫는 그때까지 마냥 기다리고 계셨습니다. 어찌 사랑의 넓이와 높이와 깊이를 헤아릴 수 있을까요. 단지 이런 하나님의 바보 사랑을 닮아보려는 것일 뿐입니다. 참 바보가 되고 싶습니다.

제6장 섬김을 위한 팁들

110. 진심 어린 관심을 가져야 합니다.

섬김이란 인간관계에서 이루어지는 행위로, 누구나 받고는 싶어 하지만 베풀기는 쉽지 않은 모순된 심리적 양면을 가지고 있습니다. 또한 대부분이 섬김을 아랫사람이 윗사람에게 하는 상하관계에서 이루어지는 일로 생각하기 때문에 우리의 일상에서 섬김의 삶을 산다는 것이 그리 쉽지만은 않습니다. 그러기에 서로가 평등한 관계에서, 또는 윗사람이 아랫사람을 섬길 때 거기엔 깊은 감동이 있습니다.

사람들은 그저 서로 소 닭 보듯 하며 살아갑니다. 평생 다른 사람에게 관심보다는 무관심으로, 오로지 자기와 관련된 것에만 관심을 가지며 살아갑니다. 이것을 역설적으로 말하자면, 자기에게 관심 두기를 원하는 사람들이 주위에 그만큼 많다는 것입니다. 인간관계에 타고난 능력이 있다고 할 때, 다른 사람의 관심을 끌려고 애쓰며 2년 동안 사귈 수 있는 친구의 수보다, 내가 다른 사람에게 관심을 가지고 두 달 만에 사귈 수 있는 친구의 수가 훨씬 더 많을 것입니다.

중요한 것은, 다른 사람에게 관심을 나타낼 때 단지 겉치레가 아닌, 진심에서 우러나오는 관심이어야 한다는 점입니다. 주전 1세기 로마의 시인이었던 푸블릴리우스 시루스는 말했습니다. "다른 사람이 우리에게 관심을 두게 될 때 우리도 그들에게 관심을 가진다." 맞는 말입니다. 우선 사람을 만났을 때 생기 있고 반가운 마음으로 인사를 건넨다거나, 반가운 말투로 전화를 받는 것부터 시작해 보면 어떨까요? 진실한 마음으로 상대방을 섬기면 그 진심이 상대방에게 고스란히 전달되기 마련입니다.

111. 배려, 아무리 강조해도 지나치지 않습니다.

섬김은 지위에 따른 상하관계가 아닌 사람과 사람 간의 평등한 관계에서 이루어지는데, 상대방을 섬기기 위해서는 먼저 그 사람에게 초점을 맞춰야 합니다. 이런 면에서, 상대방을 배려하는 마음은 섬김에 있어서 중요한 출발점입니다. 배려하는 마음이 없이 무작정 섬기려 든다거나, 내 주관적인 생각으로 섬기려 하다가는 오히려 상대방의 자존심을 상하게 한다거나 힘들게 만들 수 있습니다.

아스퍼거 증후군(Asperger Syndrome)이라는 말이 있습니다. 남에 대해 전혀 이해하지 못하는 일종의 장애를 뜻하는 말인데, 이런 사람들의 특징은 오로지 자기 세계 속에만 갇혀 있습니다. 이기적인 사람들은 남의 입장을 충분히 알면서도 지나친 자기 욕심 때문에 자제를 하지 않는 것이지만, 아스퍼거는 아예 남의 처지를 이해하지 못합니다. 이런 사람은 섬김의 삶을 살기가 매우 어렵습니다. 남의 처지를 이해하지 못하므로 상대방에 대한 배려 또한 할 수 없기 때문입니다.

섬김에 기반을 둔 리더십이 다른 어느 리더십보다 탁월한 것은 너와 나의 경쟁 관계를 만드는 것이 아니라, 배려를 통해 함께 사는 관계를 만들어 내기 때문입니다. 말 한마디에도 배려가 있는 섬김은 나 혼자만 잘 사는 것이 아니라, 모두가 함께 행복한 삶을 살아가도록 만듭니다. 배려는 상대방에게 정말 필요한 것이 무엇인지를 깨닫게 하고 이해할 수 있게 만듭니다. 이제는 우리가 아스퍼거에서, 이기적인 삶에서 벗어나야 할 때입니다.

112. 상대방에 대한 VIP 서비스라고요.

"손님은 왕이다." 일본에서 처음 유래된 말인데, 본래 상업이 발달했던 그들만의 특유한 친절과 싹싹함을 타이틀로 내건 결과, 많은 성공을 거두었습니다. 지금은 어디를 가든지 쉽게 사용하는 말이 되었습니다만 처음 우리 귀에는 매우 어색한 말로 들렸던 것이 생각납니다. 손님이 왕이라는 이러한 세일즈 정신은 손님에 대한 인식을 새롭게 바꿔놓았습니다.

"불신자(또는 새 신자)는 VIP이다." 이것은 가정교회의 정신을 그대로 드러내는 섬김에 대한 중요한 타이틀입니다. 교회가 이 땅에 존재할 가장 중요한 이유는 불신자를 전도하여 예수 믿고 구원받게 하여 제자로 삼는 것입니다. 영혼 구원-이것이 가정교회가 존재할 본질적인 이유이기에 신앙생활을 오래 한 사람이나 직분이 있는 사람이 아닌, 불신자나 신앙생활을 시작한 지 얼마 되지 않은 새 신자를 VIP(Very Important Person 매우 중요한 인물)로 여기는 까닭입니다.

이런 면에서 섬김을 생각해 본다면 우리의 행동은 철저히 상대방에 대한 맞춤 서비스이어야 합니다. 고객 중에는 여러 종류의 개성과 까다로움이 존재하기 때문에 그들에게 맞추어 주듯 섬김도 이와 마찬가지입니다. 그들이 신앙생활이 무엇인지 알기 전이라 우리가 그들에게 하나하나 돌아보면서 세심하게 맞춰주어야 합니다. 마치 그 사람의 입맛에 맞추듯이, 눈높이에 맞추듯이 우리가 VIP에게 그렇게 맞추어야 섬김이 비로소 효과적으로 이루어지게 됩니다.

113. 코드를 상대방에게 맞추세요.

코드라는 말이 한때 우리 사회에 유행인 적이 있었습니다. 코드라는 단어가 컴퓨터 용어에서는 '정보를 나타내기 위한 기호 체계(Code)'를 의미하며, 전기 분야 용어에서는 '가느다란 여러 개의 구리줄을 절연물로 싸고 그 위를 무명실 따위로 씌운 전깃줄(Cord)'을 뜻합니다. 그런가 하면 인간관계에서는 '성격이나 성향'을 의미합니다. 유행어로 사용할 때는 주로 성격이나 성향을 드러낼 목적으로 사용된 용어입니다.

코드라는 용어는 교회 내에서도 유행어처럼 번지기 시작했습니다. "나는 000와 정말 코드가 맞지 않아" 우리는 이런 의미가 무엇인지 생각할 여유조차 없이 이 표현을 주저하지 않고 사용한 것입니다. 그래서 코드가 맞는 사람들끼리 모이게 되고, 결국에는 코드가 맞지 않다고 생각하는 상대방을 향해 비난하는 일도 서슴지 않았습니다. 우리 사회에 코드라는 말이 유행하던 때만큼 비난과 분열로 영적인 공동체를 심하게 멍들게 한 적도 없었던 것 같습니다.

교회는 예수님과 코드를 맞춘 사람들의 공동체입니다. 예수님을 나의 주님으로 고백한 사람들이 모인 공동체가 교회이므로, 먼저 예수님께 코드를 맞추어야 합니다. 나와 생각을 같이하는 사람에게 코드를 맞추어서는 안 됩니다. 또 한 가지는 VIP(불신자나 새 신자)에게 코드를 맞추어야 합니다. 섬김은 전적으로 상대방에게 맞추는 것이기 때문입니다. 이것이 사도바울이 말한 "유대인들에게 내가 유대인과 같이 된 것은 유대인들을 얻고자 함이요…." (고린도전서 9장 20절)라는 말의 의미일 것입니다.

114. 섬겨주는 데도 마음이 상한다나요?

공동체 생활을 하는 중에 마음이 상하는 경우가 종종 있는데, 누군가로부터 지적받을 때입니다. 기존 신자들이 초신자들에게, 또는 리더의 위치에 있는 사람들이 공동체 구성원들에게 가르치려는 데서 일어나는 현상입니다. 이러한 일은 리더라는 위치에 올라가게 되면 사람들의 문제를 살피고 거기에 대한 적절한 대안을 제시하는 것을 중요한 역할로 생각하기 때문에 일어납니다. 코칭(Coaching)에 대한 오해가 불러온 결과라 할 수 있습니다.

리더가 코칭을 하는 일이 매우 중요합니다. 문제는 어떻게 하느냐 하는 것입니다. 코칭에는 두 가지 측면이 있는데, 개선과 계발입니다. 개선은 잘못하고 있는 부분을 바로잡아 주는 것입니다. 그러다 보니 상대방의 성격과 필요를 파악하기도 전에 섣불리 가르치려고 대들다가 오히려 자존심만 건드려 감정이 손상되는 경우가 생기고 때로는 인간관계가 악화되기도 합니다. 우리 대부분이 무의식적으로 상대방의 잘못을 바로잡으려 하는 개선에 익숙해 있는 것 같습니다.

계발이란 개인이 가지고 있는 잠재적 역량을 발휘할 수 있도록 도와주는 것입니다. 리더가 할 코칭은 깊이 묻혀있는 상대방의 강점을 스스로 깨닫게 하고 이를 스스로 발휘할 수 있도록 도와주는 것입니다. 이것은 스스로 알아서 하라는 식의 방치가 아니라, 성장의 과정에서 필요로 하는 도움을 제공해주는 것을 말합니다. 코칭(Coaching)이 스스로 인식하지 못한 상대방의 강점을 일깨워 주는 계발에 초점이 맞추어질 때 섬김은 효과적인 결과를 가져다줍니다.

115. 잘 섬기려면 눈이 좋아야 합니다.

　눈하고 섬김이랑 무슨 상관이 있느냐고 반문하실지 모르지만, 눈이 좋아야 잘 섬길 수 있습니다. 눈이 좋아야 한다는 말은 앞을 볼 수 있는 시야, 주위 환경을 살필 수 있는 관찰력, 사람들의 필요가 무엇인지 파악할 수 있는 능력을 의미합니다. 예수님께서 말씀하셨습니다. "만일 맹인이 맹인을 인도하면 둘이 다 구덩이에 빠지리라."(마태복음 15장 14절) 섬기는 자가 앞을 보지 못하면서 사람을 인도한다면 둘 다 문제가 발생하는 것은 당연한 일입니다.

　관찰력이 있어야 무엇을 어떻게 도울 것인지 알게 됩니다. 상대방에게 필요 없는 도움을 아무리 주어봤자 당사자도 힘들 뿐만 아니라 상대방도 귀찮게 여깁니다. 이런 섬김은 고생만 할 뿐 효과가 지극히 미미하게 나타납니다. 상황 파악도 제대로 못 하는 사람을 우리는 흔히 눈치코치도 없는 사람이라고 말합니다. 정작 그 사람에게 무엇이 필요한지를 잘 파악해야 적절한 섬김을 통해 제대로 도울 수 있습니다. 그래서 세심하게 관찰할 수 있는 눈이 있어야 합니다.

　잘 보아야 잘 섬길 수 있습니다. 다시 말해 좋은 것과 나쁜 것 중에 어느 것을 먼저 보느냐가 중요합니다. 상대방의 나쁜 면을 먼저 보면 부정적인 생각이 자리 잡게 될 것이고, 좋은 면을 먼저 보면 긍정적인 생각이 들어 좋은 마음으로 상대방을 섬길 수 있게 됩니다. 이렇게 올바로 봐야 바른 생각, 바른 판단, 바른 결정, 바른 행동을 하게 됩니다. 그러므로 좋은 것을 볼 줄 아는 좋은 눈을 가져야 하겠습니다.

116. 내가 먼저 하십시오.

가정교회를 진행하다 보면 서서히 드러나는 습관 중의 하나가 섬김을 받기에 익숙해진다는 것입니다. 리더들이 헌신적으로 목원들을 섬기다 보니 그것이 당연한 줄로 받아들이고, 나중에는 모든 사람이 자기를 섬겨주기를 바라게 됩니다. 그렇게 되지 않을 때는 서운한 맘을 갖거나 마음에 시험이 찾아오게 됩니다. 섬김은 목자만이 하는 행위가 아니라 모든 목원들이 함께 본을 나타내야 할 행위입니다.

섬김이란 솔선수범하는 것입니다. 리더가 솔선수범할 때 사람들은 충성심으로 보답하게 됩니다. 그러기에 사람들을 이끌려면 리더가 먼저 신앙생활을 열심히 올바르게 해야 합니다. 리더 자신이 열심히 기도 생활하고 열심히 봉사하게 되면 힘주어 말하지 않아도 따라올 것입니다. 자신이 본이 되는 삶을 살지 못하면 아무리 강조해도 구성원들이 따라오려 하지 않을 것입니다. 솔선수범하여 섬기는 삶에는 사람의 마음을 움직여 이끄는 강한 힘이 있습니다.

年 매출 1조의 일본 자동차용품 판매업체인 옐로햇의 가기야마 히데사부로 창업자는 매일 오전 6시에 출근해 맨손으로 화장실 변기와 사원들이 타는 영업용 차량을 깨끗이 닦는답니다. 10년 동안 청소를 계속하면서도 사원들에게는 일절 청소를 권하지도 않습니다. 어느 날부터 자발적으로 따라 하는 사람이 한두 명씩 생기기 시작했고, 20여 년 될 무렵에는 전 사원이 동참했습니다. 리더가 섬김을 통해 솔선수범하면 사람들은 기쁨으로 동참합니다. 강요로 시작된 일은 오래가지 않습니다.

117. 아직도 차별 대우를 하고 있나요?

목회 초년 때의 일입니다. 제자훈련을 통해 땅끝까지 복음화하려는 열망을 안고 시작한 목회에 갈등만 쌓여갔습니다. 제자훈련에 필요한 적절한 대상이 아니라 오히려 힘든 사람들만 전도하게 되었습니다. 대부분 가난해서 배우지 못한 저학력자이거나 나이 많은 사람들로 재생산과는 아무 관련이 없는 듯했습니다. '어떻게 이들을 가르쳐 제자로 삼아 세상을 복음화하나?' 생각하니 막막하기만 했습니다.

그러던 내게 주님은 '이들도 제대로 이끌지 못하는 네가 어떻게 목회를 할 수 있겠느냐?'는 소중한 일깨움을 주셨습니다. 주님의 일을 한다고 하면서도 실상은 목회의 성공이라는 허황한 생각을 좇고 있었던 것입니다. 성경에 어느 영혼이 더 소중하고 덜 소중하다고 말하고 있나요? 나는 전도 대상부터 마음으로 차별하고 있었던 겁니다. 이처럼 영혼을 차별 대우하는 자가 어떻게 주님의 일을 잘할 수 있을까 생각하니 나 자신이 너무 부끄러웠습니다.

주님의 제자들은 재생산의 가능성이 별로 없는 사람들입니다. 배운 것도 별로 없는 데다 사회적인 지위도 낮고, 재산도 거의 없는 사람들입니다. 그러나 주님은 이들을 통해 세상을 변화시키셨습니다. "하나님께서 세상의 미련한 것들을 택하사 지혜 있는 자들을 부끄럽게 하려 하시고 세상의 약한 것들을 택하사 강한 것들을 부끄럽게 하려 하시며 하나님께서 세상의 천한 것들과 멸시받는 것들과 없는 것들을 택하사 있는 것들을 폐하려 하시나니" 이 말씀을 보면서, 나는 아직도 사람을 차별하여 대우하는 일이 없는가를 새삼스럽게 떠올려 봅니다.

118. 굳은살이 박인 두 손과 두 발

　섬김의 동기는 예수님의 삶에서 비롯됩니다. 예수님께서 친히 섬김의 삶을 사셨기 때문입니다. 33년간 그분의 생은 섬김의 삶이었습니다. 30년 동안은 가난한 가정에 가장으로서 목수 일을 하시면서 그분의 손마디마디는 굳은살이 박였을 것입니다. 어머니를 부양해야 했으며, 남동생과 누이들을 뒷바라지해야 했습니다. 그러다 보니 손바닥에 삶의 못이 박히었습니다. 그리고 우리를 위해 죽으시기 위해 십자가에서 쇠못이 박혔습니다. 섬김이 보여준 예수님의 모습입니다.

　예수님의 섬김의 삶은 가까이는 가족들의 삶에 도움을 주셨으며, 멀리는 죄인인 우리에게 영원한 생명이라는 값비싼 은혜를 베푸셨습니다. 섬김은 이렇게 그 대상에게 필요한 유익을 제공합니다. 언어를 통해서든, 몸의 희생이나 물질을 통해서든 간에 상대방에게 유익을 제공해 주는 것이 섬김입니다. 자기 딴에는 열심히 섬긴다고 했는데 상대방에게 어떤 피해를 줬다면, 그것은 온전한 섬김이라고 할 수 없습니다. 어디에선가 동기나 방법이 잘못된 것입니다.

　나의 섬김으로 상대방이 부정적인 반응을 나타냈다면, 혹시라도 자기를 과신하거나 자기 의를 드러내려 하지는 않았는지 살펴봐야 합니다. 이럴 때 자기도 모르는 순간에 상대방을 무시하는 말이나 행동을 하게 됩니다. 이것은 섬김을 통해 유익을 준 것이 아니라, 오히려 상대방을 해친 결과를 낳게 되는 것입니다. 그러기에 섬김에는 세심한 관찰력과 배려가 필요합니다. 우리의 섬김의 수고가 헛되지 않고 사람들에게 많은 유익으로 나타나도록 더욱 힘써야겠습니다.

119. 당신은 세우나요? 무너뜨리나요?

　섬김은 상대방의 필요에 맞는 적절한 유익을 주는 것이 목적입니다. 이러한 섬김이 자기 자신에게도 유익을 가져오는데, 그것은 다름 아닌 덕을 세우는 것입니다. 섬김이 온전하게 이루어질 때 자신의 덕을 세우는 결과를 가져옵니다. 신약성경에 보면 '덕'이라는 명사에는 '세우다' 라는 동사가 뒤따르고 있습니다. 이러한 표현이 자그마치 13회나 사용되고 있습니다. 덕이란 집을 지을 때 벽돌 한 장 한 장을 쌓아 올리듯 그렇게 힘써야만 세워지는 것임을 알 수 있습니다.

　그렇다면 덕이란 무엇을 뜻합니까? 사전을 찾아보면 '덕(德)이란 남이 보나 스스로 생각하나 바람직한 상태에 맞게 행동하는 것'을 말합니다. 나 스스로 생각해 봤을 때도 바람직해야 하지만, 남이 봤을 때도 타당성이 인정되어야 합니다. 나는 열심히 섬긴다고 수고했는데 남이 볼 때 나의 행동을 바람직하게 인정하지 못한다면, 그것은 온전한 섬김이 아닙니다. 자타가 인정하는 온전한 섬김이야말로 가장 이상적인 행동이요, 이럴 때 덕을 쌓는 셈입니다.

　우리가 행동으로는 열심히 섬겨놓고 덕을 무너뜨릴 때가 있습니다. 그것은 바로 언어입니다. 말 한마디가 지금까지 세워놓은 덕을 와르르 무너뜨립니다. 에베소서 4장 29절은 말합니다. "나쁜 말은 입 밖에 내지 말고, 덕을 세우는 데에 필요한 말이 있으면 적절한 때에 해서 듣는 사람에게 은혜가 되게 하십시오." 섬기는 자는 무심코 던지는 말 한마디라도 얼마나 신중해야 하는지를 교훈합니다. 그러기에 섬김은 성숙한 자의 행동인 것입니다.

120. 분위기 메이커, 피스 메이커

우리 주위에는 '분위기 메이커'라는 말을 듣는 사람이 종종 있습니다. 그런 사람은 어떤 상황에 부닥쳐도 금세 분위기가 살아나고, 그가 합류하기만 하면 어떤 팀이라도 밝아지고 활기가 넘칩니다. 그는 이런 분야에 매우 탁월한 섬김의 힘을 가지고 있다고 하겠습니다. 분위기 메이커들을 자세히 관찰해보면, 일단 상대방을 편안하게 이끌어 주며 그때그때 분위기를 잘 맞춰주는 사람입니다.

이런 사람들과 일하면 일하는 것도 매우 신이 나고 즐겁습니다. 아무리 힘든 일을 할지라도 좀처럼 피곤을 느끼지 못합니다. 기분 좋은 분위기에서 일하다 보니 시간 가는 줄도 모르고, 일하는 것도 별로 지루하지 않습니다. 일에 대한 성과도 생각했던 그 이상으로 팍팍 올라갑니다. 한 사람의 이러한 섬김이 가라앉은 팀워크를 살리고, 주위의 어두운 환경을 살립니다. 사람들의 에너지를 극대화해 줍니다. 그런데 실상 분위기 메이커는 아무나 할 수 있는 일이 아님을 우리는 압니다.

우리가 분위기 메이커가 되려면 먼저 인간관계의 중요성을 바로 깨달아야 합니다. 섬김에 있어서 가장 중요한 단어는 바로 '관계'라는 말입니다. 우리가 보통 '섬김'이라는 말을 연상할 때는 상냥하게 미소 지으며 친절하게 상대방에게 응대를 잘하는 것으로 여겼습니다. 섬김은 상대방과 끊임없이 연결고리를 만들어 가는 것입니다. 섬김을 통해 우리는 새로운 사람들과 대화, 즉 인간관계를 시작하는 것입니다. 분위기를 만드는 사람이 새로운 인간관계를 날마다 최상으로 만드는 '피스 메이커'임을 잊어서는 안 되겠습니다.

121. 균형과 조화를 이루는 섬김

'잘 섬겨야 한다'라고 말하면 일반적으로 무조건 상대방에게 잘해주는 것으로 인식하기가 쉽습니다. 그러다 보니 지나치게 친절하게 하려다 오히려 상대방에게 불쾌감을 줄 수가 있습니다. 상대방은 별로 원하지 않는데, 자꾸만 도우려고 덤벼드는 모양새로 보이니, 자칫 잘못하면 기분을 상하게 만듭니다. 또한 상대방이 불편하게 느끼게 되고 나중에는 피하게 됩니다. 섬김이 사람의 감동을 불러일으키는 것보다 부정적인 역반응의 현상을 일으킨 경우라고 하겠습니다.

지나친 섬김의 행동은 상대방으로부터 무시당할 수도 있습니다. 한두 번 인사해도 되는데 만날 때마다 하루에도 몇 번씩이고 인사를 한다고 칩시다. 처음에는 상대방이 친절한 것에 좋은 인상을 받겠지만, 거듭되는 행동에 대해 나중에는 이상하게 여깁니다. 그리곤 얕잡아 보며 무시합니다. 그런가 하면, 어떤 이는 자기가 마치 섬김을 받을 위치에 있는 것처럼 섬김받기를 당연하다고 여깁니다. 이런 상황에서는 인격적인 감화가 일어나지 않습니다.

섬김에는 균형과 조화가 필요합니다. 이 말은 존경(respect)과 결과(result)의 균형입니다. 섬김은 어떤 결과를 가져와야 합니다. 섬김을 통해 그들로부터 존경받아야 합니다. 그리고 감동이 일어나야 합니다. 이것은 인격적인 변화를 일으키는 원동력이 됩니다. 이러기 위해서는 섬기는 리더는 매일 그 둘 사이에서 균형을 찾아야 하고, 사람 사이에서 아름다운 조화를 이루도록 섬겨가야 합니다. 이럴 때 진정한 섬김의 리더십이 이루어집니다.

122. 상대방이 무엇을 싫어할까요?

"그녀가 꽃을 좋아한다면 꽃을 선물할 것이고 영화를 좋아한다면 함께 영화를 볼 것입니다…. 그런데 무엇을 싫어하는지 알고 있나요? 좋아하는 것을 해줄 때보다 싫어하는 것을 하지 않을 때 신뢰를 얻을 수 있습니다." 이 카피는 그 회사의 회장에게 한 대학생이 '여자친구와 오래 사귀고 있는데, 마찰이 생겼을 경우 어떻게 극복해야 할까요?'라는 질문에, '사랑은 관심-호기심-열정-연정-진정한 사랑의 단계를 거치는데 중요한 것은 신뢰의 단계를 건너야 한다. 그러기 위해서는 상대방을 실망하게 하지 않아야 하는데, 그것은 상대방이 좋아하는 것을 하기보다 싫어하는 것을 하지 않는 것'이라고 답한 일화를 담고 있답니다.

사랑을 아름답게 노래한 고린도전서 13장에 보면 이런 말씀이 있습니다. "사랑은 오래 참고, 사랑은 온유하며, 시기하지 아니하며 사랑은 자랑하지 아니하며 교만하지 아니하며 무례히 행하지 아니하며 자기의 유익을 구하지 아니하며 성내지 아니하며 악한 것을 생각하지 아니하며 불의를 기뻐하지 아니하며…." '00을 하며'라는 표현보다 '00을 하지 아니하며'라는 표현이 훨씬 많다는 사실은 앞의 주장을 뒷받침합니다.

상대방이 싫어하는 행동이 무엇인지를 잘 알아야 섬김도 효과적으로 이루어집니다. 열심히 희생해 가며 상대방을 섬긴다고 할지라도, 그가 싫어하는 행동 하나에 그간의 모든 수고가 하루아침에 물거품이 될 수도 있습니다. 나는 상대방을 섬기려고 애쓰는데도 그가 나를 싫어하고 피하려고 한다면, 나의 섬김의 방식을 한 번쯤 점검해 보아야 합니다.

123. 주는 것으로 기뻐하세요.

예수님은 섬김과 관련하여 이렇게 말씀하셨습니다. "네가 점심이나 만찬을 베풀 때에, 네 친구나 네 형제나 네 친척이나 부유한 이웃 사람들을 부르지 말아라. 그렇게 하면 그들도 너를 도로 초대하여 네게 되갚아 네 은공이 없어질 것이다. 잔치를 베풀 때에는 가난한 사람들과 지체에 장애가 있는 사람들과 다리 저는 사람들과 눈먼 사람들을 불러라. 그리하면 네가 복될 것이다. 그들이 네게 갚을 수 없기 때문이다."(누가복음 14장 12~14절) 진정한 섬김의 대상은 갚을 것이 없는 사람입니다.

사람들은 누구나 섬김에 대한 어떤 결과를 상대방으로부터 바라는 기대심리가 있습니다. 열심히 섬긴 다음에 상대방으로부터 호의적인 반응, 더 나아가 무언가 좋은 대가를 바라는 마음을 자기도 모르게 갖게 됩니다. 이러한 기대심리는 '가는 말이 고와야 오는 말이 곱다'라는 속담에도 어렴풋이 담겨 있음을 알 수 있습니다. 상대방이 남의 섬김에 대해 아무런 반응을 보이지 않는다거나, 오히려 좋지 않은 반응을 보인다면 곧 실망하게 될 것입니다.

우리의 섬김은 주는 것 자체로 기뻐해야 합니다. 이런 자세를 가지고 섬길 때 실망하지 않고 사람들을 꾸준히 섬길 수 있습니다. 우리가 그들에게서 바라는 것은 즉각적으로 나타나는 반응이 아니라, 그들의 영혼 속에서 일어나는 변화입니다. 우리의 섬김을 통해 예수 그리스도를 발견하고 영접하는 것, 이것이 섬김의 진정한 목적이어야 합니다. 우리는 이것을 기뻐할 뿐만 아니라 주님의 뜻을 이루는데 그 가치를 두어야 합니다.

124. 사람의 가장 인간다운 모습은 언제일까?

아무리 완벽하다고 해도 사람인 이상 누구나 실수하게 마련입니다. 남을 섬기는 데도 실수는 종종 따릅니다. 나는 전혀 그런 의도가 아니었는데 당사자는 오해하여 불쾌한 감정을 드러내기도 합니다. 더 나아가 심할 때는 부주의한 섬김으로 인해 인격적인 상처를 입힐 수도 있습니다. 이런 실수를 하지 않아야겠지만, 중요한 것은 실수한 후에 그것을 처리하는 방법과 과정입니다. '죄송합니다. 제가 잘못했습니다.' 이말 한마디로 문제를 해결할 수 있음을 알지만, 실상은 잘못을 시인하는 일이 쉽지 않은 것이 사실입니다.

자기 잘못을 인정하고, 그것을 입 밖에 내는 일이 매우 어렵게 느껴지는 이유는 자신의 권위나 신뢰, 또는 자존심에 상처를 입는다고 생각하기 때문입니다. 그런데 자신의 실수를 인정하는 말 한마디는 다른 사람의 마음을 열어주는 능력이 있음을 알아야겠습니다. 실수를 통해 책임질 줄 아는 사람, 신뢰할 수 있는 사람이라는 인식이 상대방에게 심어집니다. 그 결과 이전보다 더 돈독한 관계가 됩니다.

자기 잘못을 시인하는 말이 처음에는 어렵지만 시인하면 할수록 쉬워집니다. 존 케이다(John Kador)는 말합니다. "사과할 때 인간은 가장 인간다워지고 일상생활에서 쓰고 있던 가면을 벗고 진실한 얼굴을 하게 된다. 사과는 더 이상 약자나 패자의 변명이 아니다. 사과란 단지 잘못을 시인하고 용서를 구하는 행위 이상의 가치를 지녔다." 자기 잘못을 솔직히 시인하는 행위야말로 용기 있는 리더의 행동이며, 성숙한 섬김의 자세입니다.

125. 원석 다이아몬드를 세공하듯이

진정한 섬김의 사람은 다른 사람을 성공하게 하는 사람입니다. 남을 성공시킴으로 자기 자신을 성공시키는 것입니다. 섬기는 자는 불신 영혼을 구원하여 그를 주님의 제자로 만들고 하나님 앞에서 귀한 일군으로 평생 헌신하도록 이끌어 줍니다. 제자 된 그가 하나님 앞에서 목자가 되어 교회와 성도들을 섬기게 될 때, 섬김을 통해 가장 귀한 성공을 일궈낸 것입니다.

한 사람을 제자로 삼아 일군으로 만드는 일은 어떤 것보다 위대한 일입니다. 그러기에 섬기는 자는 사람에 대해 섬세해야 합니다. 그 사람의 영적 상태에 대해, 감성과 기질에 대해, 장점에 대해 파악할 줄 아는 안목이 있어야 합니다. 그래야 사람을 제자로 삼아 훌륭한 일군으로 키워낼 수 있습니다. 다이아몬드 세공사가 원석을 다루는 기술에 따라 귀한 다이아몬드를 만들 듯, 사람을 섬기는 것에 따라서 일군이 만들어집니다.

예수님은 사람을 다듬으시는 데 매우 섬세한 분이셨습니다. 갈릴리 바다에서 파도와 싸우며 거칠게 살아온 베드로를 반석과 같이 다듬어서 훌륭한 일군으로 만드셨습니다. '보아너게'라는 별명에 맞게 성질이 불같이 급한 요한을 사랑의 사도로 빚어내셨습니다. 사람을 만드는 예수님의 손길에는 섬세함이라는 섬김이 있었습니다. 마지막 식사에서 발을 씻기시는 섬김과 십자가의 죽으심이 그들을 훌륭한 일군으로 만들어 내신 것입니다.

126. 적극적인 행동이 필요해요.

예수님이 메시아로 사신 3년 동안의 삶과 십자가에 달려 돌아가신 과정들 속에 종의 삶이 무엇인지를 발견할 수 있습니다. 예수님이 종으로서 사신 섬김의 삶에는 두 가지 측면이 있는데, 바로 수동적인 섬김과 능동적인 섬김입니다. 수동적인 섬김이란 맡겨진 일을 어쩔 수 없이 하는 소극적인 행동을 뜻하며, 능동적인 섬김이란 내가 자원해서 하는 적극적인 행동을 의미합니다.

우리는 섬김의 삶을 종노릇 하는 삶의 방식으로 여기는 고정관념 때문에 소극적으로 행동할 때가 참 많습니다. 누군가가 시키는 것만 잘하면 된다고 여깁니다. 그래서 시키는 것은 잘하는 데 비해 시키지 않은 일은 자신 있게 못 할뿐더러, 스스로 새로운 일을 만들어서 하려 하지 않습니다. 이렇게 타성에 젖어 들어 습관이 되는 것은 바람직하지 못합니다.

사실, 섬김의 삶은 매우 적극적인 삶입니다. 자원하여 희생하는 삶이기 때문입니다. 여기에는 자기 헌신이 필요하고, 자기 포기와 자기희생이 필요합니다. 종이 아닌 이상, 섬김의 삶을 억지로 마지못해 살아간다는 것은 매우 어렵습니다. 섬김은 내가 먼저 상대방의 필요를 찾아서 채워주는 것이며, 상대방을 세워주는 것이기 때문에 적극적이어야 합니다. 진정한 섬김은 적극적인 행동이 이루어질 때 비로소 시작됩니다.

127. 주님의 도구가 되고 싶나요?

섬김의 삶은 나 중심에서 주님 중심으로 삶의 환경을 바꾸는 일대 전환입니다. 지금까지는 내가 내 삶의 주인 노릇을 해 왔다면, 섬김의 삶은 예수님이 나의 삶에 주인이 되셔서 나를 다스리게 하는 것입니다. 다시 말하자면 예수님은 나의 주인이 되고, 나는 주님의 종이 되어 사는 것입니다. 이러한 삶은 주인이신 예수님의 뜻을 가장 우선합니다. 어떠한 경우에라도 주님의 뜻을 최우선으로 합니다. 여기에는 오로지 주님과 그의 말씀에 대한 순종만이 있을 뿐입니다.

로마서 7장 16절은 말합니다. "여러분이 아무에게나 자기를 종으로 내맡겨서 복종하게 하면, 여러분은 여러분이 복종하는 그 사람의 종이 되는 것임을 알지 못합니까? 여러분은 죄의 종이 되어 죽음에 이르거나, 아니면 순종의 종이 되어 의에 이르거나 하는 것입니다." 우리는 누구에 의해 쓰이느냐에 따라서 그의 종이 됩니다. 하나님께 쓰이면 하나님의 종이 되지만, 죄를 짓는 데 쓰인다면 마귀의 종이 됩니다.

또한 어디에 쓰이느냐에 따라서 도구의 가치가 달라집니다. 아무리 명검일지라도 강도의 손에 쥐어지면 흉기일 뿐입니다. 가장 가치 있는 삶은 나 자신이 예수님의 도구가 되어 하나님의 뜻을 이루는 데 쓰임 받는 것입니다. 예수님의 도구가 되어 불신 영혼을 구원하며 사람들을 세우는 일에 쓰임 받는다면, 이보다 더 바람직한 섬김의 삶도 없을 것입니다. 아직도 자신의 정욕에 굴복하는 죄의 도구로 살아가고 있습니까? 아니면 지금 하나님의 뜻에 따르는 의의 훌륭한 도구가 되어 섬김의 삶을 살아가고 있습니까?

제7장 섬김이 있는 교회

128. 기독교의 근본정신은 섬김입니다.

섬김의 정신은 가정교회를 이루는 네 기둥 중 하나이기도 하지만, 40여 년 전 목회를 처음으로 접할 때부터 그렇게 당연히 여겨왔습니다. 당시 목회자 중 일부는 주의 종이라는 지나친 의식에서 비롯된 권위에 집착하는 경향이 있었습니다. 자꾸만 하나님 다음가는 위치를 차지하려는 욕심에 결국엔 권위주의의 나락에 빠져버립니다.

권위주의에선 이룰 게 하나도 없습니다. 교회 사역에서 이뤄지는 인간관계가 명령과 복종, 상하관계로 급속히 형성됩니다. 일단 이런 분위기가 형성되면 창의적이고 역동적이며 생산적인 사역이 잘 이루어지지 않습니다. 사역이 굳어지고 폐쇄적으로 흐르게 됩니다. 성령님께서 주시는 놀라운 아이디어가 사역에 비집고 들어설 틈이 없습니다. 단지 위에서 기획한 것만 성실히 수행하면 그것으로 끝납니다. 성령님의 역동적인 역사가 일어나기 힘든 사역 구조가 형성됩니다.

예수님께서 우리에게 보여주신 사역의 정신은 섬김입니다. 그분은 하나님이시면서도 하나님의 권위를 남용하지 않으셨습니다. 예수님은 친히 삶을 통해 섬김의 본을 보여주셨습니다. 이러한 모습이 교회 리더들의 참모습이어야 합니다. 진정한 리더의 권위는 권위주의가 아닌, 섬김의 마음과 정신에서 비롯됩니다. 리더가 더 많은 사람을 섬길수록 더 큰 일을 할 수 있습니다. 내가 섬기는 사람이 많아질수록, 나 때문에 성공을 거두는 사람이 많아질수록, 나의 사역도 더불어 커지게 됩니다. 사람을 섬길수록 더 위대한 사람이 되는 이유입니다.

129. 섬김이 교회를 아름답게 세웁니다.

얼마 전에 목회자 모임에서 김제에 있는 금산교회를 탐방하고 돌아왔는데, 그 교회는 ㄱ자형 교회 건물로 잘 알려진 곳입니다. 당시는 남녀가 유별했던 시대인지라 예배당 남쪽은 남자, 동쪽은 여자로 나뉘어 예배를 보았습니다. 금산교회는 건물도 전라북도 문화재로 지정될 정도로 유명하지만, 감동적인 이야기가 더 유명합니다.

이곳에 조덕삼이란 부자가 있었는데, 그 마을을 찾아온 최의덕 선교사를 통해 예수님을 영접한 후 사랑채에서 예배를 드린 것이 지금의 금산교회의 시작입니다. 또 그 집 머슴이었던 이자익도 예수님을 믿게 됩니다. 그는 경남 남해에서 태어나 6세에 부모를 잃고 친척 집에서 어렵게 지내다가, 17세가 되어 가난에서 벗어나려고 육지로 나와 이곳저곳을 방랑하다가 김제에까지 오게 됩니다. 그가 금산리의 부자인 조덕삼 집에 찾아가 무슨 일이든 맡겨 주면 최선을 다하겠다며 부탁하자, 조덕삼은 그를 마부로 받아들입니다.

세월이 흘러 금산교회에서 장로를 뽑는 투표를 했는데, 머슴인 이자익이 장로로 당선되고, 주인인 조덕삼은 떨어집니다. 그런데도 조덕삼은 자기 집 머슴 이자익을 장로로 잘 섬길 뿐만 아니라, 이후에 신학 공부까지 시켜서 금산교회 담임목사로 모십니다. 그가 남긴 유언은 '온 가족이 교회와 목사님을 잘 섬기라'라는 것이었습니다. 이러한 섬김은 자손들에게 축복으로 이어지는데, 조덕삼 장로의 손자는 고(故) 조세형 국회의원, 이자익 목사의 손자는 이규완 장로로 우리나라 고분자 화학계에 유명한 박사입니다.

130. 섬김은 영적인 체질을 변화시킵니다.

교회가 세워진 지 오래될수록 교회가 경직되는 경향을 띠게 됩니다. 그 이유는 조직이 세분되면서 역할이 나누어지고, 직분에 있어서 상하 관계가 갈수록 뚜렷하게 형성되기 때문입니다. 그러다 보면 사고의 유연성이 떨어져 어떤 중대한 문제를 처리할 때 비효율적인 문제들로 많은 시간을 낭비하게 되고, 서로 간에 각기 다른 의견 차이를 좁히지 못하게 되면 중대한 사역의 시기를 놓치기도 합니다.

섬김의 삶을 살게 되면 사람의 생각에서부터 변화가 일어납니다. 섬김은 종이나 아랫사람들이 하는 것으로만 인식해 온 까닭에 심한 내적인 갈등과 혼란을 일으킵니다. 여태껏 남을 섬기지 않아도 신앙생활을 잘 해왔기 때문에 굳이 그렇게 해야 할 필요성을 느끼지 못합니다. 오히려 갈등만 부추기는 것으로 인식이 되어 섬김의 삶을 사는 것이 쉽지 않은데, 이럴 때 심한 내적인 변화를 겪지 않으면 섬김의 삶 자체가 불가능합니다. 그러다 보니 지속적인 섬김의 삶은 자연스레 사고의 틀에 변화를 일으키게 됩니다.

생각의 변화는 그의 삶의 자세로 이어집니다. 종으로 섬기며 살다 보면 자기도 모르는 사이에 온유한 자세를 갖게 되고, 이것은 그 사람의 인격이 됩니다. 그뿐만 아니라 경직된 자세나 분위기에서 부드럽고 친밀한 분위기를 자아내게 됩니다. 가정교회 시스템이 제대로 이루어지는 교회 분위기가 좋은 이유도 여기에 있다고 하겠습니다. 이렇게 섬김은 우리의 영적인 체질을 변화시키고, 더 나아가 주님을 닮아가도록 만들어 줍니다.

131. 십자가를 향한 섬김이 당신을 만듭니다.

　목회 초기에 자신을 모태신앙이라고 소개하며 아직도 세례받지 않은 것을 무척 자랑스럽게 여기던 한 성도를 만난 적이 있습니다. 그 이유인즉 세례를 받으면 언젠가는 직분을 맡아 섬기는 삶을 살아야 하는데, 그것이 무척이나 부담된다는 것이었습니다. 교회 생활하다 보면 때론 하고 싶지 않은 일을 맡을 때가 있습니다. 이럴 땐 할 수 없다는 듯 마지못해서 하거나, 하지 않으려고 이런저런 핑계를 늘어놓거나, 아예 책임을 지지 않으려고 도망치듯 빠져나가기도 합니다.

　이렇게 살아간다면 결코 성공할 수 없습니다. 하고 싶지 않은 일을 해야 할 경우, 이런 상황이 성공과 실패를 가르는 갈림길입니다. 영국 정치인으로서 캐나다의 총독(1904~1911)을 지낸 앨버트 그레이는 말했습니다. '실패는 하고 싶지 않은 일을 하지 않을 때 발생한다. 하지만 성공한 사람들은 습관적으로 하기 싫은 일을 해낸다. 그들은 목적의식이라는 힘으로 하기 싫은 마음을 극복한다.'

　십자가를 지고 골고다 사형장을 걸어가시는 예수님을 지켜보던 구레네 시몬, 그는 군병들에게 붙잡혀 예수님을 대신하여 억지로 십자가를 지게 됩니다. 죄수가 아닌데도 십자가 사형 틀을 어깨에 짊어지고 갈 때, 죄수처럼 자기를 바라보던 수많은 사람의 시선에 그 마음은 어땠을까요? 억지로라도 십자가를 지고 가면 십자가가 나를 새롭게 만듭니다. 비록 내가 하기 싫어하는 일이지만 목적의식과 사명감으로 섬김의 삶을 살아간다면, 성공이 자연스럽게 따라오는 이유입니다.

132. 예수님이 나의 주인이 되는 삶

예전에는 목회자를 일컬어 주의 종, 또는 하나님의 종이라는 용어를 즐겨 사용하였습니다. 그런데 간혹가다가 성도 중에서 목회자를 주의 종이라고 부르기에 죄송한 마음이 들어선 지 '주의 종님'이라고 부르는 웃지 못할 상황이 벌어지곤 했습니다. 주님을 위해 일하는 목회자를 존중해 주는 것은 참으로 바람직하나, 이것은 목회자를 너무 신격화한 지나간 권위주의적인 발상에서 나온 해프닝입니다. 종에게 붙는 말은 '님'이 아니라 '놈'이 합당한 단어입니다.

우리가 하나님의 일을 할 때, 무엇을 하든지 우리의 이름으로 하지 않습니다. 아무리 훌륭한 사람일지라도 그 사람의 이름으로, 그 사람의 권위로 일하지 않습니다. 오직 예수님의 이름으로 합니다. 예수님의 이름에 하나님의 권위가 있기 때문입니다. 우리의 권위의 근원은 예수님이십니다. 예수님의 이름으로 할 때만 예수님의 권위가 주어지는데, 자칫 잘못하면 자기가 권위가 있는 양 행세하기도 합니다. 이것이 바로 잘못된 권위주의입니다.

예수님의 이름으로 한다는 것은 예수님이 현재 나의 주인이 되심을 고백하는 것입니다. 예수님이 주인이 되셔서 나의 손과 발, 내 몸을 통해 일하시고 있는 것을 고백하는 것입니다. 그러므로 우리는 항상 섬기는 자세를 유지해야 합니다. 예수님의 뜻대로, 예수님이 원하시는 대로 하는 것이 진정한 섬김입니다. 자기 생각이나 감정에 치우치는 자는 섬김의 사람이 아닙니다. 예수님이 나의 주인이 되실 때야 진정한 섬김이 우리 안에서 이루어집니다.

133. 진정한 롤 모델은 예수님이십니다.

사람은 자기가 좋아하는 사람을 닮아갑니다. 상대방을 좋아할수록 표정과 말씨까지도 닮아갑니다. 유명한 탤런트를 좋아하면 탤런트를 닮아가고, 인기 있는 가수를 좋아하면 그 사람의 행동 하나까지 흉내 내게 됩니다. 또한 가까이하는 사람을 닮아갑니다. 결혼하기 전에는 서로 다른 남남이었던 부부가 세월이 흐르다 보면 얼굴까지도 비슷하게 닮아가는 걸 보게 됩니다. 사람에게는 이렇게 닮아가려는 특징이 있습니다.

그렇다면 우리 크리스천들이 닮아가야 할 대상은 누구일까요? 바로 예수님이십니다. 예수님은 한 인격자로서, 최고의 리더로서, 사상가로서, 교육자로서 가장 훌륭한 삶의 모델이시기 때문입니다. 당시 기록을 보면, 예수님은 수만 명의 사람을 몰고 다니실 정도로 사람들에게 존경받으셨습니다. 그분을 따르는 무리는 요즘의 열성 팬들보다 더하면 더했지, 덜하지는 않았을 것입니다. 심지어 그들은 해가 저물어도, 빈들인데도 집으로 돌아갈 생각조차 하지 않았습니다.

무엇이 그들을 이처럼 매료시켰을까요? 예수님의 섬김입니다. 당시 지도자 대부분이 권위 의식에 철저히 사로잡혀 사람들 위에 군림하며 섬김받기를 좋아할 때, 예수님은 낮은 자세로 사람들을 섬기셨습니다. 예수님은 사람들의 마음을 움직이는 진정한 권위가 어디에서 오는가를 아셨기 때문입니다. 하늘로부터 오셨지만, 사역 외에는 그 권위를 행사하시지 않고 오직 섬김을 통해 나타내셨습니다. 낮은 자로서 섬길 때 나타나는 권위의 위대함이 무엇인지를 우리에게 깨닫게 하십니다.

134. 나는 종이로소이다.

섬김은 종이 살아가는 삶입니다. 종이 하는 일이란 평생 주인만을 섬기고 주인의 명령에 따라서 일하는 것이 삶의 전부입니다. 주인이 날마다 종에게 집안일을 맡기면 그는 아무 군소리도 못 하고 그 일을 해야만 합니다. 일하기 싫다고 해서 거부할 수 없는 것이 종의 삶입니다. 몸이 아파도 주인이 허락하기 전까지는 아프다고 해서 꾀를 부릴 수도 없습니다. 종에게는 선택할 자유가 전혀 없기 때문입니다.

우리가 섬김의 삶을 살겠다고 결심하는 것은 스스로 종이 되겠다는 결단과 각오입니다. 이것은 때때로 사람들로부터 찾아오는 불이익도 감수하겠다는 것이며, 신분상으로 자신의 낮추어짐을 의미합니다.

자신을 종으로 낮추기 위해서는 먼저 자기의 것을 버려야 가능합니다. 그러기 위해선 마음을 비워야 합니다. 우선 내가 상대방보다 낮다는 우월감부터 버려야 합니다. 우월감은 자신의 마음에 존재하는 커다란 방해 거립니다. 우월감이 있는 한 자존심이 상해서 섬길 수가 없습니다. 또한 상대방의 요구에 즉각적으로 반응하려는 자세가 필요합니다. 섬김은 내 감정에 따라 움직이는 것이 아니라 상대방의 필요에 따라 움직이는 것이기 때문입니다. 자신의 감정을 극복할 수 있을 때 진정한 섬김이 나옵니다.

135. 주인 정신 그리고 머슴의 자세

지도자의 자리에 오르면 잘 빠지는 함정 중의 하나가 리더십을 강화하려는 욕구입니다. 공동체를 이끌고 나가려면 견고하고 강력한 리더십이 필요한 것이 사실이지만, 이런 유혹에 한 번 빠지게 되면 리더십을 강화하려다 도리어 약해지게 됩니다. 절대화에 대한 행동들이 오히려 부작용만 불러일으킬 뿐입니다. 결국, 자기의 지나친 욕심 때문에 강력한 지도력은커녕 통솔력을 잃어버리는 불행한 결과를 맞이하게 됩니다.

왜 그럴까요? 강력한 리더십의 유혹에는 상대방을 통제하고자 하는 무의식적인 깊은 의도가 깔려있습니다. 독일 학계가 주목하는 젊은 뇌과학자, 독일 괴테 대학 심리학 연구소의 『헤닝 백』은 그의 책 「틀려도 좋다」에서 말합니다. '사람을 너무 통제해서는 안 된다. 인간은 통제하면 평소보다 더 많은 실수를 저지른다. 타인을 통제하면 잃는다. 일단 그의 신뢰를 잃고, 다음으로 그의 능력을 잃는다.'

리더가 자기를 따르는 사람을 통제하면 그들은 점점 예스맨이 되어 갑니다. 뭔가 창의적인 생각을 끄집어내기보다는 단지 눈치 보는 데만 급급합니다. 주위엔 온통 잘 보이려는 사람, 비위를 맞추려는 사람들이 모여드는 이유입니다. 통제의 위험성이 여기에 있습니다. 리더가 통제하지 않고 일단 믿고 맡기면 그는 주인으로 거듭납니다. 나를 믿고 있다는 느낌이 끼치는 힘은 실로 막대합니다. 맡은 일에 눈치만 보는 것이 아니라, 주인 정신으로 스스로 머슴처럼 일합니다. 지도자에게 섬김의 리더십이 필요한 이유입니다.

136. 권위주의입니까? 섬김입니까?

목회하다 보면 내적 갈등을 겪는 것 중의 하나가 권위에 대한 문제입니다. 목회자 대부분이 권위주의까지는 아닐지라도 상당히 권위적인 것만은 부인할 수 없습니다. 이른바 주의 종이라는 말에서 나타나듯이 주님께 대한 성도들의 마음이 자연스럽게 주님의 일을 하는 목회자에게도 존중심으로 표현된 하나의 아름다운 모습이긴 하지만, 이런 존중함에 붙들리게 되면 목회자 자신도 모르는 사이에 권위주의의 함정에 빠지는 위험성이 있습니다.

특히 가정교회를 하면서 부딪치는 내적 갈등은 바로 이 권위주의에서부터 비롯됩니다. 오랜 유교적인 문화 환경에다 교회의 전통에 길든 목회자일수록 그 갈등은 크다고 하겠습니다. 왜냐하면 가정교회의 근본정신이 섬김이기 때문입니다. 섬김이란 무엇일까요? 목회자 자신의 위치를 종의 신분으로 내려놓는 것입니다. 그런데 그동안 우린 어떻게 살아왔습니까? 성도들로부터 주의 종으로 깍듯이 대접을 받아왔습니다. 그런데 막상 모든 것을 포기하고 종이 되려 하니 이게 어디 쉬운 일이겠습니까? 온전하게 가정교회로 목회한다면 이런 갈등은 당연한 결과입니다.

지난 주일에 어느 교회 장로 장립식 때 목사님이 한 말이 자꾸만 머리에 맴돕니다. 지금의 장로로 세워질 분이 난생처음 목사님이 사주시는 밥을 먹고 크게 감동하여 자기 교회로 나오게 되었다는 고백입니다. 목회자인 우리가 얼마나 대접받기 좋아했으면, 그가 목회자가 대접하는 한 끼 식사에 교회를 옮길 정도로 감동을 입었을까요. 죄인인 우리를 섬기기 위해 이 땅에 종으로 오신 예수님을 생각하니 아직도 종이 되지 못한 나 자신이 그저 부끄럽기만 합니다.

137. 주인 노릇 하나요? 종노릇 하나요?

　교회의 역사가 깊을수록, 그 교회에서 중직을 맡아 봉사할수록 자기도 모르게 빠지는 함정이 주인 노릇을 하려는 것입니다. 교회 안에 주인 노릇을 하려는 사람이 많으면 어떻게 될까요? 항상 시끄러울 것입니다. 성도들 대부분은 교회에 어떤 일이 벌어져도 수수방관하는 방관자가 되겠죠. 이와 반대로 한 교회에서 오래 신앙생활 할수록, 점점 낮아져서 스스로 몸을 낮추고 서로 종노릇 하려고 한다면 어떻게 될까요? 서로를 섬기게 되어 교회가 항상 화목하겠죠.

　언젠가 이런 일이 있었습니다. 교회가 경제적인 위기에 부딪혀서 제 안사람이 교회를 살리기 위해 발 벗고 나섰습니다. 교회 여전도회장 외엔 아무도 모르게 안사람은 길거리에서, 저는 온라인으로 홍화씨를 팔아 교회의 재정을 메꾸며 근근이 버텨나가던 때였습니다. 어느 날 이런 말이 들려왔습니다. '이 교회는 목사님 교회지, 우리 교회는 아닙니다.' 그때 아차! 하는 생각이 들었습니다. 그래서 교회 앞에 정중히 사과한 적이 있었습니다. 아마 그들의 눈에는 제가 주인 노릇을 하고 있었던 모양입니다. 주님이 주인이신데도 말입니다.

　어느 장로님이 장로로 임직받자마자 봉사로 나선 일이 교회 화장실 청소였답니다. 성도들은 '한두 달 정도 하고 말겠지.'라고 생각했는데, 그분은 장로로 있는 동안 계속 화장실 청소는 물론이고 궂은일도 마다하지 않고 교회를 열심히 섬겨왔다고 합니다. 이 모습 속에서 주인의 마음을 가지고 종노릇 하는 진정한 섬김의 정신을 볼 수 있습니다. '나는 종노릇하고 있을까?' '주인 노릇 하고 있을까?' 그 사건 이후 세월이 많이 지난 지금, 저를 돌이켜봅니다.

138. 섬김이 삶의 스타일이 되었나요?

예전부터 항상 이해하기 어려웠던 궁금한 것이 하나 있었습니다. '신앙생활을 오래 하면 할수록 사람의 성품이 왜 경직되어 가는가?' 신앙의 연륜이 깊어질수록 유연해지고, 인격적이어야 하는 것이 옳다고 여겨왔습니다. 그런데 현실은 이와 정반대였습니다. 목회하는 동안 남을 정죄하고 비난하며 신앙적인 자기 우월감에 사로잡히는 바리새인 같은 모습들, 평신도의 연장자로서 리더 역할을 해야 할 장로님들이 목회자를 힘들게 하는 모습을 종종 보며 내 마음속에 풀리지 않은 숙제로 남아있었습니다.

최근에야 그 숙제가 풀렸습니다. 신앙생활의 방식에 문제가 있었던 것입니다. 전통적인 신앙생활의 모습은 주일이 되면 교회에 잘 출석하는가, 십일조 생활은 철저히 잘하고 있는가, 새벽 기도회는 빠짐없이 참석하는가, 교회 봉사는 충성되게 하는가 등 가시적인 것들을 매우 중요하게 여겨왔습니다. 그 사람의 내면이야 어떻든 간에 기본적인 것만 잘하면 신앙이 좋다고 평가해 왔습니다.

이런 신앙의 허점은 표면적이어서 자연히 내적인 면을 등한히 여깁니다. 하나님과의 관계에서 깨달은 것을 생활에 적용할 실천의 장(場)이 없습니다. 하나님의 말씀을 듣고 깨달았으면 행동으로 옮겨야 하는데 항상 뒷전으로 밀려납니다. 말씀을 실천하는 일은 항상 후차적인 일로, 그다지 중요하지 않은 것으로 인식해 버립니다. 그러니 내적이고 인격적인 변화보다, 신앙의 경직 현상이 일어날 수밖에 없는 것입니다. 섬김이 사는 방식이어야 하는 가장 큰 이유입니다.

139. 직분은 섬김을 위한 사역입니다.

어느 교회에서 장로를 세우기 위한 투표를 하였습니다. 그런데 장로 될 만하다고 여겨진 사람이 투표수 ☒가 되지 못하여 떨어지고, 그렇지 못하게 여겨진 사람이 오히려 장로로 선출되는 이변이 일어났습니다. 그러자 자신이 장로감이라고 생각했던, 투표에서 떨어진 그 사람이 그 다음 주일부터 교회를 나오지 않게 된 것입니다. 그 일로 인해 교회는 뜻하지 않은 시련을 겪게 되었답니다. 그런데 이런 일이 종종 일어난다는 사실이 더 큰 문제입니다.

교회에서 직분을 일종의 계급이나 특권 같은 것으로 여기는 경향이 있습니다. 어느 직분에 올라서야만 그동안 쌓아온 자기 신앙 경력을 인정받는다는 생각, 사람들이 자기 존재를 알아준다는 생각 등이 직분을 특권으로 여기게 만듭니다. 직분에 대한 특권의식은 권위주의를 불러옵니다. 그래서 사람들을 섬기려고 하기보다는 섬김을 받으려 하고, 사람들 위에 군림하려 듭니다. 이런 경향이 강한 교회일수록 직분자와 목회자와의 충돌이 많이 일어납니다.

교회 안에 모든 직분은 섬기기 위해 존재합니다. 특히 목자는 일반 직분과는 달리 섬기기 위한 사역입니다. 섬김을 위해 스스로 자원한 사역자입니다. 목자를 직분으로 여기게 되면 그 순간부터 리더라는 권위의식에 사로잡히게 되어 섬김이 실종되고 맙니다. 베드로전서 5장 2~3절은 말합니다. "여러분 가운데 있는 하나님의 양 떼를 먹이십시오. 억지로 할 것이 아니라, 하나님의 뜻을 따라 자진하여 하고, 더러운 이익을 탐하여 할 것이 아니라, 기쁜 마음으로 하십시오. 여러분은 여러분이 맡은 사람들을 지배하려고 하지 말고, 양 떼의 모범이 되십시오."

140. 섬김? 그게 어디 말처럼 쉬운가요?

제가 가정교회에 매료된 이유 한 가지를 든다면 섬김의 리더십입니다. 대부분 목회자세미나는 단지 교회를 크게 성장시키는 방법을 이야기할 뿐, 더 중요한 목회 원리나 목회자의 정신을 다루지는 않습니다. 신학 공부 중에도 목회학에선 이런 내용들을 찾아보지 못했습니다. 교회를 크게 잘 성장시키는 일이야말로 목회자가 이룰 이상적인 목회며, 성공하는 훌륭한 목회로 여겨왔었습니다. 요즘에서야 깨달은 사실은 작은 교회 목회자도 얼마든지 훌륭하다는 것입니다.

언젠가 신학을 가르치신 은사 한 분이 제게 넌지시 이런 말을 던지십니다. '당신의 모습이 항상 당당해 보여요….' 이 한마디가 화살처럼 제 뇌리에 꽉 꽂혔습니다. 그분의 말에 담긴 뜻은 '자신감일까?' '오만함일까?' 자신감과 오만함은 한 끗 차이입니다. 어려움을 당했을 때 당당한 모습은 자신감이지만, 리더의 위치에 있을 때 평소에 나타내는 당당함은 오만함입니다. 사람들은 그에게서 겸손한 모습, 섬김의 모습을 보기 원합니다.

자신감과 오만함은 상대방과의 대화에서도 잘 나타납니다. 어떤 위기 상황에서 자기의 의견을 말할 때는 자신감, 남의 말에 경청하지 않고 오로지 자기 말만 하려 할 때는 오만함입니다. 이런 현상은 목회자라고 예외는 아닙니다. 권위적일수록, 성공할수록, 연륜이 쌓일수록 이런 현상은 더 두드러져 나타납니다. 자신이 높아질수록 낮아진 모습으로, 그간 쌓고 이룬 것들로 다른 사람을 섬긴다면 이는 진짜 겸손의 리더입니다. 섬김, 그런데 그게 어디 말처럼 쉬운가요?

141. 먼저 작은 섬김부터 시작하십시오.

목회자의 길을 들어서기 위해 신학의 길로 접어들던 20대 시절에 목회자들 대부분이 큰 목회를 꿈꾸었습니다. 당시 큰 목회란 커다란 예배당을 짓는 것, 적어도 몇천 명 이상 모이는 교회를 세우는 것, 대형교회 부흥 집회에서 설교하는 것 등이 목회 성공의 잣대였습니다. 그래서 이런 것들로 목회자를 평가하는 슬픈 현실이기도 했습니다. 물론 지금도 주위엔 여전히 그런 생각을 하고 계시는 분들이 종종 있습니다.

당시 제가 목회하던 지역에 어느 개척교회는 '5천 평 부지확보, 1만 명 교인'을 교회의 비전으로 제시하던 기억이 언뜻 생각납니다. 신대원 과정을 졸업하기 위해 논문을 준비하던 중 논문자료로 서울 시내에 있는 교회들의 주보를 수집한 적이 있었습니다. 350여 개의 주보를 확보하여 살피던 중 놀라웠던 것은 위의 교회와 비슷한 비전을 제시하던 교회가 80% 이상을 차지하고 있었다는 사실입니다. 대부분이 이런 조건을 목회의 성공으로 생각하고 있었던 셈입니다.

지금 우리에게 가장 중요한 것은 주님의 명령인 예수님 안 믿는 사람들을 전도하여 제자 삼는 일입니다. 이 일은 거창한 구호가 아닌, 한 영혼을 구원하려는 지극히 작은 섬김에서부터 비롯됩니다. 불우했던 시절을 극복하고 1,000만 달러 이상의 개인재산을 털어서 디케이김재단을 운영하는 김동구 회장은 말합니다. '일은 계속하면 할수록 경험이 쌓인다. 그러면 사람들이 당신을 믿게 된다. 이렇게 쌓인 신뢰의 힘은 당신에게 더 큰 기회를 준다. 작은 성공이 모여 큰 성공을 만든다.' 당신의 작은 섬김이 큰일을 이루어 가는 첫걸음입니다.

142. 먼저 본을 보여주어야 합니다.

이솝 우화에 이런 이야기가 나옵니다. 엄마 게가 아기 게에게 어느 날 걸음마를 연습시킵니다. 엄마 게는 잔뜩 무게를 잡고서 아기 게 앞에서 걸으며 말합니다. "애야, 이렇게 걷는 거란다. 너도 한번 걸어보렴." 그러자 아기 게가 엄마의 걸음을 흉내 내며 서툴게 걷습니다. 걷는 것을 지켜보던 엄마는 아기 게에게 이렇게 말합니다. "그렇게 걷는 것이 아니야, 이렇게 걸어야지." 그러자 아기 게가 엄마에게 말합니다. "엄마도 그렇게 걷고 계시잖아요."

리더는 엄마 게와 같습니다. 가르치는 자가 아니라 먼저 본을 보여주는 자입니다. 리더가 하는 대로 사람들은 따라 하면서 저절로 리더를 닮아갑니다. 리더의 마음 씀씀이를 닮고, 리더의 영성을 닮으며, 리더의 말씨까지도 닮게 됩니다. 리더는 더 이상 혼자가 아닙니다. 좋든 싫든 간에 많은 사람에게 영향을 끼치는 위치에 있습니다. 그러므로 리더의 모습은 그 교회의 장래 청사진이라 할 수 있습니다.

먼저 예수님을 믿고 교회 생활을 하는 사람의 행동은 나중에 믿은 사람들에게 많은 영향을 끼칩니다. 좋은 본을 보여주는 사람이 나에게 있다면 그는 행복한 사람입니다. 또한 본받을 만한 좋은 전통을 가진 교회나 가정에서 사는 사람은 저절로 복을 받은 사람입니다. 교육을 통해 배우기 전에 먼저 눈으로 보고 귀로 들으며 저절로 배우기 때문입니다. 이러한 배움은 더 깊이 마음에 새겨지고 골수에 박히게 됩니다. 이러한 교회가 세워지도록 서로 본이 되는 삶을 살아가야 하겠습니다.

143. 예수님의 성품으로 변화되기

섬김의 삶은 우리의 인격을 예수님의 마음처럼 변화시켜 줍니다. 섬김이란 결국 사람과의 관계인데, 내가 스스로 종이 되어 살아간다는 것 자체가 대단히 어렵고 힘든 일입니다. 때로는 감정이 손상되기도 하고, 심하면 자존심이 상하는 일도 종종 겪게 될 것입니다. 이러한 일들은 내적인 수많은 크고 작은 갈등과 진통을 낳게 됩니다. 때로는 분한 마음을 갖기도 하고, 때로는 자기 능력의 한계에 대해 상심할 것입니다. 이러한 과정들이 우리를 진정한 겸손의 인격으로 다듬어져 가게 만듭니다.

섬김의 삶은 우리에게 온유한 마음을 갖게 합니다. 온유함이란 저절로 생겨나지 않습니다. 사람들 앞에서 자기 모습을 드러내지 않기 위해 감정을 억누르며 참는 것뿐이지, 그것이 인격으로 승화되어 인간관계에 너그럽고 부드러운 마음의 넓은 태도로 나타내기란 절대 쉽지 않을 것입니다. 온유는 인간관계를 폭넓게 만들어 주며, 존경받는 리더의 자리로 이끌어 줍니다.

예수님은 우리에게 말씀하십니다. "수고하며 무거운 짐을 진 사람은 모두 내게로 오너라. 내가 너희를 쉬게 하겠다. 나는 마음이 온유하고 겸손하니, 내 멍에를 메고 나한테 배워라. 그리하면 너희는 마음에 쉼을 얻을 것이다. 내 멍에는 편하고, 내 짐은 가볍다." (마태복음 11장 28~30절) 예수님의 멍에를 메고 배우는 섬김을 통해 온유와 겸손에 이르는 자에게 진정한 마음의 쉼이 찾아오게 됩니다.

144. 성공한 사람들의 특징은 무얼까?

성공한 사람들에게는 공통적인 특징이 있는데, 첫째 자기 긍정입니다. 자기 자신에 대해 긍정적인 자아상을 가지고 있습니다. 생각이 긍정적이지 못한 사람은 매사에 부정적이므로 어떤 일을 하더라도 자신감이 없습니다. 일을 추진한다고 하더라도 결과에 대해 부정적으로 예측하기 때문에 조금만 힘들고 어려워도 참지 못합니다. 그러기에 무엇보다도 자기 자신에 대해 긍정적으로 생각하는 것이 중요합니다.

둘째, 성취를 향한 열정입니다. 생각만 한다든가 계획만 세우는 것이 아니라, 그 일을 이루기 위한 열정이 남다르다는 것입니다. 열정이 없는 계획은 아무런 의미가 없습니다. 계획을 추진할 수 있는 열정만큼 목표치에 도달할 수 있습니다. 열정이라는 말의 열(熱)은 불(火)과 깊은 관계가 있는 말입니다. 불에 의해 물체가 타게 되면 열에너지가 발생하고, 이것은 운동 에너지로도 바뀌어 물체를 움직이듯 열정은 계획을 추진하는 힘이 됩니다.

이러한 열에너지를 얻으려면 어떻게 해야 할까요? 초가 자기 몸을 녹여 태우듯 섬김을 위한 자기희생이 있어야 합니다. 그러나 아쉽게도 초의 수명은 오래가지 않습니다. 잠시 후에 꺼져버리듯 자기희생 또한 오래가지 않습니다. 더 근본적인 에너지원이 필요한데 그것은 바로 성령님이십니다. 성령님은 꺼지지 않는 불과 같은 에너지 원(源)입니다. 지치지 않는 열정을 소유하기 위해 우리가 성령으로 충만해야 할 필요가 여기에 있습니다.

제8장 섬김이 빚어내는 사역들

145. '섬김이'는 한 송이의 백합화입니다.

백합은 주로 햇볕이 직접 닿지 않는 숲이나 그늘 또는 북향의 서늘한 곳에서 자라는 여러해살이 화초입니다. 수술은 6개이고 꽃밥은 T자형으로 달리면서 꽃이 피어나는데 활짝 핀 순박한 모습은 사람의 시선을 사로잡으며, 그 향기는 코끝을 간질일 만큼 진하게 풍깁니다. 꽃말로는 순결, 신성, 희생, 사랑 등을 간직하고 있습니다. 찬송가에 '주는 저 산 밑에 백합'이라는 표현이 있는데, '예수님이 백합화'라고 생각이 들 정도로 우리에게는 매우 친숙한 꽃입니다.

그러기에 백합화를 바라보면 예수님의 모습이 저절로 떠오르는 것은 어찌 보면 당연한 일일 것입니다. 예수님을 닮아야만 그 인격적인 자태나 향이 마치 백합처럼 사람들의 마음을 사로잡는 매력이 있게 됩니다. 그러려면 우선 예수님이 사셨던 삶과 내면에서 풍기는 인격을 닮아가야 할 것입니다. 이것은 예수님을 오래 믿는다고 해서 저절로 되지는 않습니다. 예수님처럼 희생과 사랑이 어우러진 섬김의 삶을 부단히 살아가게 될 때 비로소 한 송이의 백합화가 됩니다.

섬김은 사람들의 눈과 마음을 끌어내는 매력이 있습니다. 섬김으로 우리들의 순결한 희생의 모습을 보여주고 순수한 사랑을 나타내게 되면, 사람들은 이런 우리의 삶에서 내면의 아름다움과 향을 발견하게 됩니다. 벌이나 나비가 꽃으로 날아오는 까닭은 단지 꽃이 아름다워서라기보다 향 때문입니다. 그윽한 향기를 맡으며 찾아와서는 그들이 원하는 꿀을 얻게 됩니다. 우리의 섬김은 사람들을 주님께로 이끄는 한 송이의 백합꽃 향기입니다. 이 향기를 통해 세상 사람들이 예수님을 만나게 됩니다.

146. 영혼을 구원하여 제자로 만듭니다.

섬김의 목적은 영혼을 구원하는 일입니다. 예수님께서도 분명하게 말씀하셨습니다. "…또 많은 사람을 위하여 목숨을 바쳐 몸값을 치르러 온 것이다." (마가복음 10장 45절) 예수님은 섬기는 것 자체만으로 즐거워하시는 것이 아니라 섬김을 통해 죄와 사망 가운데 있는 죄인을 구원하시는 것이 궁극적 목적입니다. 영혼을 지극히 사랑하시는 섬김의 순수함을 볼 수 있습니다.

섬김의 궁극적인 목적은 구원받은 영혼을 하나님의 말씀으로 세워주어 예수님의 제자가 되게 하며, 나중엔 훌륭한 사역자로 헌신하게 하는 것입니다. 마치 아이를 출산한 후 그 아이가 잘 자라도록 정성으로 양육하는 것과 같은 이치입니다. 마태복음 28장 19~20절은 말씀합니다. "그러므로 너희는 가서 모든 민족을 제자로 삼아 아버지와 아들과 성령의 이름으로 세례를 베풀고, 내가 너희에게 분부한 모든 것을 가르쳐 지키게 하라."

아이를 어떻게 양육하느냐에 따라 그 아이의 일생이 달라집니다. 때론 인류 역사까지 달라지기도 합니다. 가까운 이웃이나 친구들에게 전도할 때 무책임한 말은 '당신이 사는 가까운 지역에 아무 교회에나 나가라'는 말입니다. 어떻게 영적으로 갓 태어난 아이에게 '네가 살고 싶은 가정에 가서 네가 살고 싶은 대로 살아라.' 이렇게 말할 수 있을까요?. 애를 낳는 것도 중요하지만 키우는 것은 더 중요합니다. 섬김 중에 가장 중요한 섬김은 구원받은 영혼을 제자로 만들어서 그가 리더 되게 하는 것, 이것이 새 신자를 VIP로 대우하는 까닭입니다.

147. 초점을 VIP에게 맞추어야 합니다.

예전에 자녀가 없는 어느 집사님 부부가 있었습니다. 그 부부는 결혼한 지 10여 년이 되었는데도 아이를 낳지 못했습니다. 사람들이 외면적으로 볼 때는 육아에 대한 부담도 없고 집안에 일거리도 줄어 단둘이 지내는 시간이 많아 좋을 것 같은데 막상 그게 아니었습니다. 두 부부만 사는 집안은 사람 사는 냄새가 나지 않고, 쓸쓸하다 못해 냉기까지 돌았습니다. 그들은 항상 아이 하나 갖는 것이 기도의 제목이었습니다.

목장 모임에서 일어나는 현상도 이와 같습니다. 처음에 목장을 구성하고 모임을 할 때는 서로 알아가는 과정이라 신혼처럼 재미있지만, 시간이 지남에 따라 따분해지고 흥미를 잃어갑니다. 처음 만나 꺼내놓는 이야기들은 전혀 들어보지도 못한 새로운 사건들이라 흥미를 주지만, 몇 개월이 지나다 보면 전에도 몇 번씩이나 반복적으로 들었던 내용들이기 일쑤입니다. 목장에 신경 쓸 만한 일이 없어서 좋을지 몰라도 목장이 생명력을 잃어가면서 지지부진해지는 것입니다.

목장 모임에 생명력을 불어넣는 것은 VIP입니다. 그렇다면 우리의 VIP는 누구일까요? 영혼 구원의 대상으로 삼은 불신자들, 또는 갓 믿기 시작한 새신자들입니다. 기존의 오래된 성도들이나 직분자들이 VIP로 대접받게 되면 영적 에너지가 낭비되어 생명력을 잃어버리게 됩니다. 이들은 교회 안에서 섬김을 받아야 할 대상이 아니라 VIP를 섬기는 자들입니다. VIP가 많은 목장일수록 활력이 있고 기쁨이 넘쳐나는 것은 당연한 이치입니다.

148. 나의 주위를 한번 돌아보세요.

섬김은 원래 윗사람을 잘 받들어 모시는 것을 말하지만, 또 다른 뜻으로는 사람을 잘 돌봐주는 것을 의미합니다. 애정 어린 깊은 관심을 가지고 상대방을 살펴서 무엇이 도움이 되는지 파악하여 적절하게 돕는 것이 섬김입니다. 이런 행위는 먼저 믿음을 가진 사람이 새로운 신자에게, 성숙한 사람이 처음 믿는 사람에게 행하는 아름다운 믿음의 행위입니다. 이런 섬김은 오래 신앙생활을 한 사람들에게는 별 도움이 안 되겠지만, 믿음이 약한 사람들에게는 가장 좋은 도움입니다.

신앙생활을 시작할 때는 모든 상황이 생소합니다. 교회에 첫발을 디디는 것부터 낯섭니다. 첫발을 내디디는 데는 많은 용기와 결단이 필요합니다. 교회에 발걸음을 내디디는 순간부터 누군가의 도움을 받게 된다면, 그는 쉽게 신앙생활에 안착하여 믿음이 자라게 될 것입니다. 이런 작은 섬김이 큰 도움을 이뤄냅니다.

막상 예배에 참석하여 앉아있으면 성경을 보는 방법이나 찬송가를 찾는 방법, 예배드릴 때 어떤 자세로 어떻게 행동해야 하는지, 기도는 어떻게 해야 하는지 등등 모두가 생소한 것뿐입니다. 이럴 때 누군가 가까이서 그를 돕는다면 최선의 섬김이 이루어지는 것입니다. 처음 신앙생활을 할 때 누구의 도움을 받느냐 하는 것이 그 사람의 영적인 장래를 좌우하는 경우가 많습니다. 나의 도움이 필요한 사람이 주위에 있는지 한 번 살펴봐야 하겠습니다.

149. 자기를 돌봄이 필수입니다.

섬김의 전제 조건은 자기희생입니다. 자기를 희생하려 하지 않고는 섬김이 이루어질 수 없기 때문입니다. 우리는 이 사실을 예수님의 삶에서 찾아볼 수 있습니다. 섬기는 삶을 사는 데 어려움을 겪는 까닭은 섬김을 통해 자신을 드러내려 하거나 아니면 어떤 보상을 바라기 때문입니다. 예를 들어 사람들이 자기의 수고를 인정해주는 것이라든지, 아니면 좋은 일들이 생긴다든지 하는 것들입니다. 그러나 섬김은 섬김으로 끝나는 것이 올바른 정신이라고 하겠습니다.

그러기 위해서는 먼저 자기를 돌보는 일이 필요합니다. 자기를 돌아보지 않고는 머지않아 남에게 나누어 줄 것이 바닥나버리고, 피로가 누적되어 지쳐버리게 됩니다. 나중에는 심각한 영적인 탈진 상태에 빠져버립니다. 남을 섬기려고 하다가 자신이 어려움에 부닥치게 되고, 오히려 남의 돌봄을 받는 위치에 놓이게 됩니다. 내가 남에게 나누어줄 것이 있을 때 섬김은 지속될 수 있습니다.

자기를 돌봄은 섬기는 삶에 필수적입니다. 그러기 위해서는 우선 자기의 모습을 자주 돌아보아야 합니다. 자신의 영적인 상태가 어떠한지 수시로 점검해서 바닥나지 않게 해야 합니다. 그리고 고갈되어 가는 자신의 영적 상태를 채워야 합니다. 말씀으로, 깊은 기도 생활을 통해 영적으로 채워져야만 섬김이 변함없이 지속될 수 있습니다. "은과 금은 내게 없으나, 내게 있는 것을 그대에게 주니…." (사도행전 3장 6절) 베드로와 요한처럼 나눠줄 게 있어야 비로소 섬김이 온전히 이루어지게 됩니다.

150. 선택과 집중은 섬김을 극대화합니다.

섬김에는 보편성과 특수성이라는 두 가지 특성이 있습니다. 보편성이라는 말은 섬김의 대상이 모든 사람이라는 의미입니다. 특수성이라는 말은 섬김이 어떤 특정한 대상에게 집중되어야 함을 말합니다. 보편이라는 말이 섬김의 정신을 의미한다면, 특수라는 말은 섬김의 구체적인 대상을 말합니다. 섬기는 것이 가정교회의 근본정신이지만 만나는 모든 사람, 주위의 모든 사람을 전부 섬길 수는 없기 때문입니다.

예수님의 사역을 살펴보면 섬김에도 일정한 원리가 있음을 발견하게 됩니다. 그것은 바로 선택과 집중입니다. 뒤따르는 수많은 사람의 문제들을 예수님이 다 도와주시지만, 12명의 제자를 따로 세우신 것은 선택의 원리입니다. 특별히 그들에게 3년이라는 시간 속에서 갖은 노력을 다 쏟아부으십니다. 그리고 12명 중에서 3명, 베드로와 야고보, 요한에게 특별히 애정을 가지고 대하십니다. 이것이 집중의 원리입니다.

섬김이 극대화되려면 선택과 집중의 원리가 적용되어야 합니다. 이 원리는 전도하기 위해 VIP를 선정할 때도 마찬가지인데, 주위에 많은 전도 대상자 중에 전도할 수 있는 사람을 우선 선택하여 섬김을 집중해야 합니다. 우리가 보편성, 즉 모든 사람을 차별이 없이 똑같이 섬겨야 한다고 우겨댄다면, 우리는 머지않아 한 영혼도 구원하지 못한 채 지쳐버리고 말 것입니다. 우리에게 주어진 능력이나 자원을 극대화하는 것, 선택과 집중이 필요한 이유가 여기에 있습니다.

151. 위임은 섬김의 본질입니다.

우리가 VIP를 섬기는 것은 단지 그를 구원하기 위해서만이 아니라, 또 다른 사람들을 구원하는 일군이 되도록 세우기 위함입니다. 그는 교회의 미래를 책임질 일군이 될 것이므로 그를 양육하고 훈련할 수 있도록 힘써 섬겨야 합니다. 훌륭한 일군은 저절로 태어나지 않습니다. 양육과 훈련을 통해 만들어지는 것입니다. 전도 대상자를 VIP라고 부르는 까닭은 그들이 사역의 미래를 위한 새싹이기 때문입니다. VIP가 없으면 교회의 미래도 없습니다.

가정교회의 원리 중의 하나는 위임입니다. 위임이란 목사의 고유 권한을 일군들, 특히 목자에게 부여하는 것을 말합니다. 그래서 목자가 목사를 대신하여 목장의 식구들을 돌아봅니다. 그가 목장에서 하는 일은 방문과 상담, VIP를 선정해서 전도하고 보살펴 주며, 교회로 인도하여 양육 프로그램에 참여시켜 일군이 되도록 세워주는 등 목장의 전반적인 사항을 책임지며 이끄는 것입니다. 목자는 한 목장의 목사입니다.

위임에는 반드시 책임감이 뒤따라야 합니다. 목사가 목장의 일을 전적으로 목자에게 맡긴다는 것은 책임감 있게 목장을 돌아보라는 의미입니다. 무책임하게 자기 마음대로, 기분 내키는 대로 해서는 안 됩니다. 가정교회의 생명은 목자와 목사 사이에 깊은 신뢰감입니다. 목사가 목자를 신뢰할 수 없으면 위임할 수 없고, 목자가 목사를 신뢰하지 않으면 따를 수 없습니다. 그러므로 위임에는 신뢰와 책임이 중요한 자리를 차지합니다. 이러한 관계가 형성되기 위해서는 서로 섬기는 삶이 더욱 필요합니다.

152. 파송은 섬김의 목적입니다.

예수님께서 열두 명의 제자를 선택하신 가장 중요한 목적은 파송하기 위함입니다. 누가복음 6장 12~13절은 말합니다. "이때 예수께서 기도하시러 산으로 가사 밤이 새도록 하나님께 기도하시고, 밝으매 그 제자들을 부르사 그중에서 열둘을 택하여 사도라 칭하셨으니" 사도라는 말은 고대 헬라어로 '아포스톨로스'라는 말인데, 그 뜻은 '보냄을 받은 자', 또는 '전권대사'라는 의미입니다.

예수님께서 열둘을 택하신 것은 어떤 목적을 이루시기 위한 것임을 알 수 있습니다. 그 목적이란 다름 아닌 예수님이 이 세상에 오신 목적, 세상을 구원하는 일입니다. 요한복음 20장 21절은 말합니다. "아버지께서 나를 보내신 것 같이 나도 너희를 보내노라." 예수님을 대신할 사람을 만드시기 위해 3년 동안이나 열두 명을 제자로 데리고 다니시면서 그들을 섬기시며 훈련하신 것입니다.

섬김의 가장 중요한 목적은 예수님을 대신할 제자를 만들어 세상을 구원하기 위해 그들을 파송하는 것입니다. 그러므로 목장은 세상에 파송된 작은 교회입니다. 세상을 구원하는 구원의 방주요, 가장 작은 선교 기관인 셈입니다. 목장에서 불신 영혼들을 구원하는 일을 감당하지 못한다면, 목장의 기능을 제대로 하지 못하고 있는 것입니다. 우리는 세상에 파송된 예수님의 전권대사라는 사실을 잊지 말고 불신 영혼들을 찾아 VIP로 섬기는 일에 최선을 다해야 하겠습니다.

153. 우리의 핵심 가치를 이루게 합니다.

우리가 가장 중요하게 여기는 핵심적인 가치는 성경에서 말하는 교회를 세우는 일입니다. 이를 위해 우선 목사는 성경에서 말하는 목회자가 되어야 하고, 교인은 성경에서 말하는 성도가 되어야 합니다. 성경에서 말하는 교회란, 사도행전에 기록된 여러 교회, 예수님이 사도들을 통해 이루려 하셨던 신약시대의 교회들을 말합니다. 우리는 역사상 지금까지 지상에 세워졌던 수많은 교회 중에서 신약시대의 교회를 우리의 롤 모델(role model)로 삼고 있습니다.

신약교회가 아름다움은, 단순히 교회 성장이 목적이 아니라, 불신 영혼들을 구원하여 그들을 제자로 삼은 것에 있습니다. 그들에겐 이것이 가장 중요한 교회의 존재 목적이었습니다. 그러나 근래에 와서는 교회가 크게 성장만 된다면 어떤 수단과 방법도 가리지 않게 된 것입니다. 이러한 현상은 성장의 초점이 영혼 구원이 아니라 교회의 교인 숫자 불리기에 있었기 때문입니다. 이러다 보니 어느새 교회의 규모가 목회자의 유능함을 가름하는 시금석이 되어버렸습니다.

신약의 교회는 한 영혼을 구원하는 것을 핵심 가치로 여기고 그 일을 위한 섬김의 삶을 매우 즐거워하였습니다. 실제로 그들은 말씀만 가르치는 것이 아니라 섬김을 통해 삶으로 보여주면서 구원받은 사람들을 제자로 만들었습니다. 삶이 뒷받침되지 않은 성경 공부는 지식적인 이론에 불과합니다. 말씀을 실천하는 삶과 성경 공부를 통해 섬김의 리더십을 가진 진정한 지도자가 배출되고 성경에서 말하는 교회가 세워집니다. 성경 공부가 이론이라고 한다면, 섬김은 그 이론을 실제로 보여주는 힘입니다.

154. 수준 높은 최고의 삶을 살게 합니다.

섬긴다고 하면서 실제로는 사람을 무시하는 행동을 종종 보게 됩니다. 이런 사람들의 모습을 보면 대개 우월감에 사로잡혀 있기 마련입니다. 상대방보다 내가 훨씬 낫다고 여기다 보니까 섬김을 그저 자기보다 못한 사람들에게 베푸는 시혜[施惠] 정도로 생각하게 됩니다. 그러다 보니 상대방은 섬김을 받을수록 감동을 하는 것이 아니라, 오히려 자존심이 상하고 심지어는 모멸감까지 느끼게 됩니다.

언젠가 이런 사람이 있었습니다. 우리 교회가 자기들과 수준이 안 맞아서 못 다니겠다는 것입니다. 그러니 평소에도 물에 기름이 뜨듯 성도들과 함께 어울리지 않고, 밥을 먹어도 항상 가족끼리만 먹습니다. 무엇이 문제일까요? 그들의 마음에 예수님의 섬김의 정신이 없는 것입니다. 그들이 생각할 때 수준이 낮아서 어울릴 사람이 없는 것입니다. 그러면 큰 교회에 가면 어울릴 수 있을까요? 거기에는 자기네가 수준 미달이라 어울리지 못합니다.

상대방의 수준을 평가하고, 수준에 맞는 사람을 선택하는 곳이 교회가 아닙니다. 이것은 하나님의 사랑이 뭔지 모르는 사람들이 하는 행동입니다. 예수님이 보여주신 섬김은 가난한 사람들과도 어울리며, 병든 사람들을 보듬어 주고, 마음이 아픈 사람들을 위로하는 것이었습니다. 이 세상에 예수님과 수준을 맞출 수 있는 사람이 어디 있을까요? 그분보다 수준이 높은 사람은 아무도 없습니다. 왜냐하면 우리는 죄인이었기 때문입니다. 진정한 수준은 나를 다른 사람에게 맞출 수 있는 능력입니다.

155. 놀라운 힘이 있습니다.

섬김에는 세 가지의 힘이 있습니다. 첫째는 감동의 힘입니다. 남을 섬기려 할 때 처음에는 섬기는 이나 섬김을 받는 이 모두가 어색하지만, 시간이 지나면서 상대방에게 진정성이 통하면 감동의 힘이 생겨납니다. 섬김을 받는 사람이 상대방의 진실한 섬김을 깨닫는 순간부터 진실함을 알게 되고, 어느 순간에는 마음의 문을 활짝 엽니다. 상대방이 스스로 마음의 문을 열 때까지 인내할 필요가 여기에 있습니다.

둘째는 외로움을 달래는 힘이 있습니다. 많은 사람은 스스로 외롭다고 생각합니다. 섬김은 외로운 마음을 채워주는 힘이 있습니다. 언젠가 집사님 한 분이 이런 말을 한 적이 있습니다. '나는 지금껏 남에게 선물만 했지, 선물을 받아 본 적이 없습니다.' 그의 말을 듣고 정성껏 준비한 선물을 그에게 주니 너무나 기뻐하는 것이었습니다. 대부분 섬김을 받는 위치보다 어쩔 수 없이 섬겨야 하는 위치에서 살아갑니다. 누군가로부터 사랑에서 비롯된 섬김을 받게 될 때 외로움보다는 사랑을 느끼게 됩니다.

셋째는 위로를 주는 힘이 있습니다. 어떤 때는 백 마디 말보다는 한 번의 섬김이 훨씬 효과적입니다. 사모님이 갑상샘암으로 진단받은 어느 목사님은 많은 위로의 말들보다 눈물 한 방울이 더 위로되었다는 고백을 읽어본 적이 있습니다. 아픔을 동참하는 섬김의 행위를 말한 것입니다. 섬김은 많은 경우 말로 이루어지기도 하지만, 말보다는 행동이 더 강력합니다. 가장 중요한 것이 무엇인가를 살펴 섬길 때, 상대방에게 위로를 주는 강한 힘이 있습니다.

156. 우리는 꿈이 있기에 위대합니다.

미국 28대 대통령 『윌슨』의 말을 인용하며 글을 시작하려 합니다. '우리는 꿈이 있기에 위대합니다. 모든 위인은 몽상가였습니다. 그들은 봄에 따스한 바람을 맞으면서도, 한겨울 밤 화롯가에 앉아서도 언제나 꿈꿨습니다. 절대 포기하지 말고 자신과 꿈을 믿으세요.' 우리가 내일을 꿈꿀 수 없고, 내일에 대한 희망을 품을 수 없다면, 이 얼마나 불행한 일일까요? 생각에서조차 희망이란 단어가 지워진다면, 그래서 사라졌다면 정말이지 끔찍할 것입니다.

희망이라는 단어는 절망을 전제로 하는 단어입니다. 상황이 아무리 절망적으로 나빠진다고 할지라도, 짙은 안개가 앞을 가려 한 치도 내다볼 수 없는 상황이라 해도 희망을 품어라, 장래가 불안할수록 더욱 희망을 노래하라는 겁니다. 내일을 향한 꿈과 희망과 비전은 한밤중에 바닷길을 안내하는 등대와도 같아서 불확실한 세상에서 갈 길을 잃지 않게 해줍니다. 우리에게 내일을 향한 꿈과 희망이 있기에, 비록 오늘의 삶이 힘들지라도 열심을 낼 수 있습니다.

20대 때 관람했던 영화인 「갈매기의 꿈」에서 '높이 나는 새가 멀리 본다'라는 대사가 생각납니다. 동료 갈매기들이 먹이를 놓고 싸우고 있을 때, 아무도 날아보지 않은 하늘을 날아보려는 갈매기 조나단의 꿈을 영화 내내 그려내고 있습니다. '오직 여호와를 앙망하는 자는 새 힘을 얻으리니 독수리가 날개 치며 올라감 같을 것'이라는 말씀을 묵상하면서 내일의 꿈을 꾸며 희망을 노래합니다. 섬기는 자는 더 좋은 장래를 노래하며 내일을 향해 날아가는 조나단입니다.

157. 소망을 가지고 섬겨야 합니다.

무슨 일이든 소망이 있으면 기다림도 그리 지루하지 않습니다. 섬김의 삶을 살다가 종종 피곤을 느끼거나 포기하고 싶은 마음이 생기는 것은 소망이 보이지 않기 때문입니다. 그러다 보니 우리 주위에 목자로서 섬기던 사람 중에 그만둔 사람들을 만나보기도 합니다. 그 이유인즉, 몇 년 동안 열심히 섬겨왔는데 상대방에게서 달라져 가는 모습을 발견할 수 없었다는 것입니다. 변화로 나타나는 결과보다 마음의 성급함이 더 앞섰던 것입니다.

살아있는 존재 중에 가장 빠르면서도 가장 느리게 변화를 나타내는 것이 사람입니다. 어떤 이는 어느 날 갑자기 변화되어서 '정말 그 사람이 맞을까'라고 의심이 될 정도로 급격하게 변화의 속도를 보이는 사람이 있습니다. 이런 사람을 보면 섬김의 동기부여가 새롭게 이루어집니다. 그런가 하면 섬기고 싶지 않을 정도로 오랜 세월이 지났는데도 여전히 예전의 못 된 모습을 간직하고 살아가는 사람도 있습니다. 이것은 사람마다 제각기 가지고 있는 인격적인 편차라고 하겠습니다.

성경은 말합니다. "선한 일을 하다가 낙심하지 맙시다. 지쳐서 넘어지지 아니하면, 때가 이를 때에 거두게 될 것입니다. 그러므로 기회가 있는 동안에, 모든 사람에게 선한 일을 합시다. 특히 믿음의 식구들에게는 더욱 그렇게 합시다." 암튼 포기하지 않고 섬기다 보면 우리 눈에는 보이지 않을지라도 변화의 물결이 조금씩 일어난다는 사실을 기억하고 절대 낙심하지 말아야 합니다.

158. 예수님의 마음으로 해야 합니다.

우리가 받은 신선한 감동으로 인해 일시적으로 사람을 섬길 수는 있지만, 그것을 지속하기란 쉽지만은 않습니다. 온전한 섬김이란 그것이 삶이 되고 인격이 될 때만이 가능합니다. 그러기 위해서는 섬김이 지속해서 이루어져야 하는데, 부단한 자기의 결단과 의지가 필요합니다. 섬김은 훈련으로 도달할 수 있는 삶이기 때문입니다. 그 목표는 예수님의 마음을 닮아가는 것입니다.

예수님의 섬김의 특징을 세 가지로 살펴볼 수 있습니다. 첫째, 섬김의 대상과 동등하게 여기지 않는 낮은 마음입니다. 이것은 다른 사람을 나보다 낮게 여길 줄 아는 정신에서 비롯됩니다. 둘째, 자기 자신을 비워야 합니다. 섬김을 통해 무언가를 얻으려고 한다면 다툼이 일어나거나 허영심에 사로잡히게 됩니다. 셋째, 자기를 낮출 줄 알아야 합니다. 자기를 상대방보다 높여서는 섬김이 이뤄지지 않습니다. 상대방보다 자기를 낮추어 섬길 때 상대방의 마음에 진한 감동으로 다가갑니다. (빌립보서 2장 6절~8절)

이러한 섬김은 사람들의 마음으로부터 존경을 받습니다. 사람들을 섬기다 보면 처음에는 무시당하고 업신여김을 받을 수 있습니다. 그러나 그것이 가식이 아닌 진정한 마음에서 우러난 섬김이라는 것을 알게 될 때는 사람들이 오히려 그를 존중해 주고, 리더로 섬기기를 기꺼워합니다. 이런 섬김에는 사람의 마음마저 움직이는 감동이 있습니다. 하나님도 이런 사람을 높여 쓰시기를 기뻐하십니다. 섬김의 삶을 살다가 잠시 지쳐있다면, 다시 한번 힘을 내어 섬김을 시작하심이 어떨까요?

159. 열 손가락으로 이렇게 섬겨보세요.

하나님께서 우리에게 두 손을 주시고, 열 손가락을 주신 이유는 섬김을 위한 것입니다. 자신을 위해 열심히 살아갈 뿐만 아니라, 남을 섬기며 살아가라는 뜻도 포함되어 있습니다. 남을 붙들어 줄 때 두 손을 내민다는 것은 최선을 다한다는 사인(Sign)입니다. 남을 안아 줄 때 양팔을 벌린다는 것은 마음으로 받아들인다는 신호이기도 합니다. 그렇다면 열 손가락은 어떨까요? 열 손가락 섬김의 십계명을 소개합니다.

1) 남의 어깨를 툭툭 치는데 사용하지 않고, 두드리며 격려하는 데 사용하겠습니다. 2) 때려서 상처 내는 데 사용하지 않고, 싸매고 치료하는 데 사용하겠습니다. 3) 손으로 내저어 거부하는 데 사용하지 않고, 따뜻하게 잡아주는 데 사용하겠습니다. 4) 나쁜 일을 하는 데 사용하지 않고, 어려운 사람을 돕는 일에 사용하겠습니다. 5) 받기만 하는 데 사용하지 않고, 남을 돕는 데 사용하겠습니다.

6) 손가락질하며 비방하는 데 사용하지 않고, 위로하며 붙드는 데 사용하겠습니다. 7) 요행이나 투기하는 데 사용하지 않고, 열심히 일하는 데 사용하겠습니다. 8) 말썽 피우는 데 사용하지 않고, 무언가를 열심히 배우는 데 사용하겠습니다. 9) 스마트폰 보는 데 사용하지 않고, 남을 위해 기도하는 손으로 사용하겠습니다. 10) 하나님이 주셨으니 나를 위해 사용하지 않고, 남을 섬기는 데 사용하겠습니다.

제9장 섬김으로 사역에 동참하기

160. 섬김으로 목회 사역에 동참하기

신약시대의 교회에서는 처음에는 사도들을 중심으로 사도들에 의해 섬김이 이뤄졌습니다. 그러던 것이 성령님의 충만한 임재에 의해 교회가 폭발적으로 성장하면서 섬김은 평신도들에게로 전이됩니다. 그 결정적인 동기는 과부들을 구제하는 문제로 일어난 갈등 때문이었습니다. 당시 교회 안에는 그리스 말을 쓰는 유대인들과 본토에서 태어난 유대인들 과부들이 있었는데, 교회로부터 자기들에게 돌아오는 혜택이 불공평하다고 서로가 교회를 향해 불평하고 있었습니다.

사도들만의 섬김으로 이 문제를 도저히 해결할 수 없는 지경에 이르자, 이 일을 원활하게 하도록 따로 사람을 세우는 대책을 내놓게 됩니다. 그래서 평신도 중 일곱 명의 신실한 사람들을 세워 이 일을 담당하게 함으로써 문제를 해결합니다. 그로 인해 교회가 크게 성장하는 기회를 맞이합니다. 물론 그 이전에도 섬김이 전혀 없었던 것은 아니나, 중요한 사실은 이 사건을 통해 섬김의 주축이 사도들에게서 평신도들에게로 옮겨졌다는 점입니다.

교회 안에서 이루어지는 섬김에는 분명한 목적이 있어야 합니다. 그것은 목회자와 그 사역을 돕는 일입니다. 평신도들이 섬김에 동참할 때 목회자는 본래 감당해야 할 본질적인 목회 사역-말씀을 전하는 일과 기도하는 일-에 집중할 수 있습니다. 목회자는 말씀과 기도로 성도들에게 영적인 서비스를 제공하고, 평신도들은 손과 발로 실제적인 부분에서 목회자와 성도들을 섬길 때, 교회는 건강하게 자라게 됩니다. 우리의 작은 섬김이 목회자의 사역에 동참하게 된다는 사실을 결코 잊어서는 안 되겠습니다.

161. 축복의 씨앗을 심는 섬김

우리가 잘 아는 성경 구절 가운데 심은 대로 거둔다는 말씀이 있습니다. 이것은 예나 지금이나 변함없는 진리입니다. 속담에도 콩 심으면 콩 나고 팥 심으면 팥 난다는 말도 있습니다. 사람이 무엇을 심든지 심은 대로 거두게 됩니다. 어떤 사람은 심어놓지도 않고 거두기만 바랍니다. 심지 않으면 거둘 것도 없음같이 축복도 이와 마찬가지입니다.

베짱이처럼 놀고 즐기기만 한다면, 나중에는 거둘 것이 없고 가난한 삶을 면할 수 없게 됩니다. 심으려고 할 때는 수고스럽지만, 결실을 수확하게 될 때는 커다란 기쁨도 함께 찾아옵니다. 시편 기자는 "울며 씨를 뿌리러 나가는 자는 반드시 기쁨으로 그 곡식 단을 가지고 돌아오리로다."(시편 126편 6절)라고 하였습니다. 씨앗을 심는 자가 수확기에 거둘 것을 염두에 두고 힘쓰듯 영적인 것도 이와 마찬가지입니다. 반드시 수고의 땀과 기도의 눈물이 수반될 때 거기에 합당한 결과가 찾아옵니다.

무언가를 거두려고 하기 전에 우선 무엇을 심어야 할까를 깊이 고민해야 합니다. 성경은 교훈합니다. "가르침을 받는 자는 말씀을 가르치는 자와 모든 좋은 것을 함께 하라." 좋은 것을 심는다면 좋은 것을 거둡니다. 축복은 우연히 찾아오는 행운이나 어느 날 대박을 노리는 투기가 아닙니다. 오랫동안 힘써온 수고의 마땅한 결과입니다. 섬김은 장차 거둘 축복의 씨앗을 심는 행위입니다.

162. 목회자를 주의 종으로 인정하기

목회자를 하나님이 세우신 주의 종으로 인정하고 섬기는 일은 참으로 아름다운 모습입니다. 어쩌면 당연한 일 같지만 사실 쉬운 일은 아닙니다. 왜냐하면 하나님이 직접 불러서 세우신 것도 아니고, 신학 수학의 과정을 거쳐 목사로 세워졌기 때문입니다. 이런 관점에서 보면 다른 직종에서 전문가가 되는 것과 별다른 차이점이 없어 보입니다. 한 사람이 목사가 되는 일에 하나님의 내적인 부르심, 또는 유효적 부르심이 있다고 확신하기 때문에 주의 종으로 인정하는 일에 인색하지 않습니다.

예로부터 우리는 목회자를 주의 종으로 깍듯이 예우하였습니다. 하나님이 주신 목회자의 영적인 권위를 인정한 까닭입니다. 그러기에 목회자 섬기는 것을 조금도 주저하거나, 물질을 조금도 아까워하지 않았습니다. 제 먹을 것은 없으면서도 목회자는 굶지 않게 하였습니다. 목회자가 배고프고 가난하면 말씀 선포를 통해 풍성한 은혜를 나눌 수 없다고 생각해 왔습니다. 이런 영적인 권위에 대한 존중이 있었기에 교회가 세워지고 사역이 원활하게 이루어져 왔습니다.

열왕기상 17장에 보면 극한 가난 가운데서도 주의 종을 섬겼던 사르밧 과부는 그 대표적인 사례에 해당합니다. 먹을 양식이 다 떨어지고 남아있던 가루 한 움큼마저 아들과 나눠 먹지 않고, 생명과 같은 그것을 엘리야 선지자를 접대하는 데 사용했습니다. 예수님께서도 이 여인의 섬김을 칭찬하셨습니다. 이런 모습들이 믿음의 선배들이 우리에게 보여준 섬김입니다.

163. 목회자 가까이서 섬기기

목회자와 사역에 동참하기 위해서 직접 사역에 뛰어드는 방법도 있으나, 목회자 옆에서 중보기도와 물질로 얼마든지 동참할 수 있습니다. 전자가 디모데의 방법이라고 한다면, 후자는 빌립보교회와 에바브로디도가 택한 방법이라 하겠습니다. 바울은 그들을 향해 이렇게 말합니다. "여러분이 첫날부터 지금까지 복음을 전하는 일에 동참하고 있기 때문입니다." 그들의 도움이 바울의 사역에 커다란 영향을 준 것은 널리 잘 알려진 사실입니다.

목회자를 돕는 것은 생활이 여유롭거나 넉넉해서 하는 일이 아닙니다. 마음의 문제요 믿음의 문제입니다. 고린도전서 8장은 말합니다. "그들은 큰 환난의 시련을 겪으면서도 기쁨이 넘치고, 극심한 가난에 쪼들리면서도 넉넉한 마음으로 남에게 베풀었습니다…. 그들은 힘이 닿는 대로 구제하였을 뿐만 아니라, 오히려 힘에 지나도록 자원해서 하였습니다. 하나님의 뜻을 따라서 먼저 자신들을 주님께 바치고, 우리에게 바쳤습니다."

사르밧 과부가 극심한 가뭄에서도 아들과 함께 먹을 마지막 양식을 엘리야에게 제공하며 그의 사역을 도왔을 때, 하나님은 그녀에게 복을 주셨습니다. "과연 그 여인과 엘리야와 그 여인의 식구가 여러 날 동안 먹었지만, 뒤주의 밀가루가 떨어지지 않고, 병의 기름도 마르지 않았다." 빌립보서 4장 19절은 물질로 사역을 섬기는 이에게 약속해 주십니다. "나의 하나님이 그리스도 예수 안에서 영광 가운데 그 풍성한 대로 너희 모든 쓸 것을 채우시리라."

164. 주는 자가 복이 있습니다.

20세기 초 '미국의 석유왕 록펠러'는 33세에 백만장자가 되었고, 43세에는 미국의 최고 부자, 53세에는 세계 최고의 부자가 되었습니다. 그런데 불행하게도 55세에 병에 걸려 1년 이상을 살지 못한다는 진단을 받습니다. 그가 마지막 검진을 받기 위해 휠체어를 타고 병원에 들어갈 때 다음과 같은 글귀가 액자에 쓰여 있었습니다. '주는 자가 받는 자보다 복이 있다.' 그는 교회학교 때부터 십일조를 하며 교회에 다닌터라 사도행전 20장 35절에 있는 매우 친숙한 말씀이었습니다.

그가 병원으로 재촉하던 걸음을 잠시 멈춘 채 이 말씀을 묵상하고 있을 때, 어디선가 시끄러운 소리가 들려옵니다. 다 죽어가는 어린 딸을 둔 어느 보호자가 입원비 문제로 병원 측에 눈물로 사정하고 있었습니다. 록펠러는 비서를 시켜 몰래 병원비를 내도록 지시했고, 그 아이는 기적적으로 회복하게 되었습니다. 이 과정을 지켜본 그는 이렇게 고백합니다. '저는 지금까지 살면서 이렇게 행복한 삶이 있는지 몰랐습니다.' 현재 그는 미국의 최대재벌이라는 이름보다 자선사업가로 더 잘 알려져 있습니다.

남을 섬기기 위해 자신의 소유를 기꺼이 줄 줄 아는 사람은 복이 있습니다. 그것은 내일을 위해 심는 것이기 때문입니다. 심지 않으면 거둘 것도 없습니다. 가난한 사람이 여전히 가난에서 벗어나지 못하는 이유는 내가 먹을 것이 없다고 심지 않기 때문입니다. 오늘 심어야 내일 거둘 수 있습니다. 또한 뭔가를 심을 때, 외롭지 않은 내일의 삶을 살게 됩니다. 남에게 주는 것을 행복하게 여길수록 더 많은 사람이 내 주위에 머물기를 좋아할 것입니다.

165. 핏줄 타고 마음에 흘러 들어오는 섬김

휴스턴에 연수를 가기 몇 달 전부터 자꾸만 걱정이 앞섰습니다. 출국할 날은 점점 다가오는데 건강에 대한 자신이 없었습니다. 몇 년 전의 후유증이 지금까지도 내 몸에 흔적으로 남아 발목을 잡고 있었습니다. 건강이 처음보다는 좋아지긴 했지만, 휴스턴에 가는 일이 결코 쉬워 보이지는 않았습니다. 그러던 어느 날 집사님 한 분이, 목사님이 연수를 다녀오시는 일이 너무 걱정된다면서, 평소에 잘 다니는 병원에 가서 영양제 한 대를 맞도록 해주셨습니다.

그래서 안사람과 함께 병실에 나란히 누워 팔에 주삿바늘을 꽂았습니다. 장대 끝에 매달린 병에서 뚝뚝 떨어지는 링거액은 투명한 관을 타고 혈관을 거쳐 온몸에 흘러 들어왔습니다. 가슴에 사랑이 느껴지기 시작했습니다. 그 사랑은 예수님의 십자가 사랑이었습니다. 하나님의 따뜻한 사랑이었습니다. 하나님의 사랑이, 링거를 타고 핏줄을 타고, 가슴으로 온몸으로 구석구석 스며들어 왔습니다. 이날 하나님은 나의 허약한 몸을 어루만져 주셨고, 건강에 대한 자신감을 심어주셨습니다.

휴스턴에 연수 올 수 있었던 것은 우연이 아니었습니다. 두 마리의 빨간 돼지 저금통으로 연수를 위한 경비를 모아 휴스턴에 올 수 있었던 일은 성도들의 사랑이 가득히 담긴 사건이었습니다. 목자님과 목녀님들의 섬김이 태평양을 날게 한 것입니다. 그 사랑의 손길이 휴스턴에 와서도 줄곧 이어졌습니다.

166. 인생을 맛나게 하는 섬김

2012년 3월 8일 오후 6시 45분, 인천국제공항에서 출발하여 디트로이트를 거쳐 9일 새벽 1시 15분에 휴스턴 숙소에 도착했습니다. 토네이도라는 기상악화로 두세 시간 늦어졌습니다. 인생도 때로는 예정된 시간보다 늦을 수 있다는 생각에 인내심을 배웠습니다. 굳이 인내라는 단어를 사용한 것은 비행기를 15시간 가까이 탄 데다가, 탑승 지연에 몹시 배가 고팠기 때문입니다. 그러나 이런 상황을 극복할 수 있었던 것은 마음에 있던 소망, 소망의 날개가 태평양을 건너 휴스턴에 도착하게 하였습니다.

첫날 일정에 민다나오 목장 탐방이 계획되어 있었습니다. 밤 9시쯤에 식사를 마친 후에 목장 식구들 일곱 명과 밤 1시가 다 되도록 나눔의 시간을 가졌습니다. 목원들이 목장에 참석한 지 불과 1년 안팎이었는데도 가족과 같은 친근감이 자연스레 묻어나왔습니다. 그들이 지난날 인생의 밑바닥까지 내려갔던 아픔, 현재 처한 여러 가지 어려움을 나누는 데서 진술한 분위기가 형성되었고, 여기서 감성적인 영성을 맛볼 수 있었습니다. 이러한 분위기는 목자 목녀(목자의 아내)의 오랜 섬김과 헌신에서 우러나온다는 사실도 깨달았습니다.

사랑에서 흘러나오는 이들의 섬김이 어려움에 있는 목장 식구들에게 따스함으로 다가가 낙심한 마음을 위로해 주고, 상처받은 마음을 치료해 주는 것을 보았습니다. 이렇게 섬김에는 인생을 맛있게 회복시키는 힘이 있나 봅니다. 섬김은 평소에 알지 못했던 것에 대해 인생의 맛을 알게 하고, 느끼지 못했던 행복의 맛을 느끼게 해줍니다. 만일 인생의 참맛을 보기 원한다면, 먼저 섬김의 맛부터 보아야 합니다.

167. 감동의 물결을 몰고 오는 섬김

휴스턴 서울교회에서 예배를 마치고 점심을 먹기 위해 식당으로 향했습니다. 낯선 곳 낯선 땅 낯선 교회라 어찌할 바를 몰라 두리번거리고 있을 때 상냥한 미소를 띠고 다가온 분이 계셨습니다. 지난해 한국에 오셨을 때 잠깐 강서지역 모임에 참석한 김00 목녀였습니다. 이국에서 안면이 있는 사람을 만나는 기쁨이 무엇인지 느끼는 순간이었습니다. 내가 휴스턴에서 잡을 수 있는 유일한 지푸라기인 셈입니다.

식사 자리를 찾아가는데 낯선 분이 다가오더니 말을 건넵니다. "목사님, 제가 목사님의 팬입니다. 목사님의 글을 빠짐없이 다 읽어보고 있습니다." 그러면서 조그마한 흰색 봉투를 쥐어 줍니다. "목사님께서 연수경비를 마련하려고 빨간 돼지 저금통을 뜯어 이곳까지 오셨다기에, 저도 돼지 저금통을 뜯어 가지고 왔습니다." 봉투를 쥐어 주고 가는 그분의 뒷모습을 보니 약간 남루해 보였습니다. 얼굴에는 수심이 있었고, 삶에 고단함이 저절로 묻어 나왔습니다. 순식간에 일어난 일이라 엉겁결에 봉투를 받아서 들고 식사 자리에 앉았습니다.

연수관에 돌아와 봉투를 열어보았습니다. 꼬깃꼬깃한 1달러짜리 지폐 두 장과 10달러짜리 한 장이었습니다. 그것을 보는 순간 가슴이 찡하면서 먹먹해져 왔습니다. 동병상련(同病相憐)이라고 했던가요. 어려운 처지(處地)에 있는 사람이 상대방의 아픔을 함께 느끼는 것 말입니다. 자라지 못한 돼지 저금통을 뜯어 가지고 올 때 그분의 마음이 얼마나 아프고 간절했을까요? 돈을 받은 그날 밤, 잠을 한숨도 이루지 못했습니다. 비록 이렇게 작은 섬김일지라도 그것이 최선이라면 감동을 불러오나 봅니다.

168. 여러 작은 섬김이 모여 이룬 교회

최근에 아름다운 건물을 보신 적이 있습니까? 연수를 마치고 미국 동부와 캐나다를 돌아 귀국하면서 훌륭한 건물들을 보았습니다. 수많은 손길에 의해 섬세하고 정교하게 다듬어져 있었습니다. 기둥만 든든하게 서 있다고 해서 건물이 아닙니다. 이런 건물은 뼈대가 볼품없이 드러나 마치 잔해만 남은 것처럼 앙상하게 보일 뿐입니다. 훌륭한 건물은 기둥이 어디에 있는지 모를 정도로 다른 것들에 가려져서 거의 보이지 않았습니다.

아름다운 건물이 수많은 벽돌과 자재들이 모여져 만들어지듯 교회도 이와 마찬가지입니다. 교회를 든든하게 받쳐주는 기둥 같은 일군은 몇몇만 있으면 됩니다. 초대 예루살렘교회도 기둥 같은 일군으로 야고보와 게바와 요한, 세 명으로 족했습니다. 오히려 기둥과 기둥 사이를 이어주고, 가려주고, 막아주는 수많은 자재가 필요하듯 수많은 성도의 섬김이 필요했습니다. 이런 섬김이 어떠한 것이냐에 따라서 교회의 특징이 여실히 드러나게 됩니다.

아직도 교회의 큰 기둥 되기만을 꿈꾸십니까? 지금 우리에게 필요한 것은 큰 기둥이 아니라, 조그마한 벽돌과 같이 이름조차 없는 작은 섬김입니다. 이 작은 섬김이 모여서 교회를 아름답게 세워나갑니다. 작은 섬김이 성숙한 교회로 세우며, 나를 큰 기둥으로 만듭니다. 교회는 성도와 함께 자라갑니다. 교회가 건강하게 세워질수록 성도들도 활기차게 세워지고, 교회가 복을 받을수록 성도들도 복을 누리게 됩니다. 작은 섬김을 통해 성숙한 교회로 세워질 때쯤 나도 어느덧 큰 기둥으로 성장하여 있을 것입니다.

169. 작은 섬김을 연습해야 합니다.

　지도자에게 중요한 것은 자신감입니다. 공동체 구성원들 앞에서만큼은 항상 당당한 모습과 자신감 있는 모습을 보여주어야 합니다. 그래야 사람들이 리더를 신뢰하고 따라올 수 있습니다. 리더인 내가 '난 역시 지도자감이 아니야.'라든가 '리더십이 내겐 없어' '지도자가 되기엔 내겐 너무나 벅찬 일이야.' 등등 자기 자신에 대해 자신감을 느끼지 못한다면 사람들은 나를 리더로 인정하지 않을 뿐만 아니라 따라오지도 않을 것입니다.

　리더로서 자신감을 높이기 위해선 우선 작은 섬김을 통해 사람들에게 본을 보이는 연습을 꾸준히 해야 합니다. 작은 섬김은 사람들을 자신감 있게 상대할 방법을 일깨워주고, 부단히 훈련해서 '나도 할 수 있다'라고 확신하게 합니다. 많은 작은 섬김을 통해 사람들의 세세한 감정을 파악할 수 있는 능력이 생겨 웬만한 일에도 당황하지 않고 처리할 수 있게 됩니다. 이러한 경험들이 쌓여 성공에 이르게 합니다. 이런 경험들이 자신감을 가져다줍니다.

　리더십을 기르는 방법의 하나는 주변에 있는, 아니면 성경에 나오는 사람 중에 훌륭한 섬김의 리더십을 가진 사람을 자신의 롤 모델로 삼는 것입니다. 자신의 역량이나 경험을 비교해 가면서 자신이 무엇을 보완해야 할 것인지 그들을 꾸준히 관찰하면서 느끼고 깨달은 바를 하나씩 행동으로 옮겨보는 것입니다. 태산도 수많은 티끌이 모여서 이루어졌음을 기억해야 합니다. 성공을 원한다면 작은 섬김부터 시작하십시오. 작은 섬김이 당신을 성공적인 리더로 만들어 줄 것이기 때문입니다.

170. 작은 섬김이 훌륭한 리더를 만듭니다.

14년간 테스코의 최고경영자로 일하면서 테스코를 세계 3위 유통업으로 변모시킨 테리 리히는 그의 책 '10가지 절대 법칙'에서 다음과 같은 이야기를 소개합니다. "이 부분을 손봤고, 저 부분도 약간 다듬었고, 여긴 약간 부드럽게 만들어 근육이 잘 드러나게 했죠. 입 모양에 약간 표정을 살렸고, 갈빗대는 약간 더 힘이 느껴지게 바꿨습니다.". 미켈란젤로의 상세한 설명에 방문자가 물었습니다. "하지만 이건 어디까지나 사소한 부분이잖소." 미켈란젤로가 말했답니다. "완벽함은 결국 사소한 부분에서 나옵니다. 하지만 완벽함은 결코 사소한 문제가 아니죠."

위대한 사역은 소소한 섬김이 모여서 주위 사람들에게 잔잔한 물결로 다가가 마침내 커다란 감동의 파도가 될 때 일어납니다. 그 섬김이 사람의 마음에 닿으면 뜨거운 눈물을 자아내고, 영혼 깊숙이 다가가면 사람의 삶과 인격을 변화시키는 뜨거운 회개의 역사를 일으킵니다. 원래 위대한 일은 지극히 작은 것들로부터 시작되면서 이뤄집니다. 그 소소한 것들이 모이고 모여 감동의 물결을 일으키고 인격을 변화시키는 위대한 구원의 역사를 만듭니다.

지극히 작은 일이라고 그것을 무시하는 자는 결코 큰일을 이뤄내지 못합니다. 역사상 훌륭한 예술가들은 아주 섬세한 자들이었습니다. 위대한 지도자들도 섬세하여 사람의 마음을 잘 헤아릴 줄 알았습니다. 그것이 섬김으로 나타나게 될 때는 이해와 배려의 자상한 모습입니다. 작은 섬김이 나도 모르는 사이에 나를 훌륭한 리더로 만들어 갑니다.

171. 센스가 섬김을 돋보이게 합니다.

섬긴다는 말은 무턱대고 상대방에게 잘해준다거나 무조건 허리를 굽히고 들어가는 것을 의미하지 않습니다. 내 딴에는 상대방을 열심히 섬겼는데도 때로는 배신감 같은 느낌이 들 정도로 뒤통수를 얻어맞는 일이 종종 일어나기도 합니다. 이런 현상이 생기는 까닭은 섬김에 뭔가 문제가 있기 때문입니다. 그중에는 상대방의 마음 상태를 읽어내지 못한 이유, 즉 센스가 없기 때문입니다.

센스란 어떤 사물이나 현상에 대한 감각이나 판단력을 말합니다. 상황을 재빨리 읽어내는 감각이 있어야 하고, 상대방의 상태를 볼 줄 아는 눈치도 있어야 하며, 내가 어떻게 행동해야 옳은지 무엇이 유익이 되는 행동인지에 대한 분별력도 있어야 합니다. 특히 분위기나 어떤 상황에 대한 감성의 흐름을 예리하게 붙잡는 지각이 있어야 합니다. 그 예민함의 정도에 대해 우리는 '센스가 좋다', '센스가 나쁘다' 등으로 표현합니다. 센스가 둔한 만큼 섬김도 그만큼 힘듭니다.

섬기는 자는 센스쟁이가 되어야 합니다. 센스가 없는 섬김은 항상 뒷북만 치듯이 수고해도 아무런 결과를 얻을 수 없습니다. 주님은 말씀하십니다. "누가 신실하고 슬기로운 청지기겠느냐? 주인이 그에게 자기 종들을 맡기고, 제 때에 양식을 내주라고 시키면, 그는 어떻게 해야 하겠느냐? 주인이 돌아와서 볼 때에 그 종이 그렇게 하고 있으면, 그 종은 복이 있다. 내가 진정으로 너희에게 말한다. 주인은 자기의 모든 재산을 그에게 맡길 것이다." (누가복음 12장 42~44절) 진실하되 지혜가 있어야 효율적인 섬김이 이루어집니다.

172. 겸손이 묻어나야 합니다.

섬기는 자의 자세는 겸손한 마음입니다. 겸손(謙遜)이란 남을 존중하고 자기를 내세우지 않는 태도를 의미합니다. 겸(謙)은 '말하다'의 말씀 언(言)변과 '모자라다'라는 뜻을 가진 兼(겸)으로 이루어진 말입니다. 그러니까 겸손이란 '자기를 미흡한 자'라고 여겨 남에게 사양하는 자세를 의미합니다. 섬김은 남을 나보다 높이는 것이요 자기를 남보다 낮추는 것입니다. 그러기 때문에 겸손한 마음이 없으면 섬김의 생활을 지속할 수 없습니다.

우리가 사람을 섬기려는 이유는 단 하나, 상대방의 유익입니다. 상대방을 잘 섬겨서 친분을 통해 나중에 어떤 덕이나 보려고 하는 것이 아닙니다. 물론 때에 따라서 상대방으로부터 뜻하지 않은 도움을 얻을 수 있을지는 모르나, 그것은 섬김의 정신이 아닙니다. 섬김을 통해 상대방으로부터 어떤 유익을 기대해서는 안 됩니다. 상대방에게 유익을 주려는 정신이 섬김의 근본적인 정신입니다.

우리가 이렇게 섬기려 하는 이유는 상대방을 주님께로 인도하여 그 영혼을 구원하기 위함입니다. 주님을 모르는데 혼자서 구원의 방법을 스스로 찾는다는 것은 불가능한 일입니다. 로마서 10장 13~14절은 말합니다. "주님의 이름을 부르는 사람은 누구든지 구원을 얻을 것입니다. 그런데 사람들은 자기들이 믿은 적이 없는 분을 어떻게 부를 수 있겠습니까? 또 들은 적이 없는 분을 어떻게 믿을 수 있겠습니까? 선포하는 사람이 없으면, 어떻게 들을 수 있겠습니까?" 누군가가 도움을 주지 않으면 안 됩니다. 이것이 당신의 섬김이 필요한 이유입니다.

173. 나는 거미인가요? 꿀벌인가요?

프랜시스 베이컨은 학문하는 사람을 거미와 꿀벌로 비유하였습니다. 거미는 자기 힘에 의지해 홀로 일하기 때문에 독(毒)밖에 만들어 내지 못합니다. 그가 하는 행동은 오로지 자기 자신 속에 있는 것을 풀어서 집을 짓는 일입니다. 거미 같은 사람들의 특징은 남과는 타협할 줄 모르는 독단을 휘두르는 것입니다. 이들은 대개 자기의 생각이나 신념이 옳다고 지나치게 주장하며 남의 의견을 받아들일 줄 모르기 때문에 공동체와 마찰을 빚기도 합니다.

꿀벌의 특징은 탁월한 집단지능입니다. 집단적인 활동을 가능케 하는 것은 엉덩이춤이라는 독특한 소통의 방법입니다. 그들은 춤이라는 의사소통을 통해 지도자나 감독자 없이도 음식을 섭취하여 소화하고, 영양의 균형을 유지하며, 자원을 순환하고, 환경을 감지하고, 어떤 행동을 할 것인지 최고의 민주적인 의사 결정을 내립니다. 그것은 마치 우리 몸의 수많은 세포가 하나의 기능적 개체를 이루는 것과 같습니다.

꿀벌의 또 하나의 특징은 부지런함입니다. 벌들은 수많은 꽃을 찾아다니며 꿀을 모아들입니다. 그들이 일반적으로 꿀을 채집하는 비행거리는 벌통으로부터 600~800M이며, 최장 이동 거리는 반경 6~9.2km, 극한 상황에서는 13km까지입니다. 하루에 꿀을 가져오는 횟수는 10회 정도로 1회에 40mg을 채집하는데, 그러기 위해 횟수 당 토끼풀 1,000~1,500개의 꽃을 찾아가야 합니다. 꿀은 우연히 생겨난 것이 아닌, 벌들의 헌신 결정체입니다. 영혼 구원도, 교회 성장도 모든 성도의 섬김의 결정체입니다.

174. 성실과 진심으로 섬기십시오.

　요즘에는 종의 신분으로 살아가고 있는 사람이 없습니다만 초대교회 시대에는 종들이 많았던 것 같습니다. 우리는 당시 종으로 살아가던 성도들에게 준 권면을 통해 종의 섬김이 어떤 것인지 살펴볼 수 있습니다. "남의 종으로 있는 사람들은 모든 일에 육신의 주인에게 복종하십시오. 잘 보이려고 사람을 기쁘게 하는 자들처럼 눈가림으로 하지 말고, 주님을 두려워하면서 성실한 마음으로 하십시오. 무슨 일을 하든지 사람에게 하듯이 하지 말고, 주님을 섬기듯이 진심으로 하십시오." (골로새서 3장 22~23절)

　위의 내용에서 섬김에는 두 가지 중요한 마음 자세가 필요함을 발견하게 됩니다. 첫째는 성실한 마음입니다. 성실이라는 말은 '단순함, 순진함, 소박함' 등의 의미가 있는 단어입니다. 사람에게 잘 보이려고 눈가림이나 하는 행동이 아닌, 정성스럽고 참되게 하는 행동을 말합니다. 사람에게 잘 보이려고 하는 행동이 지나치게 되면 아첨으로 보이게 됩니다. 그것은 섬김이 아닙니다. 섬김의 근본 자세에서 벗어난 것입니다.

　둘째로는 진심입니다. 이것은 사람의 얼굴을 살펴 가면서 비위나 살살 맞춰주는 것이 아니라, 온 마음을 다하는 것을 말합니다. 내 마음으로는 전혀 그렇지 않은데도 행동은 마치 상대방을 좋아하는 것처럼 행동하면 언젠가는 그 섬김이 가식적으로 느껴질 뿐입니다. 섬김에 대한 감동보다는 오히려 강한 거부감을 느끼게 될 것입니다. 우리가 이런 위험에 빠질 수 있는데, 이 유혹에서 벗어나기 위해서는 '주님을 섬기듯이' 해야 합니다.

175. 사촌이 땅을 사면 배가 아픈가요?

'사촌이 땅을 사면 배가 아프다'라는 말이 있습니다. 이 말은 나와 가까운 사람이 잘 되면 꼴 보기도 싫다는 의미로 사용되는 속담입니다만, 원래는 그런 의미로 쓰인 말은 아닙니다. 원래의 뜻은 '사촌이 땅을 샀는데 내가 축하할 만한 것이 없어서 배가 아파 똥(거름)이라도 싸서 줘야겠다'라는 좋은 의미입니다. 그런데 일본인들이 일제강점기 때 인심이 후덕한 우리 민족을, 질투심이 많은 민족으로 왜곡한 것입니다.

섬김은 상대방이 잘되기를 바라는 마음입니다. 이런 마음으로 상대방을 섬겨서 그의 영혼을 구원하고, 그가 하나님 앞에 훌륭한 일군으로 세워지도록 힘쓰는 모습이 섬김의 근본 자세입니다. 언젠가 집사님 한 분이 제가 공적 자리에서 어느 분을 칭찬하는 것을 보며 한마디를 던집니다. "목사님, 그렇게 사람을 칭찬하면 다른 사람이 시험을 받습니다." 그의 말이 일리가 있는 것 같지만 곰곰이 생각해 보면 그 말의 기조에는 질투심이 깔려있음을 발견하게 됩니다.

섬김은 상대방이 잘되기를 바랄 뿐만 아니라, 상대방이 잘되는 것을 보고 함께 기뻐할 줄 아는 것입니다. 상대방이 잘되면 손뼉을 쳐줄 수 있는 여유로운 마음, 칭찬받으면 함께 기뻐해 줄 수 있는 마음이 있어야 합니다. 또한 어려운 사람을 보면 위로해 줄 수 있어야 합니다. "즐거워하는 자들과 함께 즐거워하고 우는 자들과 함께 울라." (로마서 12장 15절) 마음으로 서로 함께 할 줄 아는 것이 섬김의 근본임을 잊어서는 안 되겠습니다.

176. 섬김은 최상의 믿음 행위입니다.

구약성경의 인물들 가운데서 섬김의 삶을 살았던 사람은 아브라함입니다. 당시는 양이나 키우고 소나 치는 유목(遊牧) 중심 사회였기 때문에 사람들이 주로 텐트에서 생활하고 있던 때였습니다. 아브라함도 소와 양을 치는 것이 본업이었기에 주위 사람들과 자연스럽게 어울릴 수 있었을 것입니다. 그래서 그는 평소 집 근처를 지나가던 행인들이나 나그네들을 접대하는 일을 무척 즐거워했던 것 같습니다. 섬김이 자연스레 그의 삶이 된 것입니다.

대표적인 사건이 창세기 18장에 기록된 천사들을 접대한 일이었습니다. 한창 더운 대낮에 그는 장막 입귀에 앉아있다가 웬 사람 셋이 오는 것을 보자마자 달려 나가서 그들을 맞이합니다. 그러고는 아내와 함께 밀가루를 반죽하여 빵을 굽고, 기름진 좋은 송아지 한 마리를 잡아 요리하여 나그네들을 접대하였습니다. 식사를 다 마친 후에야 비로소 이들이 천사인 것을 알게 된 것입니다.

섬김이란 나의 최선을 다하여 상대방을 대하는 행위입니다. 남모르는 이들을 향한 아브라함의 접대는 정성을 다한 최상의 섬김이었습니다. 아브라함에 대해 히브리서 13장에서는 이렇게 말합니다. "나그네를 대접하기를 소홀히 하지 마십시오. 어떤 이들은 나그네를 대접하다가 자기들도 모르는 사이에 천사들을 대접하였습니다." 정성이 깃든 섬김은 믿음을 보여주는 최상의 표현이랍니다.

177. 온전한 섬김이 꿈을 이뤄갑니다.

꿈이란 잠자는 동안에 깨어 있을 때와 마찬가지로 여러 가지 사물을 보고 듣는 정신 현상을 말하지만, 실현하고 싶은 희망이나 이상을 말하기도 합니다. 꿈과 연관된 성경의 인물 가운데 요셉이 있습니다. 그는 꿈쟁이로 잘 알려진 사람입니다. 과연 그가 꿈을 잘 꾸었기 때문에 이집트의 총리가 될 수 있었을까요?

요셉이 이집트의 총리가 될 수 있었던 인생의 비결은 바로 섬김에 있었습니다. 그는 19살에 형들에 의해 노예상들의 손에 넘겨졌고, 이집트의 시위 대장인 보디발의 집에 노예로 팔려 갔습니다. 그 후 그는 그 집안에서 보디발의 가정일을 전담하는 총무가 될 수 있었습니다. 나중에는 억울한 누명을 쓰고 감옥에 갇히게 되었는데, 거기서도 옥의 허드렛일을 도맡아왔습니다. 그러다 바로 왕의 옆에서 일하다 투옥된 신하들을 만나는 기회도 얻게 되었고, 마침내 이집트의 총리 자리에 오르게 됩니다.

그가 과연 꿈을 잘 꾸고 해몽을 잘해서 총리가 되었을까요? 이것은 단지 그를 성공으로 이끌어 준 하나의 도구에 불과했습니다. 가장 중요한 성공의 비결은 섬김이었습니다. 창세기 39장 4절에 '요셉이 그의 주인에게 은혜를 입어 섬기매'라고 기록하고 있습니다. 또 40장 4절에 보면, 감옥에서도 그의 섬김의 생활은 계속된 사실을 발견할 수 있습니다. 섬김의 삶이 사람들로부터 인정받기까지는 더디지만, 나중엔 성공의 자리로까지 이끕니다.

178. 내게도 순수함이 있을까?

사람은 누구나 순수한 것을 좋아합니다. 순수한 사람을 좋아하고, 순수한 사랑을 좋아합니다. 살아가다 보면 자신도 모르게 순수함을 잃기 때문입니다. "순수"라는 말을 사전에서 찾아보면 '전혀 다른 것이 섞이지 아니한 것'을 의미하는데, 사람과의 관계에서는 '사사로운 욕심이나 못된 생각이 없는 상태'를 뜻합니다. 페스칼로치는 순수함을 이렇게 말합니다. "순수하고 맑고 결백한 마음을 지녔다면 열 개의 진주 목걸이보다 더 행복한 빛을 간직하고 있는 것과 같다."

섬김의 동기는 순수함이어야 합니다. 그 힘은 사람의 마음을 이끄는 매력입니다. 사람의 마음을 감동하게 해 굳게 닫힌 마음의 문을 열게 하고, 사람과의 관계를 원활하게 만들어 줄 뿐만 아니라 오래 지속시켜 줍니다. 섬김이 어떤 목적을 이루기 위한 일시적인 수단이나 방법이 되어서는 안 됩니다. 섬김이 순수성을 잃어버릴 때 그 힘을 잃어버리게 됩니다. 예수님께서 "너희는 뱀 같이 지혜롭고 비둘기같이 순결하라."(마태복음 10장 16절)고 말씀하신 의미입니다.

섬김의 순수성은 사랑입니다. 즉 영혼을 사랑하는 마음이 있을 때 섬김이 순수해집니다. 그러려면 그 마음에 하나님의 사랑이 있어야 합니다. 인간적인 사랑은 일시적일 수 있으며, 또한 자기도 모르는 사이에 이기적으로 바뀌기도 합니다. 사랑한 만큼 사랑을 받으려고 기대합니다. 하나님이 우리를 사랑하신 사랑을 깨닫게 될 때 우리가 하나님 앞에 순수해지는 이유도 여기에 있습니다.

179. 신실함이 섬김의 생명력입니다.

우리에게는 두 가지 섬김의 기회가 있는데, 하나는 목자가 되어 영혼들을 돌보는 섬김이고, 또 하나는 교회의 필요한 일들을 찾아 섬기는 일입니다. 그런데 이런 모든 섬김은 간절한 마음이 그 동기가 되어야 가능합니다. 이것이 사회적으로 수준 높은 학식이나 지위보다 간절한 마음이 우선하는 까닭입니다. 주님을 위한 사역에 동참하는 것이야말로 섬김으로 누리는 가장 큰 특권입니다. 사도바울은 이렇게 말합니다. "우리는 하나님의 동역자들이요…." (고린도전서 3장 9절)

그런데 자원함의 문제점은 책임감입니다. 자원하다 보니 책임 의식 또한 약합니다. '시간이 있으면 하고 없으면 말고', '기분 좋으면 하고 기분 나쁘면 말고' '힘 안 드는 것은 하고 힘 드는 것은 말고' 식의 섬김은 어려움을 가져다줍니다. 자기 스스로 자원했으니까 이 또한 하기 싫으면 그만이라는 생각, 자기 기분 따라 마음대로 하려는 생각은 지속적인 사역에 커다란 장애물입니다. 열심히 섬기려는 사람들, 사역에 헌신하는 사람들에게 실망감을 안겨주기 때문입니다.

우리는 섬김이 하나님 앞에서 이루어지는 일이라는 사실을 항상 기억해야 합니다. 간섭하지 않는다고 해서 제멋대로 함부로 하거나 결코 소홀히 해서는 안 됩니다. 하나님 앞에서 섬기는 사람인 목자나 사역자들에게 꼭 필요한 것은 신실함입니다. 신실함이란 자기가 해야 하는 일에 대한 책임감에서 비롯됩니다. 일의 능률을 떠나 우선 책임감이 있어야 합니다. 책임감이 있을 때 비로소 서로를 신뢰하고 동역할 수가 있습니다. 이것이 신실함이 생명인 까닭입니다.

180. 숨은 섬김, 은밀한 섬김

섬김은 호숫가의 잔잔한 물결과 같습니다. 섬김이 주는 영향력이 그리 크지는 않지만, 사람의 마음에 신선한 감동으로 다가가 선한 일에 대한 동기를 줍니다. 이것을 테레사 효과라고 합니다. 남을 돕는 활동을 통해 일어나는 정신적, 신체적, 사회적 변화를 말합니다. 1998년 미국 하버드대학교 의과대학에서 시행한 연구로, 테레사 수녀처럼 남을 위한 봉사활동을 하거나 선한 일을 보기만 해도 인체의 면역기능이 크게 향상되는 것으로, 슈바이처 효과라고도 합니다.

특히 숨은 섬김은 큰 감동으로 다가옵니다. 숨은 섬김이란 사람들의 눈앞에 자기를 드러내놓고 하는 것이 아니라 은밀하게 하는 섬김입니다. 그런데 많은 사람은 자신의 섬김을 드러내고자 하는 유혹에 빠집니다. 자기의 의를 드러내려는 노출의 강도가 은밀한가 노골적인가에 따라 다소 차이가 있겠지만 섬긴 후에 자신의 행위를 드러내려는 경향이 있습니다. 다시 말해 사람들로부터 자기가 수고한 것에 대한 대가로 칭찬을 보상받으려고 합니다. 이것이 지나치면 감동보다 오히려 혐오감을 느끼게 됩니다.

숨은 섬김과 관련하여 예수님께서 하신 말씀입니다. "너는 자선을 베풀 때는 오른손이 하는 일을 왼손이 모르게 하여, 네 자선 행위를 숨겨 두어라. 그리하면 남모르게 숨어서 보시는 네 아버지께서 너에게 갚아 주실 것이다." (마태복음 6장 3~4절) 섬김이 나중에 우연히 알려지게 될 때 사람들에게 더 깊은 감동으로 다가갑니다. 그리고 사람들에게 그렇게 살도록 선한 동기를 줍니다. 이것이 하나님께서 섬기는 자에게 주시는 상입니다.

181. 시간이 흘러갈수록 존중받는 사람

사람을 섬기다 보면 때로는 나 혼자만 희생하는 것 같아서 손해 보는 느낌 때문에 섬김의 삶을 멈칫거리기도 합니다. 「살아온 기적, 살아갈 기적」에 보면 이런 글이 있습니다. '살아보니까 내가 주는 친절과 사랑은 밑지는 적이 없다. 소중한 사람을 만나는 것은 1분이 걸리고, 그와 사귀는 것은 한 시간이 걸리고, 그를 사랑하게 되는 것은 하루가 걸리지만, 그를 잊어버리는 것은 일생이 걸린다는 말이 있다.'

우리가 살아가며 투자해야 할 것 중에 가장 중요한 것은 사람에 대한 투자입니다. 인간관계를 위한 섬김의 삶은 사람들의 마음속 깊이 심어 놓는 가장 좋은 투자입니다. 당시에는 그 결과가 나타나지 않을지라도 언젠가는 '내가 섬기며 살기를 잘했다'라고 생각할 날이 머지않아 반드시 오게 될 것입니다. 아마존의 창업자 제프 베저스는 어렸을 적에 할아버지가 해주신 말씀을 가슴에 새기며 살았다 합니다. "똑똑한 사람이 되는 것보다 친절한 사람이 되는 게 힘들다는 걸 너도 언젠가는 깨닫게 될 거다."

섬김에 대한 투자는 많은 사람으로부터 진정한 존중을 받는 것입니다. 시간이 흘러 나이가 들어갈수록 사람들은 재능을 갖춘 사람보다 친절한 사람을 존경하고 따르게 됩니다. 무언 속에서 사람들의 심적인 지도자로 마음 한 곳을 자리 잡습니다. 그리고 그 결과는 "너희 마음에 그리스도를 주로 삼아 거룩하게 하고 너희 속에 있는 소망에 관한 이유를 묻는 자에게는 대답할 것을 항상 예비하되 온유와 두려움으로 하고 선한 양심을 가지라." (베드로전서 3장 15~16절)는 말씀처럼 마침내 주변의 영혼들을 구원하게 됩니다.

제10장 섬김은 제자로 다듬는 도구

182. 섬김의 리더는 만들어집니다.

예로부터 내려오는 제자훈련의 중요한 원리가 있습니다. "제자가 되어보지 않고는 제자를 만들어 낼 수 없다" 먼저 누군가의 제자가 되어 배워야만 무엇을 어떻게 가르칠 것인지 알 수 있다는 의미입니다. 오랫동안 제자훈련을 하면서 갖은 실수를 한 것은 신학을 공부한 것 외에는 실제로 누군가의 참 제자가 되어보지 않은 까닭입니다. 이론은 환하게 잘 아는데 실전에는 약할 수밖에 없는 것이 어쩌면 당연한 일입니다.

이와 마찬가지로 지도자가 되는 것도 사람을 섬겨보지 않고 리더 되기는 정말 어렵습니다. 특히 예수님의 리더십은 철저히 섬김의 정신에 기인하고 있으므로 섬겨보지 않으면 결코 훌륭한 리더의 역할을 감당해 낼 수 없습니다. 자신이 리더를 가까이에서 섬겨보지도 않고 사람들을 섬겨보지 않으면, 교회나 목장의 리더가 되었다고 할지라도 공동체를 위해 무엇을 해야 할지조차 파악할 수 없게 됩니다. 그래서 그는 여전히 권위적인 리더십에 머무르게 됩니다.

훌륭한 리더가 되려면 먼저 섬김의 자리로 내려가야만 합니다. 진정한 섬김은 먼저 자기 자신을 다듬습니다. 자기중심적인 삶에서 타인 중심적인 삶으로 자아가 변하게 됩니다. 모든 사람으로부터 관심과 사랑을 받으려고 하던 데서 사람들에게 관심을 두고 사랑을 베풀기 시작합니다. 위로와 도움을 받던 삶에서 서서히 돕는 자가 되어갑니다. 섬김을 통해 내적인 변화가 일어나는 것입니다. 섬김은 훌륭한 리더를 만들어 내는 도구인 셈입니다.

183. 부족한 것이 너무 많다고요?

　목회하면서 제일 어리석었던 제 모습은 어려운 환경을 탓하는 것이었습니다. 목회자가 되기 위해 신학 공부를 시작하면서 어려움이 시작됐고, 공부하던 중에 개척하면서 그 어려움이 가중되었습니다. 버스표가 넉넉한 동료들, 점심 끼니를 거르지 않는 그들이 부러웠습니다. 더군다나 개척을 시작하고 매달 내야 하는 임대료 걱정에 세월 가는 줄도 몰랐습니다. 이런 제 앞에서 생활이 힘들다고 투정 부리는 동료들을 보고 있노라면, 그렇게라도 한 번 살아봤으면 하는 생각에 그들이 부러울 정도였으니까요.

　지나놓고 보니 나를 다듬은 것은 주님의 선한 손길이었음을 깨닫습니다. 주님은 제가 수많은 제약조건에서 살아남기 위해 발버둥 치며 기도하게 하셨습니다. "내가 가는 길을 그가 아시나니, 그가 나를 단련하신 후에는 내가 순금같이 되어 나오리라"라는 말씀처럼, 그분의 선하신 손길이 이런 제약(制弱)을 통해 나를 다듬어 오셨습니다. 요즘 고난 당한 것이 내게 유익이라는 시편 119편 71절이 새삼 가슴에 다가옵니다.

　독일 출신의 20세기 대표 건축가로 1929년 바르셀로나 국제박람회의 독일관, 시카고의 레이크쇼어 드라이브 아파트(Lake Shore Drive Apartments)로 세계적인 명성을 얻은 「미스 반 데어 로에」는 이런 말을 합니다. '적은 것이 많은 것이다. (less is more) 어떤 제약이 당신의 일을 불가능하게 하는가? 당신은 이런 제약을 창조면허증, 즉 사고를 다르게 해도 된다는 허가증의 발급 원으로 삼을 수 있겠는가?' 주님은 이 면허증을 주시려고 부족하게 하신 것입니다. 부족하다고 여겨지는 제약이 제겐 커다란 축복이었습니다.

184. 실패가 명품을 만듭니다.

뛰어나거나 이름난 물건이나 작품을 일컬어 명품이라고 합니다. 명품은 저절로 태어나지는 않습니다. 전혀 시행착오를 겪지 않고 단 한 번에 만들어진 명품은 없습니다. 수많은 실패가 만들어 낸 산물입니다. 때론 포기하고 싶었던 수많은 시련과 실패가 농축되어 담겨 있습니다. 어찌 보면 땀과 눈물의 결정체라고도 볼 수 있습니다. 실패의 고통을 넘어 명품이 된 것입니다.

먼지 봉투 없는 진공청소기, 날개 없는 선풍기, 초음속 헤어드라이어 같은 혁신 제품으로 세상을 놀라게 한 영국 기업체 다이슨의 맥스 콘체 다이슨(Dyson) 최고경영자(CEO)는 다이슨의 성공 비결을 이렇게 말합니다. "수천 번에 달하는 실패가 지금의 명품 다이슨을 만들었습니다. 다이슨은 먼지 봉투 없는 진공청소기를 만들기 위해 무려 5127번의 실패를 겪었습니다."

빌 게이츠(Bill Gates)는 말합니다. "당신이 인지하지 못하는 것이 있다. 바로 위기감이다. 할 수 없는 게 아니라 하지 않고 있을 뿐이라는 안도감, 나는 실패할 리 없다는 안도감, 하지만 이대로 가면 당신도 머지않아 실패하는 수많은 사람 중 한 명이 될 것이다." 진짜 실패는 위기감을 전혀 느끼지 못한 채 안도감에 빠져 도전하지 않는 것입니다. 인생이라는 학교에서 실패는 성공보다 더 좋은 교사입니다. 하나님은 우리가 실패라고 여기는 것을 통해 우리를 명품 인생으로 다듬으십니다 (야고보서 1장 2~4절).

185. 나를 다듬으시는 하나님의 도구

제주도에 있는 '생각하는 정원'에는 400여 종의 수목과 1만여 점의 분재가 있습니다. 60여 년 전만 해도 바람과 돌 뿐인 불모지 자갈밭이었는데, 지금은 중국의 전 국가주석 장쩌민이나 후진타오 주석이 다녀갈 정도로 유명한 정원이 되었습니다. 나무가 좋아서 이 정원을 시작하였다는 원장 성범영 씨는 이렇게 말합니다. "분재가 아름다운 건 시련을 견뎌낸 나무이기 때문이다. 자연을 흉내 내되, 자연보다 훨씬 아름답게 가꾸는 분재를 예술이라고 하는 이유가 거기 있다."

분재들이 처음에는 제멋대로 자란 나무였겠지만, 섬세하게 다듬는 정원사의 손길에 의해 아름다운 나무가 됩니다. 정원사가 분재에 철사를 감아 수형을 교정하고, 햇빛이 잘 들고 바람이 잘 통하도록 뿌리를 잘라주고 잎을 솎아주면 나무는 좁은 공간에서 살아남는 법을 터득하며 더욱 강해집니다. 부러진 가지는 마디를 만들어 내고, 표피마다 그 연륜이 깊이 배어납니다. 이렇게 많은 고통과 싸워 살아남은 나무일수록 수형이 격을 갖추게 됩니다.

이런 점에서 보면 사람의 영적인 성장과 같습니다. 정원사이신 하나님의 손길에 의해 우리의 인격이 교정되고 다듬어집니다. 특히 하나님은 섬김의 삶을 통해 우리를 인격적으로 다듬으십니다. 남을 섬기게 될 때 내 안에 잠재되어 있던 성품들이 순간순간 행동으로 나타나게 됩니다. 평소에는 잘 드러나지 않던 모습들입니다. 이럴 때마다 하나님은 우리를 사랑의 손길로 다듬어 가십니다. 저절로 아름답게 성숙하는 것은 거의 없습니다.

186. 내가 나를 만듭니다.

현재의 자기 모습이 형성되어 온 데는 많은 외적 환경 요인들이 있었을 것입니다. 태어나서 자라난 가정환경이라든가, 또한 자라면서 무엇을 얼마만큼 배웠느냐 하는 교육적인 환경, 누구와 함께 지냈느냐 하는 주변 환경 등 많은 요인이 있을 것입니다. 맹모삼천지교[孟母三遷之敎], 맹자의 어머니가 자식을 위해 세 번 이사했다는 뜻인데, 인간의 성장에 있어서 그 환경이 얼마나 중요한지를 알려줍니다.

나를 만들어 가는 또 하나는 영적 요인입니다. 예수 그리스도를 믿는 순간, 우리는 하나님의 자녀로 거듭나게 되면서 수많은 영적인 변화를 겪기 시작합니다. 이 변화를 뒷받침하는 것으로는 하나님의 말씀인 성경과 기도입니다. 성령님은 이 두 가지를 통해 지속적인 성령 충만을 경험하게 함으로써 예수님의 모습으로 변화되어 가도록 도우십니다. 성경은 교훈합니다. "술에 취하지 마십시오. 거기에는 방탕이 따릅니다. 성령의 충만함을 받으십시오." (에베소서 5장 18절)

그리고 우리 자신의 내적 요인입니다. 딘 스탠리는 말합니다. '우리가 하는 행동 하나, 말 한마디가 모두 우리의 모습을 만든다. 남에게 베푼 친절, 극복한 편견, 이겨낸 어려움, 뿌리친 유혹 하나하나가 우리가 되고픈 사람에 한 걸음 더 다가가도록 한다.' 평소 나의 말과 행동, 하나하나가 쌓여 내가 만들어집니다. 내가 원하는 모습이 되기에 너무 늦을 때는 없습니다. 그저 말 한마디, 조그만 행동 하나 바꾸겠다는 의지만 있으면 얼마든지 내가 원하는 나로 만들어 갈 수 있습니다.

187. 섬김은 보고 배우는 삶의 방식입니다.

어떤 이들은 그리스도인들을 이렇게 비아냥거립니다. '저 사람 교회에 나가더니 말만 늘었어.' 정작 우리가 주변 사람들에게서 들어야 할 말은 '저 사람 교회에 나가더니 행동이 많이 달라졌어'라는 말이어야 하는데도. 오랫동안 목회해 오시던 어느 선배 목사님이 내게 던진 말이 기억납니다. '몇십 년 동안 줄곧 설교를 해왔는데, 아직도 변화되지 않는 그들의 모습을 보면서 목회에 회의감이 들 때가 가끔 있다네.'

오래 신앙생활을 하는데도 행동의 변화가 좀처럼 일어나지 않는 이유는 무엇일까요? 듣고서 말하기는 매우 빠르나 실천하는 일에는 너무 더디기 때문이요, 먼저 믿은 사람이 믿음의 본을 보여야 하는데 그렇지 못하기 때문입니다. 우리 주변을 살펴보면 영적인 동기를 제공해 주는 신앙의 모델이 그리 많지 않아 보입니다. 신앙의 모델을 갖는 것이 중요한 이유는 두 가지 측면에서 학습 효과를 제공해 주기 때문입니다. 말씀 들은 것을 어떻게 행동으로 옮기는지 직접 보게 합니다. 그리고 그 행동을 따라서 배우게 합니다.

이제는 우리가 신앙의 모델이 되어야 합니다. 그러기 위해서는 내가 먼저 섬김의 삶을 살아야 합니다. 섬김은 신앙의 실천을 위한 끊임없는 영적 동기와 많은 유익을 제공해 줍니다. 섬김의 삶은 그 자체가 자신을 다듬고 성숙하게 하는 훈련 과정입니다. 예수님의 삶을 닮아가는 과정이요, 예수님의 스타일로 변화되어 가는 과정입니다. 섬김의 삶을 살다 보면 나도 모르게 어느새 작은 예수로 바뀌게 됩니다. 입에서 나오는 말이 아니라 행동에서 보이지 않는 변화가 서서히 일어납니다.

188. 제자의 삶을 학습하게 합니다.

그리스도인의 삶의 목표가 영혼을 구원하여 제자 삼아 하나님의 나라를 세우는 것이라면, 인격적인 목표는 예수님의 인격을 닮는 것입니다. 성령님의 역사는 이 두 가지에 초점이 맞추어져 우리를 도우십니다. 성령에 충만해질수록 복음을 전하고 싶은 열망에 사로잡히게 되고, 주님을 닮아가고 싶은 사모함이 우리 안에 자리를 잡습니다. 안디옥교회는 주님을 닮아가는 데도, 복음을 전하는 데도 매우 열정적이었습니다.

충만할 때는 성령님의 전적인 도우심으로 인격적인 변화가 쉽게 일어나는데, 항상 성령 충만할 수 없다는 데 우리의 한계점이 있습니다. 그럴 땐 섬김을 통해 주님의 인격으로 다듬어 가야 합니다. 섬김의 삶에는 뛰어난 학습 능력이 담겨 있습니다. 학습이라는 말은 배울 학(學)에, 익힐 습(習) 자로 되어있습니다. 우리가 주님을 닮아가는 데는 배워서만 되지 않는다는 것입니다.

우리는 배우는 데는 열심인 데 비해 배운 것을 익히는 데는 무관심합니다. 습(習) 자의 구성을 보면, 깃(羽)이란 한자가 들어가 있습니다. 습(習)이란 어린 새가 자기의 날개를 퍼드덕거리면서 날기를 연습하듯이 익히는 것을 뜻합니다. 어린 새가 하늘 높이 날기를 원한다면 여린 날개의 고통을 참아내며 비행을 연습해야 합니다. 어미 새가 대신하여 날아 줄 수 없습니다. 섬김을 통한 아픔을 감내할 때, 예수님을 닮은 제자가 됩니다.

189. 온전한 인격으로 다듬어 줍니다.

섬김은 전적으로 인간관계에서 일어나는 행위입니다. 다시 말해 섬김이란 관계를 맺어가는 하나의 방편인데, 그것은 내가 일부러 낮은 자세에서 상대방을 높여 대하는 것입니다. 이러한 태도의 근본에는 주님의 삶이 인격적인 바탕이 되어야 함은 물론입니다. 그러기 전엔 진정한 섬김이 이루어지기란 여간 어려운 일이 아닙니다. 인간은 본능적으로 섬기는 것보다 섬김을 받기를 좋아합니다.

그렇다고 해서 섬김이 상대방에 대한 희생의 대가를 무한적으로 계속해서 치러야만 하는 일은 아닙니다. 아마 조건이 없는 무한정한 섬김은 우리로서는 전혀 불가능한, 오로지 예수님만이 가능한 일일 것입니다. 중요한 사실은 섬김으로 얻는 유익이 희생의 대가 못지않게 많다는 점입니다. 그중 가장 큰 유익을 든다면 영혼을 구원하는 일일 것입니다. 나 한 사람의 섬김의 희생을 통해 한 영혼을 구원한다면, 그보다 더 보람된 일도 없을 것입니다. 영혼 구원, 이것은 섬김을 통해 얻게 되는 본질적인 유익이라 하겠습니다.

또 하나의 큰 유익을 든다면, 성숙을 통한 인격의 완성입니다. 평소에 감추어져 있던 인격의 모난 부분들이 섬김이라는 특수한 인간관계를 형성해 가면서 점점 드러나게 됩니다. 서로 가까워지면 가까워질수록 서로 모난 부분들이 크고 작은 많은 충돌을 일으킵니다. 이 과정에서 상처를 입고 아물기를 반복하며 우리 자신이 튼튼해져 갑니다. 그리고 자기를 돌아보는 반성을 통해 자기 성찰이 이루어지며 자신의 내면의 모습을 아름답게 다듬어 가게 됩니다.

190. 고난이 내겐 유익이었습니다.

영하 10여 도 이하로 뚝뚝 떨어지던 어느 해, 친구 목사님과 바람도 구름도 쉬어간다던 추풍령 어느 깊은 산속 기도원에서 지낸 적이 있습니다. 숨 쉴 때마다 코와 입에서 나오는 하얀 입김이 가마솥에서 새어 나오는 김처럼 피어납니다. 그 친구가 기도하고 오더니, 하나님이 자신에게 말씀을 주시더라며 욥기 23장 10절을 들려줍니다. "내가 가는 길을 그가 아시나니 그가 나를 단련하신 후에는 내가 순금같이 되어 나오리라."

그런데 그 친구 말고도 제게는 아주 오래된 한 친구가 또 있습니다. 이 친구의 역할은 대패와 조각, 사포로 쉼 없이 나를 다듬는 일입니다. 그게 누구냐고요? 고난이라는 친구입니다, 이젠 저와는 뗄 수 없는 막역한 사이가 되었습니다. 때로는 목회의 현장에 나타나 목회를 마구 뒤흔들어 놓는가 하면, 경제적인 최악의 여건으로 몰아가질 않나, 그런가 하면 애매한 인간관계 속에 밀쳐 빠트리고…. 뭐가 그렇게 좋은지 헤아릴 수도 없이 저를 붙어 따라다니는 참 얄미운 친구입니다.

그 친구의 눈엔 제가 아직도 다듬어야 할 게 많나 봅니다. 지난 2022년 4월에 코로나 오미크론에 감염되어 수족이 묶이다시피 한, 내일의 희망도 꿈도 보이지 않던 시기였다고나 할까요. 그런 가운데도 그 친구가 제게 아주 귀한 선물을 남겨 놓았답니다. 낮아짐, 하나님 앞에 더욱더 저를 바짝 낮추게 한 거였습니다. 그리고 변화, 일상을 온통 싹 다 뒤바꿔 놓았습니다. '고난 당하기 전에는 내가 그릇 행하였더니' 라는 말씀처럼 모든 일에 감사할 뿐입니다.

191. 사랑의 고통을 겪고 계시나요.

누군가를 사랑하게 되면 마음 한구석에 자기도 모르는 기대감이 생겨납니다. 이 기대감은 평생을 함께 사는 부부에게도, 자식을 정성으로 키우는 부모에게도, 목원들을 섬기는 목자와 목사에게도 자신도 모르는 사이에 생겨납니다. 상대방이 기대에 미치지 못하면 실망하게 되고, 실망이 크면 아픔이 됩니다. 이것은 사랑하기 때문에 겪는 아픔입니다.

인간관계에서 가장 견디기 힘든 아픔은 신뢰했던 사람이 실망스러운 행동을 보일 때입니다. 나는 진실한 마음으로 사랑을 듬뿍 쏟아주었는데 상대방이 실망스러운 행동을 할 때, 그것은 커다란 아픔으로 다가옵니다. 목회자가 겪는 힘든 부분도 이런 경우입니다. 목회자가 밤낮 염려하는 마음으로 기도하며 축복해주었던 사람이 기대에 어긋나는 모습을 보여줄 때, 신뢰를 무너뜨리는 행동을 할 때, 견디기 힘든 아픔이 되어 다가옵니다. 사랑은 이처럼 종종 아픔을 동반합니다.

사랑하지 않으면 아픔도 겪지 않고 얼마든지 속 편안하게 살 수 있습니다. 그러나 이것은 주님이 보여주신 삶과 동떨어진 삶일뿐더러 행복하지도 않습니다. 행복이란 관계 ─하나님과의 관계, 사람과의 관계─ 속에서 느끼는 감정입니다. 외롭게 혼자 편안히 사는 로빈슨 크루소의 삶보다 때론 마음의 고통도 겪으면서 서로 사랑하며 행복하게 사는 것이 훨씬 낫지 않을까요? "새 계명을 너희에게 주노니 서로 사랑하라 내가 너희를 사랑한 것 같이 너희도 서로 사랑하라. 너희가 서로 사랑하면 이로써 모든 사람이 너희가 내 제자인 줄 알리라" (요한복음 13장 35절) 사랑의 아픔은 참 제자가 되는 비결입니다.

192. 그런데 내가 왜 이렇게까지 해야 해?

남을 섬기다 보면 종종 '내가 왜 이렇게까지 해야 해?'하는 회의감이 듭니다. 이런 생각은 섬김을 통해 보람을 얻지 못하고, 오히려 심한 내적 갈등을 겪게 될 때 일어납니다. 더군다나 나보다 못해 보이는 사람을 섬겨야 할 때는 더합니다. 사람은 누구나 일을 통해 보람을 느끼려고 합니다. 나보다 나은 사람들로부터 인정받고 싶은 마음도 있습니다. 그런데 아무런 보람도 가져다주지 못하고 오히려 자존심마저 상하게 된다면, 섬기는 삶이 무척 어려워지게 됩니다.

우리가 섬김의 삶을 살아야 하는 궁극적인 이유는 사랑입니다. 내 죄를 대신하여 예수님을 십자가에 죽게 하신 하나님의 사랑, 이 땅에 성육신하셔서 섬김의 삶을 친히 보여주신 예수님의 사랑입니다. 남을 섬겨야 하는 이보다 더 중요한 이유도 없습니다. 남을 섬기는 이유를 보람을 얻기 위한 것이나, 사람들로부터 칭찬받기 위해 한다면, 그 사람은 얼마 가지 않아서 실망할 것입니다.

섬김의 동기는 사랑이어야 합니다. 하나님이 나를 사랑하시는 마음, 예수님이 나의 죄를 용서하시는 마음을 가져야 합니다. 바울은 이것을 빌립보서 1장 8절에서 '예수 그리스도의 심장'이라고 말합니다. 이심전심(以心傳心)이라는 말처럼, 우리가 전심으로 사랑으로 섬기는지 그렇지 않은지 상대방도 느낌으로 압니다. 영혼을 사랑하는 마음으로 섬기면 상대방도 섬김을 통해 깊이 감동합니다. 여기에서 놀라운 변화의 역사가 일어납니다. 어떤 동기로 남을 섬기고 있는지 한 번 돌아보아야 할 때입니다.

193. 상처 난 자존심이 섬김을 방해합니다.

　사람을 섬기다 보면 자존심이 상하는 경우가 종종 생깁니다. 자존심이란 무엇일까요? 사전을 찾아보면 '남에게 굽힘이 없이 자기 스스로 높은 품위를 지키는 마음'이라고 설명하고 있습니다. 즉 자신에 대한 존엄성이 사람들의 인정이나 칭찬에 의한 것이 아닌, 자신의 사고와 가치에 의해 얻어지는 개인의 의식을 말합니다. 그런데 이 자존심이 사람들에 의해 상처를 입게 되면 자칫 당당함과 유연함을 잃어버릴 뿐만 아니라 부정적인 자기평가를 할 수 있습니다.

　자존심에 깊은 상처를 입게 되면 자기 비하, 열등감 등을 갖기 쉽습니다. 이런 상태로 남을 섬긴다는 것은 사실상 힘든 일입니다. 왜냐하면 남에게 상처를 줄 수 있기 때문입니다. 문제는 우리 누구나 항상 언제든지 실패하고, 추락하고, 패배하고, 누군가로부터 자존심에 상처를 입을 가능성을 안고 살아가고 있다는 것입니다. 하지만 이러한 아픔에도 굴하지 않고 다시 일어날 수만 있다면, 건강한 섬김의 삶을 살아갈 수 있습니다. 그것은 '그럴 수도 있다'라는 생각으로 상황을 받아들이는 것입니다. 자존심을 상하게 하는 일들이 때론 우리를 다듬는 하나님의 도구가 되기도 합니다.

　류웨이는 이런 말을 했습니다. '내 체면을 구겨지게 한 사람들, 상처를 준 사람에게 감사하자. 의지를 단련시켜 주기 때문이다. 나를 채찍질하는 사람들에게 감사하자. 잘못된 점을 바로잡을 수 있게 해주기 때문이다. 나를 포기하는 사람에게 감사하자. 자립심을 배울 수 있게 해주기 때문이다. 나를 넘어지게 하는 사람에게 감사하자. 강하게 해주기 때문이다.' 이런 열린 마음이 긍정적인 자존감을 느끼게 합니다.

194. 진정 이런 삶을 살고 싶습니다.

어떤 특정한 일, 특정한 사람을 섬긴다는 것은 마음만 먹으면 누구나 할 수 있는, 그리 어려운 일은 아닙니다. 그러나 섬김이 삶의 방식이 되어 살아간다는 것은 아무나 할 수 없습니다. 이것은 마치 종처럼 사는 것과 종으로서 사는 것과의 차이라 할 수 있습니다. 한두 번의 흉내로 종의 모습을 보여줄 수는 있지만 자기 스스로 평생을 종이 되어 살아간다는 것은 자기의 모든 권한을 포기하는 일이기에, 섬김이 자기 삶의 방식이 된다는 것은 이처럼 매우 힘들고 어렵습니다.

예수님은 종이 되시기 위해 모든 것을 포기하셨습니다. 우선 그분은 근본 하나님이시나 하나님이라는 동등한 위치를 포기하셨고, 이 땅에 사람의 모양으로 오시되 가난한 목수의 가정에서 태어나셨습니다. 그리고 33년여를 사시는 동안 죽기까지 자기를 낮추시고 순종하는 삶을 사시다가 죄인들의 죄를 대신하기 위해 자기 목숨을 내놓으시려 십자가에 못 박히고 죽으셨습니다.

히브리서 5장 8~9절은 예수님도 섬김의 삶을 사신 것이 그리 쉬운 것만은 아니었음을 말하고 있습니다. '그가 아들이시면서도 받으신 고난으로 순종함을 배워서 온전하게 되셨은즉 자기에게 순종하는 모든 자에게 영원한 구원의 근원이 되시고' 섬김을 위해서는 우선 먼저 순종해야 하는데, 순종의 생활은 수많은 내적인 갈등과 외적인 고난을 통해 체득하게 되며, 온전한 순종의 생활을 통한 성숙한 섬김이 비로소 삶으로 서서히 나타나게 됩니다.

195. 나는 언제나 새롭게 되려나?

씨앗은 단단한 껍질로 둘러싸여 있습니다. 씨앗을 보호하기 위한 자연적인 현상이지만, 껍질이 썩지 않으면 생명을 잉태한 씨눈이 나올 수 없습니다. 서서히 죽어가는 과정을 통해 새로운 생명이 씨에서 싹트게 됩니다. 그리고 그 싹은 줄기로 자라면서 잎사귀들을 내고 꽃을 피우면서 마침내 열매까지 맺히게 됩니다. (요한복음 12장 24절)

우리도 이와 비슷한 과정을 거치게 됩니다. 본래 우리의 성품은 자아라는 단단한 껍질에 둘러싸여 있습니다. 예수님을 영접하기 전엔 옛 성품은 자아와 하나의 인격체로 형성이 되어있었습니다. 그런데 예수님을 영접한 이후엔 성품이 새롭게 변하면서 자아와 많은 갈등을 빚게 됩니다. 성품은 새로워졌는데, 육신에 속한 자아가 여전히 둘러싸고 있습니다. 우리가 은혜를 받고 하나님의 말씀대로 살아가는 과정에서 겪는 많은 갈등이 이 때문입니다.

섬김이 힘들게 어렵게 느껴지는 이유도 여기에 있다고 하겠습니다. 변화된 속사람은 예수님처럼 살고 싶어 하지만, 자아가 이를 방해를 합니다. 예전의 살던 방식 그대로를 고집합니다. 심지어 사도바울조차도 자아라는 껍질이 얼마나 단단했기에 '나는 날마다 죽노라'라고 고백하였을까요? 자아가 죽을 때 비로소 예수님의 성품이 서서히 드러납니다. 진정한 섬김이 시작됩니다. 섬김에 기쁨이 생깁니다. 섬김은 새 성품에 속한 인격이기 때문입니다.

196. 나 자신을 복종하게 합니다.

상하관계가 아닌, 평등한 관계에서 이루어지는 섬김은 자발적인 마음에서 우러나옵니다. 말씀에 은혜를 받았다든지, 아니면 어떤 특별한 사건을 통해 감동을 입었다든지, 예수님을 닮고 싶은 열망에서 하고 싶었다든지 등 대개가 마음에서 우러나와 시작됩니다. 그런데 이런 섬김은 그리 오래가지는 않습니다. 물론 예외적인 사람도 있습니다만 외적인 급격한 환경의 변화 때문에 그 의지가 쉽사리 꺾이고 섬김을 포기하는 경우가 어렵잖게 발생하는 것을 볼 수 있습니다.

섬김이 삶이 되고 인격이 되기에는 많은 내적인 갈등이 생기기 마련입니다. 우선, 상대방과 동등하다는 생각이 섬김에 커다란 장애가 됩니다. 섬김은 종들이나 하는 행위라서, 자기 자신은 종이 아니라는 생각 때문에 굳이 상대방보다 나를 낮추거나 상대방을 나보다 낮게 여기는 것이 절대 쉽지 않습니다. 그렇게까지 할 필요성을 느끼지 못하는 것입니다. 그뿐만 아니라 때론 자신의 자존심과 감정을 손상하는 경우도 생깁니다.

그러기에 섬김이 삶이 되려면 복종의 훈련을 거쳐야만 합니다. 상대방의 생각과 감정, 계획과 꿈을 우선시하고 존중하는 데서 진정한 섬김이 이루어집니다. 이렇게 되려면 스스로가 자신을 복종시키는 훈련을 통해서만 가능합니다. 한두 번의 결심만으로 그런 상태에 도달하기에는 불가능합니다. 사도바울은 고린도전서 9장 27절에서 내가 내 몸을 쳐 복종하게 한다고 고백하고 있습니다. 삶이 되는 섬김은 복종의 훈련 과정을 통과할 때 가능하다는 것을 잊지 말아야 하겠습니다.

197. 이제는 자아를 넘어서서

섬김에 가장 큰 걸림돌은 바로 자기 자신의 본성입니다. 그 본성이란 바로 옛사람에 속한 자아입니다. 자아는 살아온 만큼이나 오랜 세월 동안 다듬어져 왔기 때문에 한두 번으로는 깨트릴 수 없을 정도로 아주 단단합니다. 은혜를 받을 때면 깨진 것 같은데 그 속에 차돌처럼 박혀 있다가 서서히 그 모습을 드러냅니다. 인간의 욕망으로 길든 자아는 은혜를 받으면 물속에 침전되어 맑아 보이다가도 어느 한순간에 흙탕물처럼 일어납니다. 이것이 자아의 본질입니다.

지난해 우리는 한 목장을 통해 내홍을 치렀습니다. 목장이 세워져 가는 과정에서 겪는 아픔이기도 했지만, 그 언저리에는 인간의 본성이 자리 잡고 있었기 때문입니다. 섬기는 기쁨도 있지만 섬김을 받고자 하는 욕망도 내 안에 존재하고 있습니다. 섬김 속에는 상대방이 나의 수고를 알아주고, 그들로부터 섬김을 받고자 하는 기대심리도 깔려있습니다. 그러기에 남을 무한정 섬기기만 하면 언젠가는 섬기기를 포기하거나 반발심이 일어나게 됩니다. 섬김을 방해하는 것은 남이 아닌, 바로 자기 자신입니다.

섬김은 자아를 넘어서게 될 때 비로소 가능합니다. 그러기 전까지는 마음에 많은 영적인 갈등이 일어납니다. 갈라디아서 5장 17절에서 이러한 갈등을 잘 설파하고 있습니다. "육체의 욕망은 성령을 거스르고, 성령이 바라시는 것은 육체를 거스릅니다. 이 둘이 서로 적대관계에 있으므로 여러분은 자기가 원하는 일을 할 수 없게 됩니다." 진정한 섬김의 사람이 되려면 우선 옛사람에 속한 정욕과 욕망과 함께 자기의 육체를 십자가에 못 박고, 성령의 인도하심을 따라 살아가야 합니다.

198. 1만 시간? 아니면 2만 시간?

예수님을 영접하고 은혜를 경험하기 시작하면 마음에 주님을 닮고자 하는 간절한 소원이 생깁니다. 그래서 예수님을 더 깊이 알아가기를 원하고 그분의 인격과 섬김의 삶을 닮아가려고 애쓰게 됩니다. 그러다 보면 주님을 기쁘시게 하려는 소원이 생깁니다. 빌립보서 2장 13절은 말합니다. "하나님은 여러분 안에서 활동하셔서, 여러분이 하나님을 기쁘게 해 드릴 것을 염원하게 하시고 실천하게 하시는 분입니다."

그렇다고 해서 어느 날 갑자기 삶에 변화가 일어나지는 않습니다. 주님의 뜻대로 살고자 하는 열망이 강하나, 한편에서는 세상을 향해 가고자 하는 갈망도 존재하기에 수많은 시간 속에서 예전에 가진 생각에 변화가 서서히 일어나며 점차 삶의 변화로 나타나게 되고, 마침내 인격의 변화로 이어져 예수님처럼 온전한 섬김의 삶을 살 수 있게 됩니다. 거듭남의 역사는 성령님에 의해 전적으로 이루어지나 인격의 변화는 보이지 않게 조금씩 서서히 일어납니다.

주님을 위한 섬김의 삶에는 여러 분야가 있습니다. 그중에서도 성경을 배우고 말씀을 통해 은혜를 체험하면서 주님을 위해 일하고 싶은 강한 열망이 드는 부분이 있다면, 그것이 바로 본인에게 맞는 섬김의 분야입니다. 효과적인 섬김의 삶을 위해서 이 분야를 지속해서 계발하고 잘 훈련해야 합니다. 로버트 그린의 책 '마스터리의 법칙'에 이런 말이 있습니다. '그 분야에서 달인이 되는 데 1만 시간이 필요하고, 마스터가 되는데 2만 시간의 수련이 필요하다.' 깊이 새겨볼 필요가 있는 말입니다.

199. 날마다 반복하는 훈련들

　우리의 믿음이 성장해야 할 이유는 어디에 있을까요? 믿음이 자라 성숙해야만 신앙생활이 행복해지기 때문입니다. 믿음이 자라서 삶의 변화를 통해 신앙생활의 정점에 서게 될 때, 생활이 균형 잡혀 조화를 이룸으로써 진정한 평안과 행복이 찾아옵니다. 그런데 열 명 중 여덟아홉은 지금 내가 교회에서 어떤 일을 맡고, 어떤 중요한 위치에 있는가를 자기의 신앙의 성숙도로 여기는 경향이 있습니다.

　신앙의 성장은 저절로 이루어지지 않습니다. 끊임없는 훈련을 통해 이루어집니다. 단지 교회에 나와 예배드리고 은혜를 받는다거나, 성경 공부를 열심히 한다고 해서 성장하는 것은 아닙니다. 목사 혼자서 일방적으로 성장시킬 수도 없습니다. 목사의 역할은 성도들의 신앙이 성장할 수 있도록 교회의 환경을 만들고, 성장의 자리에 들어오도록 동기를 부여하며 도전을 주는 일입니다. 성숙은 매일 매일의 삶 속에서 자기 자신을 스스로 훈련해야 이루어집니다.

　신앙생활을 힘들어하며 행복해하지 못하는 모습을 보는 것은 참으로 안타까운 일입니다. 이러한 현상을 극복하고 행복한 삶을 살기 위해 날마다 반복해야 할 훈련이 세 가지 있습니다. 첫째, 하나님과의 관계 훈련으로, 매 주일 설교 말씀 중 한 가지를 붙잡고 묵상하며 순종하며 살아보는 것입니다. 둘째, 목장 모임을 통해 믿음으로 서로를 세워주고, 기도해 주는 관계 훈련을 하는 것입니다. 셋째, 목자로 섬기든지 아니면 사역자로 섬기든지 하는 섬김의 훈련입니다. 이런 삶을 살면 자신이 행복해집니다.

200. 오늘도 나는 죽노라.

요즘에 모델이라는 단어를 많이 쓰고 있습니다. 롤 모델(role model)이라는 말은 자기가 마땅히 해야 할 직책이나 임무 등의 본보기가 되는 대상이나 모범을 말합니다. 예컨대 본받고 싶도록 모범이 되는 사람을 말합니다. 사람들이 피겨 여왕이라고 일컫는 김연아는 그녀의 스텝이나 스케이팅이 나날이 발전하는 비결을 묻자, '반복적으로 계속 연습했고, 그 결과가 경기 때 잘 나온 것 같다'라고 대답했습니다. 이를 볼 때 롤 모델은 아무나 되는 것이 아닙니다.

예수님과 같은 섬김의 인격은 단시일 내에 이루어지지 않습니다. 한번 마음에 굳게 결심했다고 당장 이루어질 삶이 아닙니다. 한두 번의 흉내는 가능하나 지속적인 삶은 어렵습니다. 많은 훈련, 자기 부정의 훈련, 낮아짐의 훈련이 필요합니다. 이런 훈련의 과정을 통해 인격으로 체득이 될 때 마침내 도달할 수 있습니다.

대부분 그리스도인의 롤 모델은 예수님일 것입니다. 사도바울 또한 예수님의 인격을 닮고 싶어 했습니다. "형제자매 여러분, 나는 감히 단언합니다. 나는 날마다 죽습니다…. 만일 죽은 사람이 살아나지 못한다면 '내일이면 죽을 터이니, 먹고 마시자' 할 것입니다. 속지 마십시오. 나쁜 동무가 좋은 습성을 망칩니다." (고린도전서 15장 31~33절) 사도바울이 예수님을 닮아가기 위해 얼마나 애썼는지 짐작할 수 있습니다.

201. 지금 나는 만물의 찌꺼기일까?

　겸손이란 남을 존중하고 자기를 내세우지 않는 태도입니다. 겸손은 인간관계에서 상대방이 나에 대해 평가해 주는 인격적 특징인데, 자기 자신은 자기의 겸손이 어떤지 잘 알 수 없습니다. 그뿐만 아니라 겸손의 특성이 대개 인간관계에서 나타나기 때문에 자신을 스스로 겸손하다고 평가하기도 어렵습니다. 겸손의 모습은 평소에 관계에서 이루어지는 언어와 마음 씀씀이, 그리고 행동 등을 통해 인격적인 마음의 태도가 자연스럽게 묻어납니다.

　섬김은 내가 먼저 상대방에게 몸을 낮추어 들어가는 행위이기 때문에 섬김의 삶을 지속해서 살다 보면, 자연적으로 낮아지는 연습이 반복적으로 이루어집니다. 꾸준히 섬김의 삶을 추구하며 살아가는 과정을 통해 남보다 높아지려는 육신의 욕망, 자신의 우월성을 드러내려는 세상의 욕망이 조절되면서 나도 모르게 겸손이 묻어나게 됩니다. 지속적인 섬김의 삶은 겸손에 이르게 하는 가장 좋은 훈련 방법인 셈입니다.

　겸손해지는 과정에는 수많은 내적 싸움을 동반합니다. 자아가 죽지 않으면 결코 겸손해질 수 없습니다. 이것이 '나는 날마다 죽노라'라고 사도바울이 고백한 의미입니다. 겸손의 마지막은 자신이 '만물의 찌끼'처럼 여겨지는 상태입니다. 이런 상태에 도달하려면 자신이 낮아져서 종이 되지 않으면 도저히 이룰 수가 없습니다. 자신이 스스로 종이 되어 가면서 겸손해지는 온전한 인격의 훈련, 이렇게 다듬어 주는 것이 바로 지속적인 섬김의 삶입니다.

202. 한 알의 씨앗이 되지 않으시겠어요?

아무것도 없는 상태에서 무언가를 처음 시작한다는 것은 상당히 어려운 일입니다. 기반도 전혀 놓여있지 않기에 부단한 노력과 많은 희생을 요구합니다. 그러다 기반이 놓일 때쯤이면 서서히 피로감이 찾아오고 탈진하게 됩니다. 그나마 기반이 어느 정도 놓인 상태라면 땅 짚고 헤엄치기입니다. 제 결혼생활이나 목회 생활을 돌이켜보면 소유한 물질이나 후원도 없이 시작하다 보니 힘든 나날들을 보내야만 했습니다.

가정교회를 시작할 때 교회마다 공통으로 나타나는 현상이 목회가 성경적이라 좋긴 한데 막상 시작해 보니 어렵다는 점이었습니다. 왜냐하면 평신도의 많은 헌신을 요구하고 있기 때문입니다. 그도 그럴 것이 목사가 해야 할 목회의 상당 부분을 평신도가 위임받아서 목장을 이끌기 때문입니다. 여기에 두 가지 반응이 나오는데, 한 가지는 '평신도가 이렇게까지 해야만 하나'라는 부정적 반응과, '나도 목회자의 사역에 동참하게 된다'라는 긍정적 반응입니다.

제 경우에 있어서, 목회의 가장 큰 기쁨은 하나님의 구원 사역에 사역자로 동참한다는 사실입니다. 주님께서 나를 한 알의 밀알로 써 주시는 것에 대한 보람이 항상 마음에 감사로 자리를 잡습니다. 영혼을 구원하는 데 한 알의 밀알이 되고 싶지 않으십니까?

203. 섬김은 사랑이 피우는 꽃이랍니다.

어느 날 서기관이 예수님께 질문합니다. "어느 계명이 가장 큽니까?" 그러자 예수님께서 말씀하십니다. "첫째는 네 마음을 다하고 목숨을 다하고 뜻을 다하여 하나님을 사랑하고, 둘째는 네 이웃을 네 몸과 같이 사랑하라." 사랑이 그리스도인의 근본정신임을 알 수 있습니다. 성경에서 '사랑'이라는 단어를 557번, 그중에서 신약에 284번이나 사용하고 있음을 보면 그 중요성을 알 수 있습니다.

예수님은 포도나무 비유를 통해 이렇게 말씀하십니다. "아버지께서 나를 사랑하신 것 같이 나도 너희를 사랑하였으니, 나의 사랑 안에 거하라…. 내 계명은 곧 내가 너희를 사랑한 것 같이 너희도 서로 사랑하라 하는 이것이니라. 사람이 친구를 위하여 자기 목숨을 버리면 이보다 더 큰 사랑이 없나니" (요한복음 15장 9, 12~13절) 그 사랑의 결정체는 곧 희생입니다. 하나님의 사랑이 예수님을 통해 우리에게 그대로 전해지고, 이 사랑이 우리 사이에 그대로 이어지기를 예수님은 원하십니다.

하나님이 예수님을 통해 보여주신 사랑이 희생을 통한 사랑이라면, 예수님이 우리를 사랑하신 사랑은 섬김을 통한 사랑입니다. 예수님은 우리를 섬기시기 위해 종으로 오셨고, 십자가의 희생을 통해 사랑을 이루셨습니다. 이처럼 사랑은 섬김을 통해 꽃을 피우고, 희생이라는 과정을 통해 열매를 맺습니다. 섬김은 사랑의 꽃봉오리와 같아서 탐스러운 과일을 맺게 합니다. 그 열매는 바로 사람의 영혼을 죄와 사망에서 구원하는 열매입니다.

204. 큰 사람만이 진정으로 섬길 수 있습니다.

야구에서 퍼펙트게임(perfect game)은 선발 등판한 투수가 9회 동안 27명의 타자를 맞아 단 한 명도 진루시키지 않고 끝내는 경기를 말합니다. 한 명의 투수가 1회부터 9회가 끝날 때까지 상대편 타자를 어떤 경우에도 진루시키지 않아야 하므로 그만큼 어렵습니다. 1875년 출범한 미국 메이저리그에서도 출범 이후 20번째 퍼펙트게임을 달성했을 정도입니다. 투수라면 누구든지 한 번은 꼭 이루고 싶은 꿈의 기록이라고 하겠습니다.

지난 2010년 6월 3일에 미국 메이저리그에서 21번째로 나올 뻔한 퍼펙트게임이 심판의 오심(誤審)으로 날아갔습니다. 아만도 갈라라가 투수가 9회 말 마지막 타자를 내야 땅볼로 잡았으나 1루심이 '세이프'로 선언, 비디오 판독 결과 오심으로 판명되었습니다. 그 후 그 심판은 "내가 퍼펙트게임을 빼앗고 말았다"라며 눈물로 사과했고, 여기에 투수는 "심판이 나보다 더 괴로울 것이다. 인간은 누구도 완전하지 않다"라며 그를 받아들였습니다. 참으로 아름다운 모습입니다.

우리가 주님을 위해 열심히 사역하다 보면 때때로 본의 아니게 실수하기도 합니다. 이럴 때 적당하게 둘러대며 변명한다거나 어물쩍 넘어가려 한다거나, 또한 상대방이 잘못을 시인하는데도 용서하지 않는 마음은 섬김의 참모습이 아닙니다. 우리에겐 자신의 실수를 인정하고 사과할 줄 아는 용기, 잘못을 용서하며 용납할 줄 아는 아량이 있어야 합니다. 그러기에 진정 큰 사람만이 온전한 섬김의 삶을 살아갈 수 있습니다.

205. 섬김에는 위대한 영향력이 있습니다.

어쩔 수 없이 이루어지는 굴종(屈從)이 아닌, 마음 깊이에서 우러나오는 섬김에는 사람을 감동하게 하는 위대한 힘이 있습니다. 가까이 가면 갈수록 인격적인 매력에 끌리게 만드는 것이 섬김의 영향력입니다. 존 맥스웰은 『위대한 영향력』에서 이렇게 말합니다. "많은 사람이 지식을 가지고 잠시 성공한다. 몇몇 사람들이 행동을 가지고 조금 더 오래 성공한다. 소수의 사람이 인격을 가지고 영원히 성공한다."

사람들이 잘 섬기려 하지 않는 이유는 섬김이 지금 당장에 보이는 성공을 보장하지 않기 때문입니다. 나의 행동에 대한 눈에 보이는 결과가 신속히 나타나야 하는데, 섬김은 오히려 더 많은 희생을 지속해서 요구합니다. 당장에 보이는 결과가 없으니 투자할 매력을 잃어버리게 됩니다. 그러기에 오직 소수의 사람만이 섬김의 삶을 살게 되고, 그들이 섬김의 크나큰 축복을 누리며, 주위에 많은 인격적인 영향력을 끼치게 됩니다. 나중에야 섬김이 가져오는 결과를 통해 놀라우리만치 위대한 영향력을 비로소 발견하게 됩니다.

예수 믿기 전 내가 한때 흠모했던 나폴레옹은 유배지인 세인트 헬레나섬에서 죽기 전에 부하인 버틀랜드 장군과 대화 중에 이렇게 고백했다고 합니다. "나는 칼로 세상을 다 정복하지 못했지만, 예수는 사랑으로 세상을 정복했다." 세상을 정복하고 내 마음마저 정복한 예수님의 진정한 사랑은 섬김으로 나타납니다. 그분은 십자가에 죽기까지 종으로서 사셨습니다. 그리고 기꺼이 목숨까지 주셨습니다. 예수님의 그 섬김이 오늘도 나를 종으로 이끌어가십니다.

206. 섬기는 자가 진정 위대한 사람입니다.

섬김에는 어떤 대상이 있어야 하는데, 만일 사람들과 관계가 형성되어 있지 않다면 섬김 또한 필요가 없게 됩니다. 무인도에서 혼자서 살아가는 로빈슨 크루소처럼 그렇게 세상을 살아간다면 섬길 대상이 없기에 섬김 자체가 형성되지 않습니다. 섬김이라는 말 자체는 주로 인간관계에 사용되고 있는 것으로 봐서 관계를 형성하는 일에 가장 중요한 요소임을 알 수 있습니다. 우리가 사회생활 또는 공동체 생활을 하는 동안에는 섬김이 필수적이라 하겠습니다.

섬김은 관계를 형성하는 데 윤활유와 같은 역할을 합니다. 처음 만나는 사람들끼리 관계를 형성할 때 섬김은 그 관계를 부드럽게 만들어 줍니다. 인간관계에서 먼저 섬기는 자가 관계를 형성하는 일에 상대방에게 좋은 인상을 남기게 됩니다. 그러다 보면 자신의 이미지를 긍정적으로 만들어 주며, 또한 헌신적인 사람으로 인식시켜 줍니다. 결국에는 그 사람의 리더십을 강화해 줍니다.

섬김의 최고 모델은 단연 예수님이십니다. 대인관계에서 예수님은 항상 섬기는 자로 계셨습니다. 마지막 십자가에 달려 죽으실 때도 섬김의 본을 보여주셨습니다. 어머니를 제자인 요한에게 부탁하시고, 무지한 사람들의 죄를 위해 용서의 기도를 올리시며, 십자가 사형을 당하는 강도까지도 용서하시는 모습은 섬김이 무엇인지를 알게 합니다. "나는 섬기는 자로 너희 중에 있노라." (누가복음 22장 27절)라는 말씀 그대로 사셨습니다. 예수님처럼 섬기는 자만이 진정 위대한 자임을 알 수 있습니다.

제11장 성경이 말하는 리더십

207. 섬김은 예수님의 리더십의 원천입니다.

우리는 예수님이 하나님의 아들이시기 때문에, 예수님의 리더십이 당연히 하나님의 아들이라는 영적인 권위에서 비롯된다고 여기고 있습니다. 이런 주장이 맞기는 하지만, 예수님의 삶을 자세히 살펴보면 예수님의 리더십은 섬김에서 비롯되고 있음을 발견할 수 있습니다. 예수님께서는 하나님의 아들이라는 권위를 대부분 귀신을 물리치시거나 병을 고치실 때 사용하셨습니다.

예수님의 탄생과 관련하여 요한복음 1장 11절에 보면, 자기 땅에 오매 자기 백성이 영접하지 아니하였다고 기록하고 있습니다. 예수님이 이 땅에 오실 때 이미 하나님의 권위를 포기하셨다는 말입니다. 예수님은 하나님의 권세를 행세하기 위해 오신 것이 아니라, 사람들을 섬기는 종으로 오셨습니다.

예수님이 공생애 내내 가장 힘드셨던 부분은 당시 종교 지도자들과의 충돌이었습니다. 그들과 사사건건 부딪치게 되며, 또한 십자가에 돌아가신 것은 하나님의 아들이라는 권위로 일어난 문제였습니다. 만일 예수님이 이 땅에 오실 때 구름 타시고 천사들과 함께 하나님의 권위로 오셨다면, 이런 일이 일어나지 않았을 것입니다. 예수님이 종의 신분으로 오셔서 섬김을 통해 하나님의 아들이심을 입증하려다 보니 생긴 오해였습니다. 그분이 우리에게 보여주신 리더십의 원천은 섬김이었음을 기억해야 하겠습니다.

208. 십자가는 섬김의 결정체입니다.

십자가의 사랑이 없으면 지속적인 섬김의 삶도 어렵습니다. 섬김을 통해 나누어줄 수 있는 인간의 능력에는 한계가 있습니다. 섬김의 삶을 열심히 살다가도 어느 시점에 가면 헌신을 그만두는 까닭은 자신이 가지고 있는 내적 자원들을 다 써버렸기 때문입니다. 자기 자신도 지금 누구로부터 공급받지 않으면 안 될 상황에 이르게 된 것입니다. 우리는 이것을 탈진(脫盡 burnout)이라고 합니다. 기운까지 다 빠져 없어진 상태인데, 매우 위험한 상태라고 하겠습니다.

이런 탈진의 상태에 빠지지 않고 또 위험에서 벗어나려면 누군가로부터 꾸준히 공급받아야 합니다. 그런데 사람으로부터 계속해서 도움받는다는 것은 사실상 쉽지 않습니다. 우리에게 언제나 아무 때나 도움을 주는 방법은 바로 십자가입니다. 십자가는 섬김의 결정체이기 때문입니다. 나를 향한 예수님의 십자가 사랑을 깨닫고 그 사랑을 느끼게 된다면, 탈진하여 공허하게 된 상태가 채워지게 됩니다.

십자가는 예수님의 섬김의 절정입니다. "예수님은 본질이 하나님과 같은 분이셨지만 굳이 하나님과 동등한 존재로 여기지 않으시고, 오히려 당신의 것을 다 내어놓고 종의 신분을 취하셔서 우리와 똑같은 인간이 되셨습니다. 이렇게 인간의 모습으로 나타나셔서 당신 자신을 낮추시고 십자가에 달려서 죽기까지 순종하셨습니다." 그러기에 히브리서 12장 2절은 말씀합니다. "우리의 믿음의 근원이시며 완성자이신 예수만을 바라봅시다. 그는 자기 앞에 놓여있는 기쁨을 내다보고서 부끄러움을 마음에 두지 않으시고 십자가를 참으셨습니다."

209. 예수님은 양치기 리더십의 본이 되십니다.

예수님 시대에는 주변에서 양을 치는 풍경을 흔히 볼 수 있었습니다. 우리나라처럼 쌀농사나 밭농사보다는, 양을 치는 목축을 통한 낙농업이나 포도를 재배하여 포도주로 만드는 등의 농업이 발달한 나라였기 때문입니다. 예루살렘 도심지를 조금만 벗어나면 이런 광경은 어디서나 볼 수 있었기에 예수님의 가르침에는 양이나 포도원 등 자연환경을 소재로 한 교훈들이 많습니다.

요한복음 10장에서는 양에 대한 비유가 나오는데, 양치기 리더십의 진수가 담겨 있습니다. 예수님은 자신에 대해 이렇게 말씀하십니다. "나는 선한 목자라. 선한 목자는 양들을 위하여 목숨을 버리거니와 삯꾼은 목자가 아니요, 양도 제 양이 아니라. 이리가 오는 것을 보면 양을 버리고 달아나나니." (11~12절) 양치기 리더십이란 예수님처럼 평소에는 양들과 일체감을 이루며, 위급한 상황에서는 양들을 위해 목숨까지도 내놓을 수 있는 지도자를 말합니다.

양치기 리더십의 특징은 몇 가지가 있습니다. 첫째, 양들이 안심할 우릿간을 만들며, 우리에 들어갈 때는 반드시 정문을 통해 들어갑니다. 둘째, 양의 상태나 성질에 따라 이름을 지어 부를 만큼 양들을 잘 파악할 줄 압니다. 셋째, 양들이 목자를 의심하지 않고 따를 정도로 신뢰감이 깊습니다. 넷째, 목장을 양들이 마음껏 먹고 마시고 쉬고 뛰놀 수 있는 곳으로 만듭니다. 다섯째, 양들이 잘못된 곳으로 갈 때는 올바른 방향을 제시하는 지팡이와 잘못을 깨닫게 하는 막대기(회초리)가 있습니다. 여섯째, 목숨을 내놓고서라도 양들을 지키려는 강한 책임감이 있습니다.

210. 섬김의 리더십은 양치기 리더십입니다.

　고(故) 넬슨 만델라 전 남아프리카공화국 대통령의 자서전 「자유를 향한 머나먼 길(Long Way to Freedom)」에 다음과 같은 말이 나옵니다. 그는 '리더란 양치기 같은 것'이라고 말했다. 리더는 양 떼의 뒤에서 가장 빠른 무리를 먼저 가도록 하고 나머지는 그 뒤를 따르도록 한다. 그동안 양 떼는 양치기가 뒤에서 자신들을 이끌고 있다는 사실들을 알아차리지 못한다.

　양치기 리더십을 일명 후방 지원형 리더십(Leading from Behind)이라고 하는데, 공동체의 구성원들을 지켜주면서도 그들 뒤에서 그들에게 권한을 위임하여 자유롭고 창의적인 분위기로 만들어 가는 리더십을 말합니다. 양치기 리더십은 우유부단한 사람이 책임을 회피하려고 뒤에 물러나 있는 것하고는 다릅니다. 양치기는 언제나 양 떼가 함께 있도록 하는 책임을 집니다. 양치기는 지팡이를 이용해 양 떼가 길에서 너무 멀리 벗어나거나 위험에 빠지지 않도록 인도합니다. 그러기에 양 떼 뒤에서 무리를 이끌기는 매우 어려운 일이며 막중한 책임과 뛰어난 판단력이 필요합니다.

　하나님이 다윗에게 보여주신 리더십은 양치기 리더십입니다. "여호와는 나의 목자시니 내게 부족함이 없으리로다. 그가 나를 푸른 풀밭에 누이시며 쉴 만한 물가로 인도하시도다. … 내가 사망의 음침한 골짜기로 다닐지라도 해를 두려워하지 않을 것은 주께서 나와 함께 하심이라 주의 지팡이와 막대기가 나를 안위하시나이다" 양치기 리더는 카리스마를 가진 리더와 대치되는 새로운 리더십으로, 리더십의 전문가들은 양치기 리더를 미래형 지도자의 본보기로 꼽습니다.

211. 모세에게서 양치기 리더십을 배웁니다.

신약시대의 유대인들은 구약성경 중에 나오는 인물 중에 모세를 단연 최고의 리더로 꼽습니다. 요한복음 9장 28절에, 날 때부터 시각장애인이었던 사람이 실로암 못에서 눈을 뜨게 된 사건 속에 "너는 그의 제자이나 우리는 모세의 제자라"라는 표현을 통해 바리새인들이 모세를 얼마나 위대한 지도자로 존경했는지 위세 당당하게 자랑하는 그들의 모습에서 볼 수 있습니다. 이처럼 모세의 리더십을 그의 제자라 지칭하면서까지 닮아가고 싶어 하였습니다.

모세의 리더십의 특징은 양치기 리더십이라고 할 수 있습니다. 이집트의 왕자인 그가 40세쯤 되어 이집트에서 학대받고 있는 자기 동족 히브리인의 리더로 자처하고 나섰다가 인생의 크나큰 실패를 경험하게 됩니다. 이집트인 하나가 히브리인을 때리는 것을 보고 주위에 사람이 없음을 알고 그 이집트인을 쳐 죽여 모래 속에 묻어버립니다. 이렇게 자기의 혈기 하나 이기지 못하는, 온유함이 없는 사람은 진정한 리더가 될 수 없습니다.

하나님은 모세를 리더로 다듬으시기 위해 광야로 내보내 거기서 40년 동안 양치기로 살아가게 합니다. 그가 양을 치며 돌보는 동안 그의 성품은 모두를 보듬을 줄 아는 리더의 자질로 다듬어집니다. 나중에 그가 리더가 되어 인간관계에서 크게 부딪쳤을 때 성경은 이렇게 기록하고 있습니다. "이 사람 모세는 온유함이 지면의 모든 사람보다 더하더라." (출애굽기 12장 3절) 양치기 리더십의 인격적인 핵심 요소는 온유입니다. 왜냐하면 온유한 자만이 사람을 섬길 수 있기 때문입니다.

212. 신실함이 리더십을 이루게 합니다.

모세는 섬김을 기초로 한 종의 리더십을 가진 지도자였습니다. 그의 섬김은 이집트 왕자의 위치에서 내려와 미디안 광야 생활에서 양치기의 삶을 통해 오랜 세월 동안 다듬어졌습니다. 양들을 먹이고 치는 동안 그는 돌봄이 무엇인지를 깨달았을 것이며, 이런 과정들을 통해 그의 인격과 리더십이 다듬어졌을 것입니다. 섬김을 통해 다듬어지지 않은 리더십은 결코 종의 리더십이 아닙니다. 종의 리더십을 가질 수가 없습니다. 단지 무늬만 그럴싸할 뿐이라서 어느 순간이 되면 권위주의적인 행동과 태도가 저절로 나옵니다.

섬김의 리더십의 특징은 신실함에 있습니다. 모세와 관련하여 히브리서 3장 5절은 말합니다. "또한 모세는 장래에 말할 것을 증언하기 위하여 하나님의 온 집에서 종으로서 신실하였고" 모세를 일컬어 신실한 종(faithful servant)이라고 표현합니다. 종의 생명은 주인에 대한 신실함에 있습니다. 그리고 그의 권위도 신실함에 달려있습니다. 즉 주인이 그를 얼마나 신뢰하느냐 하는 신뢰도에 따라 사람들에 대한 그의 권위, 즉 사람들이 그를 어떻게 대하느냐에 절대적인 영향을 미칩니다.

주인이 그를 전적으로 믿고 모든 일을 맡길 때, 그 권위는 저절로 주어지게 됩니다. 모든 사람이 그 권위에 따르게 됩니다. 이것이 바로 종의 리더십의 핵심이요, 리더십이 미치는 막강한 힘입니다. 그러기 위해 리더는 항상 하나님과 변함없는 깊은 관계를 이어가야만 합니다. 모세처럼 하나님 앞에서 신실해야 합니다. 신실함은 하루아침에 인정받는 것이 아니라, 오랜 세월 깊은 섬김을 통해서만 입증이 됩니다.

213. 섬김을 배워야 존경받는 리더가 됩니다.

모세의 후계자가 되어 이스라엘 백성들을 가나안 땅으로 이끈 여호수아는 모세 못지않은 훌륭한 리더십을 발휘한 지도자입니다. "여호와의 종 모세가 죽은 후에 여호와께서 모세의 수종자 눈의 아들 여호수아에게" (여호수아 1장 1절) 여기서 사용한 '수종자(מְשָׁרֵת)라는 단어는 '수종 들다', '봉사하다'라는 의미를 지닙니다. 차세대 지도자로 세워지기까지 그는 모세 곁에서 오랜 세월 동안 섬김의 리더십을 배웠습니다.

그의 이름은 출애굽기 17장에 처음으로 등장합니다. 그는 출애굽 후 르비딤에서 치른 첫 번째 전쟁에서 젊은이들을 이끌고 나가 아말렉족과의 전쟁에서 큰 승리를 거둡니다. 그 이후부터 광야 생활 40년 동안, 여호수아는 모세를 떠나지 않고 항상 그의 곁에 머물러 서서 온갖 수종을 다 듭니다. 모세가 하나님의 산 시내 산에 40일을 머무르며 십계명을 받을 때도 산에 올라가 가까이 머물러있었고, 바란 광야에서 12명의 정탐꾼을 가나안 땅에 보낼 때도 그 일원으로서 온전한 마음으로 수종을 듭니다.

여호수아의 경우를 살펴보면, 섬김의 리더십은 결코 저절로 생기지 않음을 알 수 있습니다. 리더가 되기 이전에 자신이 먼저 섬김의 삶을 배워서 실천해 봐야만 섬김의 리더십을 갖게 됩니다. 섬김의 리더십은 하루아침에 주어지지 않습니다. 모세나 여호수아는 무려 40년이나 걸려서 섬김의 리더십을 갖게 되었습니다. 섬김의 리더십은 카리스마 리더십과는 달리 사람들의 마음에서 우러나와 만들어지는 리더십입니다. 끊임없는 자기 훈련으로만 얻을 수 있는 존경의 리더십입니다.

214. 바나바에게서 섬김을 배웁니다.

예전에 '일등만 아는 더러운 세상'이라는 말이 유행한 때가 있었습니다. 사람들의 무의식 속에 일등만을 성공으로 인정해주는 세상 풍속도를 꼬집은 것입니다. 모두 일등만을 고집하며 붙잡으려고 밤낮으로 죽자 살자 달려갑니다. 그러나 안타까운 현실은 일등의 자리는 오직 한 사람밖에 앉을 수 없다는 것입니다. 이것이 서로가 살아남기 위해 수단 방법 가리지 않고 치열한 생존 경쟁을 벌일 수밖에 없는 이유입니다.

이런 점에서 바나바는 섬김의 본이 되는 사람입니다. 그는 주님을 위해서라면, 교회와 사역을 위해서라면 기꺼이 일등의 자리를 다른 사람에게 내줄 줄 아는 사람이었습니다. 그는 안디옥교회에서 사역자로 섬기다가 다소에 있던 사울을 불러들여 사역에 동참하게 하였습니다. 그리고 나중에는 그 자리를 그에게 넘겨준 채 사람들의 관심에서 멀리 사라졌습니다. 그는 사울이라고 하는 바울에게서 잠재된 가능성을 보았습니다. 그리고 그 가능성을 마음껏 발산할 수 있도록 이끌어 준 것입니다.

섬김은 상대방을 유익하게 합니다. 섬김은 상대방에게서 잠재된 가능성을 발견하여 그 가능성을 밖으로 끌어내 줍니다. 그래서 하나님께서 그를 통해 이루시려는 비전, 상대방의 꿈을 이루도록 돕습니다. 나보다 더 훌륭한 리더십을 지녔을 때는 그 자리까지 기꺼이 물려줍니다. 하나님의 기쁨을 나의 기쁨으로 삼는 것, 상대방의 성공을 나의 성공으로 받아들이는 것, 이것이 바로 섬김입니다. 섬김은 나의 성공만을 제일로 여기지 않고, 상대방에게 아낌없이 유익을 주는 것입니다.

215. 지금은 섬김의 리더가 필요합니다.

섬김의 리더(servant leader)라는 말에는 섬기는 종이면서 동시에 이끌어 가는 지도자라는 서로 다른 모습이 담겨 있습니다. 섬김의 리더는 단지 일방적 희생이나 헌신으로 리더십이 이루어지는 것이 아니라, 공동체에 비전을 제시하여 동기를 부여하고 구성원들을 이끌며 변화시키는 능력도 필요합니다. 사람을 섬기고자 하는 마음이 자연스럽게 행동으로 나타나며, 사람들을 이끌고 싶은 열망이 우러나야 섬김의 리더가 될 수 있습니다.

그러기에 섬김의 리더십의 출발점은 가슴입니다. 이른바 사람들을 지배하려는 권위적인 리더십, 사람을 압도하려는 강력한 카리스마와 같이 겉으로 드러나는 리더십에 대한 유혹을 뿌리쳐야만 합니다. '오직 겸손한 마음으로 각각 자기보다 남을 낫게 여기고 각각 자기 일을 돌볼 뿐더러 또한 각각 다른 사람들의 일을 돌보아' (빌립보서 2장 3~4절)라는 말씀처럼, 겸손한 마음으로 다른 사람의 일을 돌아보려는 가슴에서부터 시작해야 합니다.

섬김의 리더는 양치기 리더십을 가진 사람입니다. 양치기 리더십의 특징은 사람들을 단지 관리의 대상으로 보지 않고 사랑의 대상으로 대합니다. 사랑하고 섬김으로 튼튼한 신뢰 관계를 쌓아 확실한 리더십을 갖게 됩니다. 주님은 말씀하셨습니다. "양은 그의 음성을 듣나니 그가 자기 양의 이름을 각각 불러 인도하여 내느니라. 자기 양을 다 내놓은 후에 앞서 가면 양들이 그의 음성을 아는 고로 따라오되... 나는 선한 목자라 나는 내 양을 알고 양도 나를 아는 것이 아버지께서 나를 아시고 내가 아버지를 아는 것 같으니"

216. 섬김은 리더의 인격이어야 합니다.

섬김이라는 말처럼 호감과 비호감(非好感)의 양면성을 가진 말도 없을 것입니다. 왜냐하면 섬김을 받는 쪽에서는 그보다 더 기분 좋은 일도 없기 때문입니다. 누군가가 나를 깍듯이 대하고 극진히 대접해 준다면, VIP 대우를 받는 그 순간만큼은 매우 우쭐해지게 마련입니다. 그렇지만 섬기는 쪽에서는 왜 섬겨야 하는지에 대한 상황에 따라 매우 기분이 나쁠 수도 있기 때문입니다. 만일 억지로 하는 수 없이 이루어지는 경우라면 자존심에 깊은 상처를 주게 될 것입니다.

예수님의 삶을 보면 예수님 스스로 섬김의 삶을 택하셨고, 또한 매우 즐기셨던 것을 발견하게 됩니다. "앉아서 먹는 자가 크냐? 섬기는 자가 크냐? 앉아서 먹는 자가 아니냐? 그러나 나는 섬기는 자로 너희 중에 있노라." (누가복음 22장 27절) 섬김의 힘이 얼마나 위대한지 아신 주님은 섬김 자체를 기쁘게 여기셨습니다. 예수님의 이러한 섬김은 일백 마리 양 중 한 마리를 찾기 위해 애쓰시는 잃은 양의 비유에서도 그 모습이 잘 나타나 있습니다.

"내가 내 목숨을 버리는 것은 그것을 내가 다시 얻기 위함이니…. 이를 내게서 빼앗는 자가 있는 것이 아니라, 내가 스스로 버리노라. 나는 버릴 권세도 있고 다시 얻을 권세도 있으니" (요한복음 10장 17~18절) 영혼을 구원하기 위해 자신의 목숨과 권세까지도 기꺼이 포기하고 섬기시는 예수님의 모습은 우리가 본받아야 할 사역자의 인격이요, 참모습입니다. 섬김이 오늘 우리에게는 자존심의 상처로 다가오는지, 혹은 기쁨으로 다가오는지 다시 한번 살펴보아야 하겠습니다.

217. 리더는 다투지 말아야 합니다.

사람이 모이는 곳에는 늘 말이 많고 탈도 많습니다. 교회 공동체라고 해서 예외는 아닙니다. 지식이나 경험, 성향 등 서로 다른 사람들이 모이다 보면 자연히 다툼이 일기 마련입니다. 말다툼이나 논쟁에서 상대방을 이긴다고 할 때 얻는 것은 아무것도 없습니다. 단지 공허한 승리에 불과합니다. 결코 상대방으로부터 호의를 얻어내지 못할 뿐만 아니라, 그 사람을 잃거나 적으로 만들 수도 있기 때문입니다. 그러기에 섬기는 자는 '마땅히 다투지 아니하고 모든 사람에 대하여 온유해야' 합니다. (디모데후서 2장 24절)

우리가 섬긴다고 하면서 자신도 모르게 종종 가르치려 들 때가 있습니다. 1600년대의 과학자였던 갈릴레오는 말했습니다. '우리는 남을 가르칠 수 없고, 단지 그가 스스로 발견하도록 도와줄 수 있을 뿐이다.' 자신이 옳다는 지나친 확신에 남을 가르치려 대드는 것입니다. 이 세상에 완벽한 사람은 없습니다. 우리는 대부분 편견이 있거나, 어느 한쪽으로 치우치는 경향이 있습니다. 섬기길 원한다면 가르치려 하기보다 그가 깨닫도록 도우십시오.

링컨은 말했습니다. '한 방울의 꿀이 한 통의 쓸개즙보다 더 많은 파리를 잡을 수 있다.' 상대방에게 우호적으로 대하는 것이 얼마나 유익한지를 꿰뚫어 본 것입니다. 섬기는 자가 무슨 일을 하려 할 때 지나치게 자기주장대로 밀어붙여서는 안 됩니다. 프랑스 철학자 라 로슈푸코의 조언은 섬김이 무엇인지 다시 한번 되돌아보게 합니다. '만일 당신이 적을 원한다면 친구를 능가하라. 그러나 친구를 원한다면 그가 당신을 능가할 수 있도록 해주라.'

218. 섬김의 리더로 세워집니다.

　종종 국가 정상들 사이에 악수로 기 싸움하는 것을 보신 일이 있으실 겁니다. 특히 트럼프의 악수법은 유명합니다. 그는 상대방의 손을 으스러뜨릴 듯이 꽉 움켜잡고는 살짝 밀었다가 자신 쪽으로 끌어당깁니다. 이런 행위는 자신의 우위를 드러내는 동시에 상대방의 굴복을 강요하는 몸짓입니다. 「속마음을 꿰뚫어 보는 기술」의 저자 '제라드 니렌버그'는 악수하는 모습만으로도 상대방의 성향을 파악할 수 있다고 합니다.

　악수 이야기를 하니 언젠가 한 번 제법 큰 교회의 모 장로님과 악수한 일이 생각납니다. 그분은 허리를 꼿꼿이 세우고 단지 손만 쓱 내밉니다. 그러면 상대방이 손을 잡고 흔듭니다. 둘 다 손만 내밀 수는 없잖아요? 누군가는 잡아야 할 것이고, 누군가는 가볍게라도 흔들어야 인사가 되지 않을까요? 왠지 그와 인사하고 난 뒷맛이 영 좋지 않았었습니다. 한 마디로 그분은 오랜 대외 활동에 너무 경직되어 있었습니다.

　가정교회는 목자를 부드럽고 온유한 리더로 만들어 줍니다. 왜냐고요? 목장엔 아직 주님을 모르는 VIP, 예수를 갓 영접한 초신자, 마음에 별의별 상처를 입은 자도 있을 것이기 때문입니다. 사도바울이 말한 것처럼 '너희 가운데서 유순한 자가 되어 유모가 자기 자녀를 기름과 같이', '아버지가 자기 자녀에게 하듯' (데살로니가전서 2장 7절, 11절), '그리스도의 형상을 이루기까지 다시 그들을 위하여 해산하는 수고' (갈라디아서 4장 19절)를 하다 보면 자기도 모르게 유모의 마음, 아버지의 마음을 품은 섬김의 리더로 되어 갑니다.

219. 온유한 리더가 되십시오.

리더가 흔히 받는 유혹 중의 하나는 카리스마 넘치는 강력한 리더십을 발휘하려고 하는 경향입니다. 지도자 대부분이 온유하고 온화한 모습이 리더십에 잘 맞지 않는다고 여기는 까닭은 무엇일까요? 우선 뭔가 나약한 이미지를 떠올리기 때문입니다. 할 말이 있어도 차마 하지 못하고, 이끌고 싶어도 주저주저하는 연약함을 연상합니다. 강함과 온유함, 연약함과 온화함은 근본적으로 차원이 다른데도 말입니다. 온유함과 온화함은 인격적 성숙함에서 오는 내적 강인함에서만 나올 수 있는 리더십입니다.

리더십의 전문가인 하버드대학교 경영대학원의 에이미 커디(Amy Cuddy) 교수는 말합니다. 『대다수 지도자는 온화한 모습보다 유능한 모습으로 비치고 싶어 하는 오류를 범한다. 유능한 지도자는 두려움의 대상이다. 반면 온화한 지도자는 호감을 더 많이 사고 결과적으로 신뢰를 더 받는다.』 이러한 리더십의 대가는 바로 예수님이십니다. 예수님의 리더십은 온유와 겸손에 그 바탕을 두고 계심을 알 수 있습니다.

예수님은 말씀하십니다. "수고하며 무거운 짐을 진 사람은 모두 내게로 오너라. 내가 너희를 쉬게 하겠다. 나는 마음이 온유하고 겸손하니, 내 멍에를 메고 나한테 배워라. 그리하면 너희는 마음에 쉼을 얻을 것이다. 내 멍에는 편하고, 내 짐은 가볍다." 어느 누가 예수님의 온유하신 리더십을 연약한 리더십이라고 평할 수 있을까요? 인류 역사상 가장 위대한 리더십을 보여주셨던 예수님의 리더십은 섬김의 리더십입니다. 그 섬김의 근간은 온유와 온화함에서 비롯된 것이라고 하겠습니다.

제12장 훌륭한 리더로 세우는 섬김

220. 기러기의 비행(飛行)을 아십니까?

고등학교 시절에 도산 안창호 선생이 만든 흥사단에 가입하여 열심히 활동한 적이 있습니다. 흥사단의 상징은 기러기입니다. 기러기는 이른 봄에 북극권의 시베리아 동부와 사할린섬·알래스카 등지에서 번식하다가 겨울철이 되면 한국·일본·인도·북아메리카 등지에서 겨울을 나는 철새입니다. 비행거리는 보통 1만km, 최고 4만km가 넘는 거리를 날아서 이동합니다. 공기밀도가 지상의 50%, 그중 산소농도는 지상의 10%에 지나지 않는 히말라야산맥을 지나는 인도 기러기는 최고 고도가 무려 6,400M, 비행거리 편도 8,000km를 날아갑니다.

그 비결은 무엇일까요? 첫째는 V자 모형의 비행입니다. 늦가을이나 겨울 하늘에 기러기가 나는 모습을 보면 보통 V자 모형으로 질서정연합니다. 그들은 비행하면서도 다정한 형제처럼 소리를 통해 서로를 격려하고 돕습니다. V자 모양으로 이동하는 까닭은 에너지를 절약하기 위한 건데, 그렇게 날 때 약 30%나 되는 에너지를 절약, 그 에너지로 혼자서 나는 것보다 무려 71%나 더 멀리 날아갈 수가 있다고 합니다.

둘째는 경험 많은 기러기의 자발적 헌신입니다. V자 정점에는 경험 많고 힘센 기러기가 선두로 나서서 V자 모형 대열을 형성하여 몇백 마리에서 몇만 마리까지 떼를 지어 날아갑니다. 맨 앞에서 상승기류를 만들던 리더 기러기가 지쳐 뒤로 물러나면, 다음 기러기가 친히 맨 앞으로 나섭니다. 또 다른 힘센 기러기는 무리 중에 지쳐있거나 병든 기러기를 보살핍니다. 무리에서 낙오되지 않도록 그를 따라가면서 도와줍니다. 기러기 비행의 아름다움에서 지혜를 얻습니다.

221. 리더는 사람을 존중할 줄 알아야 합니다.

리더(leader)라는 단어를 사전에서 찾아보면 '조직이나 단체 따위에서 전체를 이끌어 가는 위치에 있는 사람', 21세기 정치학대사전에서는 '어떤 조직이나 단체 등에서 목표의 달성이나 방향에 따라 이끌어 가는 중심적인 위치에 있는 사람'이라고 정의하고 있습니다. 두 사전의 설명을 요약해 보면, 리더란 공동체에 주어진 어떤 일정한 목표를 이루기 위해 나아가야 할 방향을 정하고 이끌어가는 사람이라고 하겠습니다.

우리가 몸담은 교회라는 공동체는 영혼 구원에 그 초점이 맞춰져 있습니다. 이것이 주님께서 교회를 이 땅에 세우신 가장 중요한 목적이기 때문입니다. 여기에 한 사람, 한 영혼의 중요함이 담겨 있습니다. 그러므로 사람을 존중하지 못하고 무시하는 사람, 영혼 구원에 전혀 관심이 없는 사람, 단지 친교에만 관심이 있는 사람은 리더가 되어서는 안 됩니다. 이런 사람은 주님이 세우신 교회에 적합한 리더가 아닙니다. 이런 사람은 교회가 나아가야 할 방향을 잃게 만듭니다.

리더는 메리어트 호텔 회장인 빌 메리어트의 다음 말에 귀 기울일 필요가 있습니다. '저는 성공 비결에 관한 질문을 자주 받습니다. 답은 정해져 있습니다. 첫째, 둘째, 셋째, 모두 사람에 관한 것입니다. 사람을 고용하고, 그들을 발전시키고, 사람들을 위해 일한 것입니다. 저는 늘 저보다 훌륭한 사람들을 고용하기 위해 노력했고, 그들에게 기회를 주어 성공할 수 있도록 신경을 써왔습니다.' 사람을 존중하는 마음을 가지는 것이 영적 리더가 가져야 할 자세가 아닐까요?

222. 섬김의 리더는 성공을 주는 사람입니다.

리더가 되기 위해서는 우선 자신이 맡은 일을 혼자 처리해 낼 수 있는 자립심과 책임감이 있어야 합니다. 자기가 맡은 일에 대해 사람들로부터 신뢰를 받는 것이 무엇보다 중요하기 때문입니다. 자신이 해야 할 일도 제대로 해내지 못하는 사람은 구성원들로부터 신뢰받지 못합니다. 사람들로부터 얻는 신뢰는 리더십의 바탕을 이룹니다. 신뢰받지 못하는 리더는 리더십을 제대로 발휘할 수 없게 됩니다.

참 리더는 현재의 위치를 자기 노력과 힘으로 이룬 양 나타내려 하지 않고 자신의 영광을 구성원들에게 기꺼이 돌릴 줄 아는 사람입니다. 자신의 위치가 높아질수록 사람들로부터 존경받으려는 것보다는 사람들을 더 많이 인정해 주고 존중해 주며 세우는 것에 관심을 기울여야 합니다. 더 나아가 지금까지 이룬 내 위치에 만족해하기보다 다른 사람이 성공할 수 있도록 섬겨주는 기회로 삼는 것이 참 리더의 모습입니다.

성공은 리더가 사람들에게 자신감과 용기를 심어줄 수 있는 섬김의 소중한 자산입니다. 성공에 취해있거나 어떤 성과에 대해 자기에게 공치사를 돌리는 리더라면, 참 리더가 아닙니다. 사도바울은 사람을 세우는 일과 관련하여 이렇게 말합니다. "우리는 그리스도의 사도로서 마땅히 권위를 주장할 수 있으나 도리어 너희 가운데서 유순한 자가 되어 유모가 자기 자녀를 기름과 같이 하였으니…" (데살로니가전서 2:7-8) 이런 섬김 속에 리더의 참모습이 담겨 있습니다.

223. 참 리더는 섬기는 자입니다.

자신이 속해있는 공동체의 비전을 세우는 일과 비전을 이루기 위한 목적을 설정하는 일, 이 두 가지는 리더의 가장 중요한 기능입니다. 명확한 비전을 수립하는 일은 리더의 막중한 책임이기에 이것을 다른 사람에게 결코 위임할 사항은 아닙니다. 또한 이 비전을 구현하고 세운 목적을 이루기 위해 사역하는 과정에서 각각의 사람들에게 권한을 위임하고 그들이 잘할 수 있도록 섬겨야 합니다. 이런 면에서, 섬김의 리더십이란 어떤 결과를 이루기 위한 역할을 할 때 요구되는 리더십이라 할 수 있습니다.

섬김의 리더십을 갖기 위해서는 사람들에게 진정성이 느껴져야만 합니다, 진정성이란 거짓이 없이 참되고 애틋한 정이나 마음을 말하는데, 리더가 자신을 있는 그대로 보여주려는 진실한 모습에서 비롯됩니다. 이것은 사람과의 관계 형성에 긍정적 영향을 미칩니다. 리더 대부분이 자신의 지위를 유지하려는 권위 의식에 더 관심을 두다 보니, 사람들과 일부러 일정한 거리를 두려는 경향이 있습니다. 섬김의 리더란 사람들을 모두 동등하게 대할 줄 아는 사람입니다.

이러한 리더의 자세는 서로 간에 깊은 신뢰 관계를 만들어 사람들에게 끝없는 헌신을 끌어냄으로써 결속력을 더욱더 강하게 만들어 줍니다. 게다가 리더가 사람들이 따라올 수 없는 깊은 영성을 겸비하게 될 때, 그의 리더십은 강력한 힘을 발휘하게 됩니다. 리더가 섬기는 일에 항상 힘써야 하겠지만 또한 끊임없이 기도해야 하는 이유이기도 합니다. 기도 가운데서 진정한 영성이 나오기 때문입니다. 이것이 예수님이 보여주신 섬김의 리더십의 실체라 할 수 있겠습니다.

224. 섬김은 깊은 신뢰로 리더십을 쌓게 합니다.

신뢰란 '굳게 믿고 의지하는 것'을 의미하는데, 리더십에서 가장 중요한 요소에 해당합니다. 상대방을 단순히 믿기는 비교적 쉬운 일이나 전적으로 의지하려면 신뢰가 중요합니다. 신뢰는 그 사람의 진정성, 태도, 역량, 경험 등에 의해 쌓입니다. 신뢰는 리더가 처한 매우 어려운 상황에서도 사람들이 그를 믿고 따라오게 합니다.

리더십에 있어서 신뢰의 유형은 크게 네 가지로 생각해 볼 수 있는데, 첫째 저지(沮止)에 기초한 신뢰(deterrence-based trust)입니다. 이것은 그 사람을 신뢰하지 않거나 신뢰가 깨졌을 때 내가 부담해야 할 부정적인 결과 때문에 어쩔 수 없이 갖게 되는 신뢰를 말합니다. 이해관계를 이모저모 모두 따져 봄으로써 생긴 신뢰는 깨질 가능성이 항상 큽니다. 둘째는 역량에 기초한 신뢰(competence-based trust)로 오랜 세월에 걸쳐 친하게 지내면서 그가 몹시 어려운 상황에서도 침착하게 문제를 해결하는 모습을 수없이 많이 봄으로써 그의 역량을 인정하는 데서 생겨납니다.

셋째는 지식에 기초한 신뢰(knowledge-based trust)로 그의 곁에서 지내며 그를 지켜본 결과로 얻은 신뢰입니다. 사람과 사귀면서 그 사람의 가치관이나 어떤 행동 등에 대해 많은 정보를 얻게 되는데, 이것은 그 사람의 행동을 예측할 수 있게 만듭니다. 넷째는 일체감에 기초한 신뢰(identification-based trust)입니다. 이는 감성적인 교류, 상호 이해, 가치관 등을 서로 나눠 가짐으로써 생기는 깊은 신뢰입니다. 단순히 그 사람의 철학이나 가치관 등을 아는 정도를 뛰어넘어서 높은 수준에 도달할 때 형성됩니다. 리더가 꾸준히 섬김으로써 이런 신뢰의 리더십을 갖게 됩니다.

225. 리더는 자기를 스스로 만들어 가야 합니다.

목사로 안수받던 해의 일입니다. 목사가 되기 위해선 반드시 노회에서 치르는 시험을 통과해야만 합니다. 당시 몇 분과 함께 목사고시를 응시했었는데, 혼자서 전 과목을 겨우 통과했습니다. 마지막 과정으로 십여 명의 시험관들에게 둘러싸여 한 시간 남짓 면접을 봤는데 진땀 흘리던 기억이 납니다. 무차별 십자포화의 공격을 받고 나니 정신이 얼얼했습니다. 아마도 제가 교만하지나 않을까 염려하셨던 모양입니다. 그도 그럴 것이 혼자서 살아남았으니까요.

그때 어느 목사님의 마지막 한 마디가 제가 목회자의 길을 가는데 평생 교훈이 되었습니다. '당신이 목사가 되면 당신 위엔 하나님밖에는 없을 것입니다. 강도사일 때는 목사님이 계셔서 당신을 가르치고 인도했다면, 이제는 안수받는 순간 목사가 될 터이니 스스로 알아서 해야만 합니다. 당신이 자신의 선생이 되십시오.' 스스로 알아서 만들어 가야 한다는 그 말씀이 제 평생의 교훈이 되어 저를 채찍질했습니다.

리더는 외롭습니다. 왜냐구요? 리더가 잘할 때는 칭찬 한마디 없다가 뭐라도 잘못하면 불평이 봇물 터지듯 터져 나옵니다. 보통은 잘하면 칭찬받고 잘못하면 야단을 맞는 게 이치인데, 리더에겐 이런 공식이 통하지 않습니다. 잘할 때는 칭찬 대신에 침묵하고 있다가, 뭐라도 잘못하면 불평해 댑니다. 침묵이 목회자에겐 칭찬인 셈이죠. 그래서 칭찬에 목마른 리더라면 곧잘 낙심하여 우울의 함정에 빠져들게 됩니다. 여러 해 지내놓고 보니 공동체 안에서 터져 나오는 불평은 리더인 나를 다듬는 하나님의 채찍이었습니다.

226. 어수룩한 모습이 오히려 리더의 매력입니다.

효과적인 섬김이 이루어지기 위해서는 우선 두 가지 면이 있어야 합니다. 한 가지는 빠른 관찰력입니다. 주위의 환경을 살필 줄 아는 눈, 상대방의 필요를 파악할 줄 아는 눈이 필요합니다. 그래야 적절하게 상황에 대처할 수 있습니다. 상대방이 처한 상황을 잘 파악하지 못하면 섬김이 잘 이루어질 수 없습니다. 예를 들어 갓난아이가 울 때 아이가 왜 우는지, 무엇이 필요해서 울고 있는지를 얼른 알아야 거기에 알맞게 행동하게 됩니다. 상대방에게 섬김이 적절하게 제공될 때 그 효과는 극대화됩니다.

또 한 가지는 어수룩한 모습입니다. 어수룩하다는 말은 겉모습이나 언행이 치밀하지 못하여 상대방에게 내 모습이 순진하고 뭔가 좀 어설퍼 보이는 것을 말합니다. 이런 면은 특히 이해관계에 부딪혔을 때 중요한 역할을 합니다. 평소에 관계가 좋다가도 돈 문제나 감정적인 문제에 부딪히게 되면, 대부분은 본능적으로 남에게 손해 보지 않으려고 합니다. 먼저 자기 이익부터 생각하다가 그간 좋던 관계가 일순간에 무너지기도 합니다.

상대방에게 조금 손해 보는 듯한 행동은 평소의 섬김을 극대화합니다. 이해가 얽힌 문제가 오히려 관계를 더욱 돈독하게 만들어 주는 셈입니다. 이런 행동은 상대방에게 신뢰감을 심어줍니다. 어떤 상황에 부딪혀도 이 사람은 절대 배신하지 않을 거라는 신뢰감을 줍니다. 이렇게 자신이 손해를 보면서까지 상대방을 대하는 것을 덕(德)이라고 부릅니다. 덕은 섬김의 리더십의 필수항목입니다. 사람들의 눈에는 어수룩한 모습이 매력인 리더의 모습입니다.

제13장 리더의 품격

227. 리더는 책임지는 자리입니다.

사람들은 왜 저마다 지도자(leader)가 되려고 할까요? 수많은 권리와 권한이 뒤따르기 때문입니다. 리더란 공동체의 모든 자원을 맡아서 최종 목표를 정하고, 모든 정책을 좌우하는 권위를 가지고 있는 사람입니다. 그런 면에서 본다면 리더의 자리는 특권을 누리는 자리가 아닌, 책임을 지는 막중한 자리임을 알 수 있습니다. 그러기에 직위가 올라갈수록 그 책임 또한 커집니다.

그러기에 참 리더인가 아닌가를 결정하는 요소를 꼽는다면 책임감(Responsibility)이라 하겠습니다. '책임'이라는 단어의 단순한 뜻은 '맡아서 해야 할 임무나 의무'를 말합니다. 리더와 관련해서는 공동체의 비전에 대한 책임감, 조직에 대한 책임감, 동료에 대한 책임감, 더 나아가서는 사회에 대한 책임감을 의미합니다. 그리고 어떤 일을 진행할 때 그 결과에 대해 지는 의무나 부담, 그 결과로 받는 처벌까지 포함합니다.

문제는 이런 사람들이 우리 주변에 참으로 많지 않다는 것입니다. 무슨 일이 일어나도 책임을 질 줄 아는 리더가 없습니다. 김재철 동원 회장은 말합니다. '리더는 기본적으로 책임지는 사람이다. 사업 세계에 뛰어든 리더는 손해를 감수해야 한다. 세상일이라는 게 모두 좋을 수는 없다. 리더인 내가 희생해야 한다. 그걸 할 수 있다면 사업을 해도 된다. 할 수 없다면 편하게 사는 길을 선택하라.'

228. 잘못을 인정하는 사람이 용기 있는 리더

　교회의 리더인 직분들은, 목사나 장로 혹은 권사나 집사든 간에, 섬김을 위해 존재합니다. 직분은 하나님께서 교회와 성도와 세상을 섬기라고 주신 것입니다. 그런데 어떤 이들은 교회의 직분을 자신의 명예나 권세의 자리로 인식하는 경향이 있습니다. 교회 안에 중직자가 되는 것은 권한이 커지고 높아지는 것이 아니라, 오히려 조금 더 낮아지며 감당해야 할 책임도 커진다는 것을 의미합니다.

　리더는 다른 이들보다 더 많이 책임져야 하는 위치라는 사실을 알아야 합니다. 따라서 공동체를 위해 때론 '옳은 것은 옳다, 그른 것은 그르다'라고 말할 줄 아는 용기가 필요합니다. 또한 리더로서 어떤 일을 진행하다가 자신이 잘못한 것이 있다면 구차한 변명 대신 실수를 털어놓을 줄 아는 용기, 자기 잘못에 대해 용서를 구할 줄 아는 용기가 있어야 합니다.

　하버드 이노베이션랩스 책임자인 조디 골드스타인의 말을 새겨볼 필요가 있습니다. 「사람들은 '이해하지 못했어요' 또는 '제가 잘못했습니다'라고 당당하게 말하는 사람을 좋아한다. 이렇게 빨리 얘기할수록 회사는 올바른 방향으로 나아갈 수 있다. 경영자도 마찬가지다. 자신이 하지 않은 일을 했다고 하거나 실수를 숨기는 것은 에너지와 생산성을 낭비하는 것과 같다.」

229. 무릎 꿇기가 그리 힘든가요?

어느 날 얼굴이 험상궂게 생긴 분이 전도를 받아 교회에 나오게 되었습니다. 그의 집에 가서 몰골을 보니 얼굴에, 배와 등에 무수한 칼자국이 있었습니다. 한땐 00 나이트클럽에서 제법 알려진 깡패였다며 위협하듯 자랑삼아 말합니다. 한 번은 무슨 심사가 뒤틀렸는지 집사님 한 분을 요절내겠다고 칼을 들고 찾아다니는 거였습니다. 그의 집에 심방 간 저는 그 앞에 무릎을 꿇었습니다. 그러자 그가 돌발상황에 당황했는지 제게 무릎을 꿇더니 두 손을 모으고서 잘못했다고 빕니다.

다른 어느 날, 아파트에 전도하러 가니 부인이 이르기를 내 남편이 예수 믿으면 장을 지진다면서 남편이 과거에 모처에서 주름잡던 -과거 복싱 동양 챔피언십에까지 나갔던- 깡패라는 겁니다. 얼마 후 남편이 폐암 3기로 세브란스에 입원했는데 수술이 어렵다는 소식에 급히 찾아가 그를 위해 전심으로 기도하였습니다. 그분은 퇴원하자마자 교회에 나오기 시작했고, 지금까지 제게 NO라고 말한 적이 한 번도 없습니다.

저는 이들을 겪으면서 한 가지 깨달은 것은 이들 세계조차도 자기 나름의 룰(rule)이 존재한다는 것이었습니다. 즉 동료에게는 의리의 룰, 보스에게는 복종의 룰입니다. 사람은 자기에게 진심으로 대하는 리더, 자기보다 몸을 낮추는 리더를 기꺼이 따르나 봅니다. 왜 그럴까요? 그 마음에 리더를 향한 존경심이 자리 잡기 때문입니다. 존경심에서 우러나오는 리더십이야말로 강력한 영향력을 가지게 됩니다.

230. 부족함을 인정하는 리더가 훌륭한 지도자입니다.

유능한 지도자인데도 그들이 더 존경받는 훌륭한 지도자로 나아가지 못하는 까닭은 자신의 부족함을 인정하지 않으려는 데 있습니다. 자신이 지도자라는 권위적인 생각에 사로잡혀서 그 자리에 지나치게 집착하다가 주변에 가까이 있는 사람들의 건전한 비판이나 조언을 잘 받아들이지 않습니다. 그러다 보니 한쪽으로 치우친 자신의 시각을 바꾸지 못함으로 자기 능력이나 이해와 수용의 폭을 더 이상 넓히지 못하여 자신만의 틀 안에 갇히고 맙니다.

우리가 쉽게 빠지는 함정 중 하나가 자신이 좋아하는 것들 외에는 잘 받아들이지 않으려 한다는 것입니다. 아무리 옳은 견해나 좋은 의견을 제시해도 그것이 자기 마음에 들지 않으면 귀를 기울여 듣지 않습니다. 자신이 잘못했을 때는 솔직히 인정하고, 부족할 때는 좋은 의견을 구하여 사람들의 다양한 견해를 경청할 줄 알아야 합니다. 솔로몬이 왕위에 오른 집권 초기부터 심각한 정치적인 위기를 맞은 이유는 부왕 다윗을 가까이 섬겼던 경륜이 많은 신하의 의견에 귀를 기울이지 않았기 때문입니다.

사람들은 흠이 하나도 없는 완벽한 지도자가 아닌, 자신의 결함을 인정하고 꾸준히 바뀌나가는 리더, 이런 지도자를 원합니다. 지도자가 잘못했을 경우, 자신의 부족함과 실수를 덮지 않고 솔직히 인정하고 사과할 줄 알아야 합니다. 이것이 지도자가 가져야 할 용기입니다. 자신의 실수를 인정하고 사과하는 지도자의 이런 모습은 나약함을 나타내는 것이 아니라 위대함을 드러내는 행위로, 사람들은 지도자의 이런 모습에 진정한 존경심을 갖게 됩니다.

231. 용서는 성숙함에 이르는 도구입니다.

저는 요즘 CCM 중 Passion(패션)의 Worthy Of Your Name에 수록된 'Forgiven'을 즐겨 듣습니다. 'I'm the one who held the nail (난 못 박던 사람이에요) It was cold between my fingertips. (내 손가락 사이로 차가운 못 말이죠).' 이렇게 시작하는 노래를 들으며 저의 모습을 돌아보곤 합니다. 하나님으로부터 용서받았으면서도 정작 남을 잘 용서하지 못하는, 아직도 변화되지 못한 저의 모습 말입니다.

인간관계에서 가장 어려운 문제가 있다면 그것은 아마 용서일 것입니다. 용서(容恕)란 지은 죄나 잘못한 허물에 대해 꾸짖거나 벌하지 않고 눈감아주거나 덮어 줌으로써 관계를 회복시키는 것을 말합니다. 그런데 용서가 생각만큼 쉬운 일은 결코 아닙니다. 자신이 다른 사람에게 준 상처는 기억하지 못해도 남들에게 입은 상처는 오래가며, 또한 그것이 크면 클수록 평생을 따라다니며 괴롭히기도 합니다. 내가 용서했다고 하면서도 때때론 상처를 준 사람을 미워하거나 분노하기도 합니다.

하나님은 이런 용서의 과정들을 통해 사랑과 용서가 무엇인지를 깨닫게 하심으로 주님을 닮은 성숙한 사람으로 우리를 다듬으십니다. 〔영혼을 위한 닭고기 수프〕 저자인 세리 카터 스콧은 말합니다. '분노는 당신을 더 하찮게 만드는 반면, 용서는 당신을 예전보다 뛰어난 사람으로 성장하게 만든다.' 성경은 말씀합니다. "누가 누구에게 불만이 있거든 서로 용납하여 피차 용서하되 주께서 너희를 용서하신 것 같이 너희도 그리하고" (골로새서 3장 13절) 용서는 하나님을 닮아가는 가장 확실한 방법입니다.

232. 사과? 그게 어디 말처럼 쉬운가요.

세상에서 제일 말하기 어려운 것이 사과(謝過)하는 일입니다. 사과란 무엇일까요? 사전을 찾아보면, 사과란 자기의 잘못을 인정하고 용서를 비는 행위를 뜻합니다. 용서는 내가 상대방에게 베푸는 자의 자리에 있기에 그래도 사과에 비해 비교적 쉬운 편에 속합니다. 상대방에게 아주 심각할 정도로 큰 죄를 짓지 않은 이상, 내가 감정을 추스르고 조금만 마음을 넓힌다면 어느 정도는 가능합니다. 그런데 사과하는 일이 용서하는 일보다 훨씬 쉬운 것처럼 보이는데도, 현실에서는 그리 쉽지 않나 봅니다.

사과가 쉽지 않은 이유는 자존심 때문입니다. 상대방에게 사과하려니 자존심이 상합니다. 부부관계에서 일어나는 불화도 마찬가집니다. '자기야 미안해, 내 잘못이야.' 이 두 마디면 끝날 일인데도 사과하지 않아 결국 심각한 상황에까지 치닫습니다. 그런데 이게 어디 말처럼 쉬운 일인가요?

사과를 못 하는 또 다른 이유는 사과하는 순간에 내가 지금까지 쌓은 것들이 다 무너진다는 생각 때문입니다. 예전에 제가 건물을 분양받아 예배당으로 사용하다가 경매에 넘어가 길거리에 내몰릴 상황에 빠진 적이 있었습니다. 그래서 여러 사람 앞에서 교회의 상황을 자세히 설명하고 교회를 떠나실 분은 떠나도 좋다는 말과 함께 90도로 허리 숙여 사과한 적이 있었습니다. 진정한 사과는 오히려 서로를 더욱 깊게 신뢰하게 해주며, 사람의 마음까지도 얻는 행동입니다. 사과는 잃게 하는 것이 아니라, 사람을 얻게 하는 용기 있는 행동입니다.

233. 나의 그릇의 크기는 얼마나 될까요?

목회하다 보면 뜻하지 않은 어려움을 겪을 때가 종종 있습니다. 그어려움은 큰 문제에서 비롯되기도 하지만 대개는 사소한 경우가 참 많습니다. 사소한 문제들이 쌓이면 나중에 큰 문제로 터집니다. 여기엔 1대 29대 300 법칙이라는 게 있습니다. 실패의 하인리히 법칙이라고 부르는데요. 하나의 큰 사건에는 가벼운 사건이 29번이 있고 그 뒤엔 드러나지 않아 잘 몰랐던 아주 사소한 사건이 300건이 존재한다는 겁니다.

제가 겪은 사건에도 이 법칙이 적용됩니다. 어느 날 집사님들의 심한 반대에 부딪혀 교회 자체가 흔들릴 정도로 목회가 위기 상황에 빠진 일이 있었습니다. 저를 반대하는 이들이 비밀리에 모였답니다. 이유인즉 목회와 교회에 대해 그들에게 쌓인 불만스러운 의견들을 모아 저에게 건의하자는 거였습니다. 반대자들의 의견이 서로 달라서 그 모임은 저절로 깨지고 말았지만, 그 후유증은 한동안 상당했습니다.

인텔 2대 회장인 「앤드루 그로브」는 이런 말을 합니다. '나는 반대자들에게 감사한다. 조직은 리더가 가진 꿈과 그릇의 크기만큼 자란다. 큰 그릇은 많은 것을 담을 수 있다. 나와 동질의 것, 나를 편안하게 하는 것뿐 아니라, 나와 다른, 그래서 불편한 것도 끌어안을 수 있을 때 조직은 지속해서 성장한다.' 나와 의견이 다른 사람이나 반대자를 끌어안기 싫어하지만, 그들을 끌어안는 만큼 마음의 그릇도 커진다는 사실을 기억해야 합니다.

234. 포용? 그게 어디 말처럼 쉬운 일인가요?

30대의 열정으로 개척하여 목회하던 어느 날, 교회를 뒤흔들어 놓을 사건이 벌어졌습니다. 어디서 신학을 공부하셨던 중년 내외분이 사람들을 몰래 모아 목회자를 내쫓을 거사(?)를 도모하려다 실패한 것입니다. 그 후로 2~3년 동안 시도 때도 가리지 않고 구역예배에서, 성경 공부 시간에, 주일 예배 이후, 제직회 등에서 그들의 거침없는 비난과 공격에 시달려야만 했습니다. 그러다 끝내는 앞장섰던 분들에게 불행이 겹치고야 막을 내렸습니다.

새해를 시작하던 첫 주일에 교회의 여러 직분을 임명하면서 쿠데타에 제일 앞장섰던 그분을 교회의 재정부장에 임명하였습니다. 일순간 교회 분위기가 술렁술렁하였습니다. 재정부장 자리에 임명된 그를 싫어하던 이들은 혹시나 이름을 잘못 부른 것이 아닌가? 임명받은 본인은 내가 잘못 들은 게 아닌가? 제가 그분에게 임명장을 주고서야 비로소 분위기가 진정되었습니다. 그 이후로 그분은 온 힘을 다해 저의 목회를 도왔고, 주님 앞에 온전히 헌신하는 삶을 살았습니다.

어느 분이 보다 못해 이렇게 조언까지 했습니다. '당신이 하나님이 아닌 이상 그런 사람을 위해 더 이상 애쓰지 마세요. 공동체의 건강을 위해서라도 그를 과감하게 쳐내셔야 합니다.' 그러나 그를 끌어안고 가기로 하였습니다. 사람을 내치는 일은 일순간이나, 사람을 포용하는 일은 매우 힘든 일입니다. 왜냐하면 상대방의 입이 쏟아내는 무수한 언어의 가시에 수없이 찔리기 때문입니다. 그 사건 이후로 그런 사람은 내쳐야 할 대상이 아니라, 나를 다듬으시는 하나님의 도구임을 받아들이기로 했습니다.

235. 고통을 겪지 않은 사람은 리더 되기가 힘듭니다.

언젠가 이런 분을 만난 기억이 납니다. '못사는 사람들은 다 게을러. 너무 게을러서 항상 가난의 굴레에서 벗어나지 못하는 거야.' 그는 자기 나이 또래보다 제법 사업에 성공했다고 여기기에 매사에 자신감이 넘쳤습니다. 큰 고생을 하지 않고서도 나름대로 인생의 기반을 닦았다고 생각하기 때문에 남의 어려움과 가난의 이유를 단지 게을러서 그렇다고 판단하고 있었던 것입니다.

이러한 사람들은 남의 아픔을 이해하기보다 자기 방식대로 상대방을 쉽게 판단합니다. 상대방이 겪고 있는 어려움에 대해 위로와 격려의 말보다는 섣불리 가르치려 들거나 함부로 비난하려 합니다. 인생의 역경을 겪지 않아서 남에 대한 이해심이 적을 뿐만 아니라 상대방에게 베푸는 아량이 적은 까닭입니다. 역경은 사람을 만드시는 하나님의 도구입니다. 당시 이집트의 학술과 말에 능했던 모세도 40세에 역경을 만나고, 그 후 40여 년이 지나서야 비로소 이스라엘 백성들을 이끄는 지도자가 될 수 있었습니다.

역경의 한가운데에 빠지면 자기가 어떤 사람인지 보입니다. 힘든 환경이 인생의 스승이 되어 절제와 바른 행실을, 인내와 겸손을, 이해와 아량을 닦게 합니다. 채근담에 '고통 중의 고통을 받지 않았다면 다른 사람의 윗사람이 되기 힘들다'라는 말이 있습니다. 참 윗사람이란 아랫사람을 이해하고 가슴에 품어주는 사람, 어려움에 빠진 사람을 끌어내주는 사람입니다. 역경과 고통 속에서 단련한 경험이 없이 훌륭한 리더 되기란 쉽지만은 않습니다.

236. 고난을 두려워하지 않습니다.

리더는 사람들로부터 수없이 거절당하고 때론 비웃음을 살 준비가 되어있어야 합니다. 주위 사람들에게 외면당할지 모른다는 것에 대한 마음의 준비를 해야 합니다. 섬김의 리더는 99번 넘어져도 100번째의 일어섬을 두려워하지 않아야 합니다. 그렇게 넘어질 준비가 되어있지 않다면 리더가 될 수 없습니다. 리더의 가장 큰 자산은 눈앞에 바로 보이는 사역의 성과가 아니라 실패를 통해 얻어지는 많은 경험입니다. 이 경험들은 사람들을 품을 수 있는 그릇의 크기로 만듭니다.

사람들로부터 존경받는 리더가 되고 싶다면 자기 자신에게 이렇게 말해야 합니다. '리더가 되는 순간부터 날마다 마주쳐야 할 것은 어려움과 실패지 당장 눈에 보이는 성공이 아니다.' 그렇다고 미래를 부정적인 시각으로 바라보라는 말은 아닙니다. 리더가 될 자의 자세와 각오를 말하는 것입니다. 리더는 항상 미래를 긍정적으로 바라보면서, 동시에 앞으로 닥칠 냉혹한 현실도 고려할 줄 알아야 합니다. 그래야만 필연적으로 닥칠 시련과 역경을 헤쳐 나갈 수 있습니다.

사도바울은 섬김을 위해 친히 고난받는 것을 기뻐하였습니다. "나는 이제 너희를 위하여 받는 괴로움을 기뻐하고 그리스도의 남은 고난을 그의 몸 된 교회를 위하여 내 육체에 채우노라." (디모데전서 1장 24절) 바울은 차세대 지도자인 디모데에게도 이렇게 말합니다. "너는 그리스도 예수의 좋은 병사로 나와 함께 고난을 받으라." 리더는 고난을 결코 두려워해서는 안 됩니다.

237. 이기적인 신앙을 조심해야 합니다.

신앙생활은 '나의 자유'라는 생각에 치우치게 되면, 단지 개인주의에 머무는 것이 아니라 이기적인 신앙으로 흘러가게 됩니다. 신앙은 개인적이기도 하지만, 공동체적이기도 합니다. 구원받는 것은 오로지 개인적인 믿음으로 이루어지지만, 구원받은 순간 우리는 성령의 거듭남으로 인해 자연적으로 하나님의 자녀가 됨과 동시에 교회의 한 지체가 되기도 합니다. 그러기에 이기적인 신앙에 머물러서는 안 됩니다.

우리가 교회의 한 지체임을 인정한다면 지금 교회에 어떠한 섬김이 필요한지를 살펴서 그러한 곳에 동참하는 것이 참 바람직합니다. 때론 자신이 흥미를 느끼는 데나, 자기에게 유익한 곳에만 관심을 둘 수도 있습니다. 교회나 다른 부서의 필요에 무관심한 이기적인 사람이 될 수도 있습니다. 섬기는 사람이라면 자신과는 직접 관계가 없다고 할지라도 교회에 필요한 일이라면 함께하려는 자세가 필요합니다.

이기적인 신앙은 우리 교회만 잘되기를 바라는 데서도 나타납니다. 우리 교회만이 제일이요, 최고라는 지나친 우월의식은 다른 교회의 존재 가치를 인정하는 데는 지나치게 인색합니다. 모든 교회가 주님의 교회인데도 자기가 소속된 교회를 성장시키려는 욕심에 다른 교회 성도인데도 자기 교회로 끌어가려고 합니다. 진정한 영적 기쁨을 누리려면 불신자를 구원하는 일에 최선의 가치를 두어야 합니다.

238. 먼저 주면 더 크게 돌아옵니다.

섬김의 삶은 주는 자의 삶입니다. 받는 것에 익숙해진 우리가 주는 자로서의 삶을 살아간다는 것이 절대로 쉽지만은 않을 것입니다. 그러나 주님의 삶을 본받아 살기 원한다면 반드시 실행해야만 하는 삶이기도 합니다. 주님께서는 주는 자의 축복에 대해서 말씀하셨습니다. "남에게 주어라. 그러면 너희도 받을 것이다…. 너희가 남에게 되어주는 분량만큼 너희도 받을 것이다." (누가복음 6장 38절)

'설득의 심리학' 저자인 「로버트 치알디니」는 '사람의 마음을 사로잡는 6가지 불변의 원칙' 중 상호성의 원칙과 관련하여 이런 말을 합니다. 『우리는 다른 사람한테 뭔가를 받으면 그에 상응하는 보답을 해야 한다는 강박관념에 시달린다. 누군가 우리에게 호의를 베풀면 우리도 호의로 갚아야 한다. … 상호성의 원칙은 타인의 호의나 선물, 초대 등이 미래에 우리가 갚아야 할 빚이라는 사실을 일깨워 준다.』 (P.49~50)

섬김의 리더십이 다른 어떤 리더십보다 강력한 이유는 리더가 자신을 따르는 사람에게 진한 감동을 일으키기 때문입니다. 그래서 상대의 진정한 마음을 얻게 됩니다. 이렇게 주는 자의 삶에는 상호성의 원칙이 적용되어 리더십으로 나타납니다. 우리가 사람을 섬기려는 것은 단지 상대방으로부터 뭔가를 더 받기 위해서가 아니라, 그의 영혼을 구원하고 세우기 위해서입니다. 당신이 존경받는 리더가 되려고 한다면 상대에게 줄 것이 무엇인지 찾아보아야 하며, 먼저 베풀기를 서슴없이 해야 합니다.

239. 상대방의 처지에서 생각할 줄 알아야 합니다.

요즘 목자 모임에서 강독하고 있는 책, 저의 인간관계에 많은 영향을 주었던 책이 한 권 있는데, 그것은 데일 카네기가 쓴 인간관계론입니다. 그는 일찍이 교사·세일즈맨 등으로 사회생활을 하며 수많은 실패를 겪으면서 얻은 인간관계의 소중한 경험을 통해 대화 및 연설 등의 방법을 강연하며 이름이 널리 알려지게 된 사람입니다. 중고등학교 때 접하게 된 이 책이 직간접적으로 목회에 많은 도움을 주고 있음을 뒤늦게야 깨닫게 됩니다.

사람은 누구나 자기가 원하는 것에만 관심을 둡니다. 다른 사람의 욕구에는 별로 관심을 기울이지 않는데, 이것이 바로 인간관계의 실패 원인이라고 그는 지적합니다. 해리 오버스트리트 교수는 이렇게 말합니다. "행동은 우리의 기본적인 욕구에서부터 생긴다. 따라서 장차 설득자가 되려는 사람에게 줄 수 있는 최선의 충고는 다른 사람의 마음에 강한 욕구를 일으키는 것이다. 그것을 할 수 있는 사람은 전 세계를 자기편으로 만들고, 그렇게 할 수 없는 사람은 외로운 길을 걷게 될 것이다."

헨리 포드의 말처럼, 인간관계를 유지하는데 '성공의 유일한 비결은 다른 사람의 생각을 알아내고, 그 사람의 관점에서 사물을 바라볼 줄 아는 능력'을 키우는 것입니다. '다른 사람의 입장에 서서 그 마음의 움직임을 간파할 수 있는 사람이라면 장차 자기 앞에 어떤 일이 닥치더라도 조금도 걱정할 것이 없다'라고 말한 오웬 영의 말에 저는 전적으로 동감합니다. 우리의 섬김이 혹시나 나 중심적인 생각에서 이뤄지고 있지는 않나 다시 한번 돌아보아야 하겠습니다.

240. 잘 나갈 때일수록 더 겸손해야 합니다.

모든 일이 뜻한 바와 같이 잘 되는 그런 형통한 삶을 살면 얼마나 좋을까요? 누구나 잘되고 잘 나가기를 바라는 마음은 똑같을 것입니다. 그런데 잘 나가는 사람에게 항상 따라다니는 위험성이 교만입니다. 교만은 그 사람이 더 크게 더 높이 올라가지 못하게 하는 족쇄입니다. 교만이란 무엇일까요? 잘난 체하며 건방지고 자기 능력을 과시하는 등 자기를 최고로 여기며 자랑하는 행위를 말합니다. 교만이라는 단어가 성경에 132번 사용됐지만, 겸손이라는 단어는 40번에 불과합니다. 사람이 잘되면 그만큼 교만해질 가능성이 크다는 방증(傍證)이기도 합니다.

도쿄대 이토 모토시게 교수가 그의 제자들에게 들려주는 쓴소리에 다음과 같은 이야기가 있습니다. '미국의 한 연구소가 젊은 나이에 창업에 성공한 CEO 200명을 추적해본 결과, 10년 후 그들 중 100명만 사업을 하고 있었고, 또 10년이 흐르자 50명만 사업을 계속하는 것으로 나타났다. 이들의 공통점은 아이템이 좋거나 재무 상태의 건전성이 아니었다. 바로 겸손한 자세로 직원들과 파트너들을 대한 CEO였다.'

교만은 그 사람 그릇의 크기가 얼마인가, 사람됨이 어떤가를 보여주는 정직한 잣대입니다. 교만하다는 말은 그 사람의 크기가 거기밖에 안 된다는 표시입니다. 교만한 사람은 자신이 마치 최고인 것처럼 착각에 빠져 사람들을 자기 기준에 맞추어 판단합니다. 그러다 보니 사람들의 마음이 그로부터 서서히 떠나게 됩니다. 그러기에 잠언 18장 12절은 이렇게 교훈합니다. "사람의 마음이 오만하면 멸망이 뒤따르지만, 겸손하면 영광이 뒤따른다."

241. 리더는 가장 낮은 자입니다.

고등학교 시절 처음으로 교회를 찾아 나섰습니다. 그때부터 시작된 신앙생활이 지금까지 줄곧 이어졌는데 주일을 지키지 않은 적이 거의 없었습니다. 믿음이 전혀 없었는데도, 누가 그렇게 가르쳐주지 않아도 그런 줄 알고 교회에 다녔습니다. 가장 인상 깊이 남는 것은 목사님이나 장로님을 함부로 가까이할 수 없는 그런 분들인 줄로 알았던 것입니다. 심지어 목사님의 그림자라도 밟으면 안 되는 줄로 알았으니까요.

19살 되던 해, 예수님의 십자가의 죽음과 부활이 도저히 믿어지지 않아서 성경과 찬송가를 찢으며 활활 불태우던 중, 그 자리에서 예수님을 만나는 은혜를 체험했습니다. 그리고 그때부터 성경을 읽기 시작했습니다. 본격적인 신앙생활을 하면서 한 가지 의문점이 늘 머릿속에 맴돌았습니다. 예수님은 하나님이시면서도 종이 되어 오셔서 일생 동안 섬김의 삶을 사셨는데, 교회의 직분자나 목회자 등 신앙생활을 오래 하거나 중책을 맡으신 분들에게는 왜 그런 모습이 보이지 않을까?

제가 가정교회에 큰 매력을 느낀 것 중의 하나는 가정교회 밑바탕이 되는 근본정신이 섬김이라는 점이었습니다. 리더일수록 섬겨야 하고, 목회자일수록 더 섬겨야 한다는 사실, 그 교회의 VIP는 중직자가 아닌 막 예수 믿기 시작한 사람이라는 사실, 그보다 더한 VVIP는 아직 주님을 모르는 대상이라는 사실이었습니다. 이것이 교회의 영적 매력입니다. 교회의 리더는 세상의 권위와 명예라는 양 날개를 스스로 꺾고 온몸으로 주님의 십자가를 짊어지는 세상에서 가장 낮은 위치에 있는 사람입니다.

242. 좀 더 자세를 낮추어야 합니다.

요즘 저는 건강을 위해 이따금 자전거를 타고 아라뱃길을 달리곤 합니다. 자전거 달리기에 좋은 가을철이라 그런지 사람들이 무리 지어 줄줄이 자전거 길을 달리는 광경을 때때로 목격하기도 합니다. 자전거를 타는 그들의 모습 속에는 경력이 고스란히 배어 있습니다. 자전거를 제대로 배워 오랫동안 타온 사람들은 몸의 자세가 한결같이 낮지만, 초보자들은 허리를 굽힐 줄 모르기 때문에 자세가 높고 뻣뻣합니다.

우리 속담에 '벼 이삭은 익을수록 고개를 숙인다'라는 말이 있습니다. 인격이 성숙한 사람일수록 겸손하고 남 앞에서 자기를 내세우려 하지 않습니다. 사람에게는 일이 조금만 잘돼도 자기 능력을 드러내고 싶고, 상대방보다 조금만 나아도 자기의 신분과 지위를 과시하려는 경향이 있습니다. 항상 잘 나갈 때 조심해야 합니다. 짐 콜린스는 말합니다. '성공에 대한 도취가 날카로운 이성을 압도할 때 몰락이 찾아오기 시작한다. 축배의 잔은 결국 높은 곳에서 엎드리고, 앞설 때 더 분발하고, 잘 나갈 때 더 겸손한 자의 것이다.'

섬기는 일에는 섬기는 자의 태도가 무엇보다 중요합니다. 우리의 섬김의 궁극적인 목적은 사람의 영혼을 구원하는 것이요, 그 사람을 제자로 만들며 더 나아가 성숙한 지도자로 세우는 것입니다. '하심득인(下心得人)' 자세를 낮추면 사람을 얻을 수 있다는 뜻인데, 사람들 앞에 항상 낮은 자세로 임해야 합니다. 'Attitude is a little thing that makes a big difference. '태도는 커다란 변화를 불러오는 사소함이다.'라고 한 윈스턴 처칠의 말처럼, 우리의 작은 섬김이 커다란 변화를 몰고 오게 될 것입니다.

243. 두려움이 때론 리더에게 미덕입니다.

발목을 다치기 전에는 등산을 매우 좋아했습니다. 제가 등산을 좋아했던 까닭은 초등학교 시절에 있었습니다. 집에서 학교까지 거리가 대략 4km 정도였는데, 학교 가는 중간에 황산[凰山]이라는 나지막한 야산이 하나 우뚝 솟아있습니다. 이 산은 모악산 한 줄기에 해당하는 산으로 마치 봉황을 닮았다 해서 지어진 이름입니다. 학교에 오가는 길에 항상 이 산을 넘나들던 습관이 등산을 좋아하게 만든 이유였습니다.

등산을 오래 한 사람일수록 산을 두려워합니다. 산을 두려워하지 않는 사람 중에서 종종 조난사고가 일어납니다. 산은 항상 그대로이지만 산을 중심으로 한 기후변화는 때론 예측할 수 없을 정도로 변화무쌍합니다. 그 산에 대한 정확한 지식 없이 함부로 덤비다가는 큰일을 당하게 됩니다. 자신만만한 사람들의 특징이 바로 두려움이 없는 지나친 자신감입니다. 이런 자만감에 사로잡히다 보면 자기도 모르게 조심성이 떨어져 주변 상황을 살필 줄 모릅니다. 자신감이 붙을 때가 사실 가장 위험한 때입니다.

세계 최대의 타이어 회사 브리지스톤의 전 회장인 「아라카와 쇼시」는 그의 책 '소심해도 리더 잘할 수 있습니다'에서 이렇게 말합니다. '두려움을 상실한 사람은 반드시 넘어집니다. 리더에게 두려움은 미덕입니다. 두려움을 가진 리더는 다른 누구보다 겁먹은 눈으로 세상을 바라보며, 모든 위험에 대비하기 위해 사전에 손을 쓰고, 환경이 변화할 조짐을 빠르게 알아차려 대응책을 마련합니다. 그렇지 않으면 조직을 존속시킬 수도, 발전시킬 수도 없습니다.' 리더는 일이 잘되고 이름이 잘 나갈 때일수록 두려움을 안고서 앞을 주시해야 위기에 대응할 수 있습니다.

244. 상대방을 인정할 줄 알아야 합니다.

　조선 중후반 경 예(禮)에 대한 논쟁이 매우 격렬하게 일어났었는데, 그 논쟁의 두 축을 이끈 핵심 인물이 당시 명의(名醫)이자 우의정을 지낸 허목과 대학자이자 정치가인 송시열이었습니다. 남인 계열에서는 허목이, 서인 계열에서는 송시열이 대표가 되어 서로 간에 대립으로 인해 항상 불편한 관계를 유지하고 있던 때였습니다. 어느 날 송시열이 중한 병이 들어 그만 병석에 눕게 됩니다. 용하다는 의원들이 모두 다녀갔지만, 병은 점점 더 악화해 갈 뿐이었습니다.

　어느 날 송시열은 아들을 불러 허목에게 가서 약을 지어오라고 합니다. 그러자 아들은 대뜸 하는 말이 '아버지와 뜻을 달리하는 사람에게 어찌 아버님 목숨을 맡기겠습니까. 그렇게 할 수는 없습니다.'라고 하자, '내 병을 고칠 사람은 허목 선생뿐이다. 내가 편지를 써 줄 테니 걱정하지 말고 다녀오너라.' 하면서 아들을 보냅니다. 그런데 놀랍게도 허목이 지어준 처방전을 살펴보니 약재와 함께 독약을 함께 달여 먹으라는 것이었습니다. 송시열은 아무 의심 없이 그의 처방대로 약을 지어 먹습니다.

　그가 이렇게 할 수 있었던 것은 다름 아닌 허목에 대한 깊은 신뢰 때문이었습니다. 조정에서 만나면 의견이 달라 사사건건 서로 대립은 했지만, 개인적으론 서로의 훌륭한 점을 인정할 줄 아는 넓은 아량을 지녔던 것입니다. 비록 나와 의견이 맞지 않는다고 해서 배격한다면, 결코 훌륭한 리더라고 할 수 없습니다. 리더는 남을 인정하는 자세가 필요합니다. '아무도 신뢰하지 않는 자는 누구의 신뢰도 받지 못한다'라는 제롬 블레트너의 말을 되새겨보아야 하겠습니다.

245. 훌륭함은 끊임없는 도전에서 나옵니다.

'훌륭하다'를 사전에서 찾아보면, '썩 좋아서 나무랄 곳이 없다'라고 설명하고 있습니다. 이와 비슷한 단어들로는 '완벽하다' '뛰어나다' '놀랍다' '위대하다' 등이 있습니다. 이 단어들의 흐름을 살펴보면 수많은 갈고닦음이 있음을 느낄 수 있습니다. 저절로 훌륭하게 되는 것은 아무것도 없습니다. 거기에는 수많은 땀과 눈물이 고스란히 스며있습니다. 훌륭함에 이르는 수고와 아픔과 시행착오가 훌륭하게 만듭니다.

훌륭한 선수나 훌륭한 팀은 저절로 태어나지 않습니다. 중국 항저우에서 펼쳐진 2023아시안게임에 출전한 선수나 스포츠팀을 보면 이 사실을 두 눈으로 확인할 수 있습니다. 얼마만큼 누가 더 열심히 연습하며 땀을 흘렸느냐가 경기 결과로 나타나게 됩니다. 평소 미세한 노력의 차이가 나중엔 커다란 결과의 차이로 나타납니다. 노력은 거짓말을 하지 않습니다. 땀은 정직합니다. 땀방울들이 모여서 훌륭함이란 결과물을 만들어 냅니다.

14년 동안 넷플릭스의 최고인재 책임자로 일한 패티 맥코드는 「파워풀, 넷플릭스 성장의 비결」에서 이렇게 말합니다. '매우 성공한 사람들을 만날 기회가 있거든, 자신의 커리어에서 가장 행복했던 때가 언제였는지 물어보라. 아마도 다들 사업 초기에 고군분투했던 기억이나 애를 먹었던 도전을 이야기할 것이다. 좋은 팀은 상황이 어려울 때 나온다.' 비지땀을 흘리며 가장 치열하게 살던 때가 내 생애 가장 행복하던 때입니다. 끊임없는 도전이 당신의 생애에서 당신을 가장 훌륭한 작품으로 만듭니다.

제14장 섬김의 리더십과 기도

246. 무엇보다 하나님과의 관계가 우선입니다.

신앙생활이 하나님과의 관계에서부터 시작되듯이 섬김 또한 하나님과의 관계에서 비롯됩니다. 하나님과의 관계에 실패하는 자가 섬김의 생활에 실패하는 것은 당연한 일입니다. 예수님이 나를 위해 십자가에서 돌아가신 것을 믿고 나의 주님으로 영접하게 될 때, 우리는 성령으로 거듭나게 되며 하나님의 자녀가 됩니다. 이렇게 하나님과는 아버지와 자녀라는 관계를 형성하게 됩니다. 그러기에 하나님과 명목상의 관계가 아닌, 영적인 깊은 신뢰의 관계를 잘 형성해야 합니다.

하나님과의 관계는 쌍방 커뮤니케이션으로 이루어집니다. 곧 하나님이 내게 말씀하시는 것을 듣고 행동하는 것과 생활 속에서 생기는 일들에 대해 하나님께 말씀드리는 것입니다. 전자는 성경에 기록된 말씀에 의한 생활이라고 한다면, 후자는 지속적인 기도 생활입니다. 하나님은 기록된 말씀을 통해 우리에게 말씀하십니다. 선포되는 하나님의 말씀인 설교나, 성경 읽기, 공부를 통해 우리가 어떻게 할 바를 말씀하십니다. 우리가 깨달은 바를 실천해야 할 이유가 여기에 있습니다.

우리는 기도를 통해 하나님과 언제 어디서나 얼마든지 대화할 수 있습니다. 하나님은 우리가 예수님의 이름으로 기도드리는 것은 어떠한 방도로든지 반응하십니다. 우리가 하나님의 응답을 느끼지 못한다고 할지라도 기도하는 것이 중요합니다. "이는 너희로 가서 열매를 맺게 하고, 또 너희 열매가 항상 있게 하여 내 이름으로 아버지께 무엇을 구하든지 다 받게 하려 함이라." 우리의 기도에 대해 열매로 응답하심을 예수님은 포도나무 비유에서 말씀하셨습니다.

247. 기도의 줄이 안 잡힌다고요?

    기도를 잘하고 싶은 마음은 누구나 다 가지고 있습니다. 특히 예배 때 누군가가 대표 기도를 잘한다거나, 혹은 성령의 은사가 나타나는 광경을 목격하게 되면 마냥 부럽기까지 합니다. 어느 날 예수님이 기도를 마치시고 제자들에게 다가오시자, 제자 중 한 사람이 이렇게 요청합니다. "주님, 요한이 자기 제자들에게 기도하는 것을 가르쳐준 것처럼 우리에게도 그것을 가르쳐 주십시오." (누가복음 11장 1절)

    "경건함에 이르도록 몸을 훈련하십시오." (디모데전서 4장 7절)라는 말씀처럼 경건에 이르는 길은 끊임없는 애씀이 필요합니다. 때론 새벽 기도회에 도전했다가 얼마 가지 않아 포기하기도 합니다. 평상시엔 그 시간이 곤히 잠자던 새벽이었는데, 어느 날 갑자기 일어나 기도하려고 하니 얼마나 피곤하겠습니까. 그래서 입술이 부르트기도 하고, 심지어 몸살을 겪기도 합니다. 그런데도 기도해야 하는 까닭은 리더의 영적 리더십이 거기에서 나오기 때문입니다.

    어느 분이 제게 묻습니다. '기도를 잘하고 싶은데 좋은 방법이 있을까요?' 제가 처음 은혜를 받고서 여러 기도원과 서울 주변의 산들을 돌아다니면서 기도하던 때가 있었습니다. 이런 저를 딱하게 여긴 어느 분이 말을 던집니다. '저곳에 가서 기도하면 기도 줄이 잘 잡힙니다.' 그 말을 믿고 거기서 며칠을 부르짖었어도 기도 줄을 끝내 잡지 못했습니다. 왜냐고요? 동아줄처럼 눈에 보이기라도 해야 잡죠. 그 후에 깨달은 사실은 경건함에 이르려면 애써 훈련해야 한다는 것이었습니다. 마치 끊임없는 훈련을 통해 훌륭한 운동선수가 되는 것처럼 말입니다.

248. 리더십은 낙타 무릎에서 나옵니다.

언젠가 어느 유명한 기도원에서 오랫동안 기도원장을 지내신 분이 몇 년 동안 교회에 출석하신 적이 있었습니다. 그분이 처음 영성 훈련을 받을 당시, 수련생들이 90여 명 되었다고 합니다. 영성 훈련을 받던 어느 날 원장이 이러더랍니다. '세 시간 이상 기도할 사람은 기도실에 가서 기도하고, 아니면 밭에 나가서 일하십시오.' 과연 어떤 일이 벌어졌을까요? 기도실로 간 사람은 본인을 포함한 딱 세 사람, 나머지는 일하겠다고 밖에 나가더랍니다. 그 세 사람이 나중에 나름대로 큰일을 하였다고 합니다.

신앙생활을 하면서 제일 많이 듣는 말 중 하나는 기도라는 단어일 것입니다. 그러면서도 제일 가볍게 흘려듣는 말도 역시 기도입니다. 기도해야 하는 줄 알긴 아는데 실행으로 옮기기가 쉽지만은 않습니다. 기도한다고 해서 당장 눈에 보이는 엄청난 일이 일어나지도 않을뿐더러, 내 능력으로도 얼마든지 해결할 수 있다는 생각이 앞서기 때문입니다. 그러다 보니 기도하고픈 동기가 약해집니다. 더군다나 바쁘게 살다 보니 꾸준히 기도하는 삶이 점점 멀어집니다.

그러나 꾸준한 기도 생활은 리더에겐 필수입니다. 왜냐고요? 거기에서 영성이 나오고 능력이 나오기 때문입니다. 리더가 모든 면에서 다른 사람들을 뛰어넘을 수는 없습니다. 또 뛰어넘을 필요도 없습니다. 리더의 힘은 탁월한 재능에서 나오는 것이 아니라, 위기 때 영성에서 나타납니다. 모세의 탁월한 리더십도 따지고 보면 기도의 무릎에서 나옵니다. "내가 여전히 사십 주 사십 야를 여호와 앞에 엎드리고, 여호와께 간구하여" (신명기 9:25~26) 영적 리더에겐 기도로 인해 낙타 무릎이 되어 가는 무릎의 영성이 필요합니다.

249. 깊은 영성은 기도의 양과 비례합니다.

영성(靈性)이란 무엇일까요? 영성이란 예수를 믿고 성령으로 거듭난 자녀들에게 주어진 새 성품으로, 성령의 충만한 은혜 속에서 성령의 지배를 받고 살아가는 사람에게서 자연스럽게 나타나는 경건한 영적 성품을 말합니다. 영성은 사람마다 각기 차이가 나는데 기도 생활을 통해 하나님과 바른 관계가 형성될 때, 이러한 과정에서 영적인 통찰력과 능력, 그리고 하나님의 깊은 신비에 대한 신령한 지식과 지혜를 갖게 됩니다.

단지 몇 번 기도했다고 하루아침에 이런 영성이 절대로 생기지는 않습니다. 오랜 기도 생활과 끊임없는 기도의 시간을 통해 그 깊이가 조금씩 더해진다고 볼 수 있습니다. 성경의 예들을 살펴보면 위대한 일을 이뤄낸 인물들은 자기 나름대로 깊은 기도의 시간을 보냈음을 발견할 수 있습니다. 모세나 엘리야는 호렙산에 40일 동안 거하면서 하나님의 음성을 들을 수 있었고, 그의 제자인 엘리사는 자주 갈멜산에 올라가서 기도하였음을 알 수 있습니다.

영성의 깊이를 원한다면 기도의 시간을 조금씩 늘려가야 합니다. '하루에 얼마큼 기도하느냐?'는 '영적으로 얼마나 깊어져 가느냐?'와 깊은 관련이 있습니다. 기도의 양만큼 기도의 깊이도, 그 영성도 깊어져 갑니다. 철야를 하면서 몇 번 힘써서 열심히 기도하면 당장 성령의 충만한 은혜를 한두 번 체험할 수야 있겠지만, 그 깊이만큼은 기도의 시간과 비례합니다. 매일 기도의 시간을 조금씩 늘려가며 꾸준히 기도하는 것만이 깊은 영성에 도달하는 참된 비결입니다.

250. 기도는 은혜의 파이프라인입니다.

섬김의 결과는 예상하는 것보다 그리 쉽게 나타나지 않습니다. 그 반응이 나타난다고 할지라도 오랜 시간을 두고 미미하게 나타날 뿐만 아니라, 어떤 때는 전혀 반응이 없어 보일 때도 있습니다. 그러다 보면 자기도 모르게 실망하게 되고 나중에는 서서히 지쳐갑니다. 섬김에 대한 동력이 떨어져 가게 되면 섬김을 포기할 순간이 올 수도 있습니다. 섬김이라는 것이 상대방이 요구해서 이루어진 행위가 아니기 때문에 이런 결과로 나타나는 것은 당연한 일입니다.

상대방의 처지에서 보면 나의 섬김이 부담스럽게 느껴져 고마운 마음을 갖는 것보다 오히려 자꾸만 피하려고 할 것입니다. 섬김이 힘든 이유가 여기에 있습니다. 내가 먼저 자청해서 한 일이기에 상대방은 나의 섬김에 대해 크게 필요성을 느끼지 못합니다. 상대방은 나의 섬김을 짐스럽게 여깁니다. 그러다가 어떤 사건이나 계기를 통해 상대방의 마음에 잔잔한 감동이 일게 되고, 그때 비로소 조금씩 마음을 열고 나의 섬김에 대한 반응을 보이는 것입니다.

이런 과정에 도달하여 마침내 불신 영혼을 구원하거나 그를 믿음에 세우기까지는 많은 영적인 에너지가 소모됩니다. 내 힘으로 하는 것은 어느 순간에 가면 한계상황에 부딪히게 됩니다. 그래서 섬김의 삶을 살다가 자기도 모르게 탈진을 겪는 경우도 종종 일어납니다. 이런 상황을 극복하고 벗어나게 해주는 것이 꾸준한 기도 생활입니다. 기도는 하나님과의 관계를 통해 내게 하나님의 무한한 자원을 공급받게 하는 파이프라인입니다. 무엇보다도 가장 우선하는 것이 기도 생활임을 잊어서는 안 됩니다.

251. 기도는 내일의 희망을 향한 몸부림입니다.

교회가 비싼 임대료를 감당하지 못하여 길거리로 나앉을 위기에 처한 때가 있었습니다. 건물주는 내용증명 발송에다, 변호사를 선임하여 법적인 절차를 밟겠다는 으름장을 놓습니다. 이 상황을 지켜보던 어느 목사님이 한마디 거듭니다. '목사님, 그러고만 있을 것이 아니라 여러 교회에 편지라도 써서 도움을 한번 요청해 보세요.' 그래서 난생처음으로 도움을 요청하는 눈물의 편지를 써서 이곳저곳으로 보냈습니다.

그 뒤에 돌아온 반응은 너무나도 싸늘했습니다. 대부분이 무반응인데다 위로는커녕 몇몇 분들은 책망까지 해왔습니다. '목회를 어떻게 하기에 교회가 그 지경까지 이르렀단 말이요.' 지금까지 맘 한구석 깊이 간직해 온 자존심마저 처참히 무너졌습니다. '하나님, 무슨 일이 있더라도 다시는 사람들에게 도움을 요청하지 않겠습니다.' 그날 이후로 21일간 금식 기도를 작정하고 밤으로 새벽으로 몸부림을 쳤습니다. 그래서 그런지 교회를 삼키려 날름거리는 위기의 불꽃보다 기도의 열기가 더 뜨거웠습니다. 그리곤 기도의 몸부림으로 풀무 불같은 위기에서 벗어날 수 있었습니다.

지금도 그때 기도하던 그 시간을 결코 잊을 수 없습니다. 당시 몇몇 집사님들은 교회에 이부자리를 가져와 밤을 지새우다시피 기도로 몸부림을 쳤었습니다. 십여 년이 훌쩍 지난 지금의 이번 작정 기도회가 당시의 상황을 떠올리게 합니다. 성도들의 열기가 그에 못지않음을 실감합니다. 이렇게 기도로 몸부림치는 성도들이 있기에 내일의 희망이 보이고, 이런 기도 속에 교회가 흔들리지 않고 세워지나 봅니다.

252. 기도의 눈물을 안 흘리셨나 보군요.

도저히 눈을 뜰 수 없을 정도로 눈이 시렸습니다. 햇빛을 바라본 것도, 잠 못 이룬 것도 아닙니다. 약국에서 인공눈물을 사서 눈에 넣어봐도 단지 그때뿐 소용이 없었습니다. 더는 견딜 수 없어 하나로교회 맞은편에 있는 실로암안과병원을 찾았습니다. 의사가 눈을 이리저리 살펴보더니 갑자기 눈꺼풀을 확 뒤집습니다. 그러고는 한마디 내뱉습니다. '지금까지 이런 환자는 처음 봤습니다.' 그 말의 이유인즉 두 눈 눈꺼풀 위아래에 수많은 담석이 촘촘히 박혀 있다는 것입니다.

그 의사는 마취도 하지 않은 채 인정사정없이 핀셋으로 눈꺼풀에 생긴 담석을 일일이 뜯어냅니다. 오랫동안 연약한 살에 박혀서 굳어버린 돌멩이 하나하나를 캐낼 때마다 온몸이 아픔에 부르르 떨었습니다. 핀셋에 뜯긴 눈꺼풀에서는 피눈물이 쉴 새 없이 줄줄 흘러내렸습니다. 시술을 다 마친 의사가 겸연쩍은 듯이 농담 삼아 한마디 건넵니다. '목사님, 평소에 기도의 눈물을 흘리지 않으셨나 보죠.' 기도의 눈물과 눈꺼풀의 담석과는 아무런 관계가 없는데도 말입니다.

사실, 목회의 열악한 환경에 지칠 대로 지쳐 눈물이 메말랐습니다. 교회를 위해 기도한답시고 열심히 부르짖으며, 성도들을 위해 애타는 마음으로 간절히 기도하지만, 눈물을 펑펑 흘리진 않았습니다. 그런데 이게 웬일입니까? 종려주일에 예배를 인도하려는데 갑자기 뜨거운 눈물이 쏟아지더니 걷잡을 수 없을 정도로 폭포수가 되어 흘러내립니다. 고난의 주님을 향한 내 영혼이 골고다 언덕 십자가에서 몸부림치고 있었던 것입니다. 처음에 예수님을 만나 흘렸었던 눈물, 바로 그 뜨거운 눈물입니다.

253. 눈물 한 방울, 기도 한마디

뭐든지 정상의 상태를 한 번 잃어버리면 다시 찾기란 쉽지만은 않습니다. 아주 오래전 제가 건강을 잃고 나서 지금의 상태로 회복하기까지 거의 10여 년 넘는 세월을 보내야만 했거든요. 지난해(2022) 4월에 안사람이 오미크론에 감염되어 그 후유증에 시달리다 5개월 차 접어들면서 놀랍게도 빠르게 회복되었습니다. 그땐 분·초로 다가오는 몸서리치는 고통에 내일이 그저 막막했었는데 이젠 내일이 기다려집니다.

사람이 너무 힘들 땐 눈물도 기도도 안 나오나 봅니다. 어려울 땐 기도해야 한다는 정답은 다 아는데, 막상 어려움의 한가운데 빠지면 물에 빠진 사람처럼 허우적거릴 뿐입니다. 물속에서 허우적거리는 까닭은 아마 수영할 줄 모르기 때문이요, 수영할 줄 안다고 해도 뭔가 말 못 할 위급상황에 처했기 때문일 겁니다. 속담에 사람이 물에 빠지면 지푸라기라도 잡으려 한다잖아요. 그때 물속으로 뛰어들어 건져주지 않아도 누군가 물가에서 구명줄이나 튜브라도 던져준다면, 그 위기에서 벗어날 수 있겠지요.

중보기도자의 눈물 한 방울, 기도 한 마디는 위기에 빠진 사람에게는 구명 튜브와도 같습니다. 눈물샘에서 나오는 눈물에는 수분 98%, 단백질 0.4%, 식염, 탄산나트륨, 인산염, 지방 등이 함유된 등장액과 라이소자임이 포함되어 있는데, 이것은 단지 화학적 성분에 불과하죠. 눈물에는 사람의 마음을 정화하고, 영혼을 맑게 하는 성분이 포함되어 있답니다. 특히 기도의 눈물에는 사람의 마음을 녹이는 감성, 하나님을 움직이는 영성이 포함되어 있습니다. 그래서 하나님도 기도의 눈물 한 방울조차도 귀히 여기지 않으실까요.

254. 내가 먼저 행복해져야 합니다.

지난 몇 개월 동안 안식월을 다녀온 목사님이 있습니다. 그분을 보는 순간 예전의 얼굴과는 사뭇 다른 모습이었습니다. 예전엔 뭔가 피로감이 가득해 보였는데, 목회를 뒤로하고 잠시 쉬어 그런지는 몰라도 지금은 생기가 넘쳐납니다. 그도 그럴 것이 젊은 나이에 문제가 있는 교회에 부임하다 보니, 교회를 안정시켜서 무난하게 이끌어가는 일이 급선무라 7년을 밤낮없이 열정을 쏟아부었으리라고 짐작합니다.

"목사님, 얼굴이 좋아 보이십니다." "네, 잠시 쉬어서 그런지 피곤이 좀 풀린 것 같습니다." 몇 개월 동안 어찌 지내셨는지 물으니, 사모님과 단둘이 쉬면서 여러 교회들을 두루 탐방하였답니다. 그러면서 하는 말이 지난 7여 년간 사택에서 별로 자 본 적이 없다는 거였습니다. 그 말을 듣는 순간 지난 목회 초창기 때가 문득 떠올랐습니다. 빈손으로 개척하다 보니 돈 때문에 긴장의 나날이라, 몇 년 동안 잠자리가 강단이었습니다. 그 일로 허리디스크가 발병하여 지금까지 안고 삽니다. 주님이 남기신 육체의 흔적이랄까요.

그에게 외람된 한마디를 불쑥 던졌습니다. "목사님, 사명도 중요하지만 우선 목사님 자신이 행복해야 합니다. 이젠 집으로 들어가셔서 주무셔요. 목사님이 행복해야 어떤 일도 견뎌낼 면역력이 생긴답니다." 빨리 가려면 혼자서 가고, 멀리 가려면 함께 가라는 속담이 있다잖아요. 목회가 단숨에 달려가는 길이 아니라, 오랜 세월 멀리 가야 하는 여정이기에 반려자와의 관계가 그만큼 중요하겠죠. 지난 몇십 년 동안 안식년이나 안식월을 한 번도 가져보지 못했을지라도 제가 행복한 까닭은 늘 함께하는 반려자가 곁에 있기 때문입니다.

255. 이제야 걸음걸이를 다시 내딛습니다.

사람마다 걸음을 걷는 모양새가 제각기 다 다릅니다. 걸음걸이의 형태는 이상적인 11자 걸음, 팔자걸음, 안짱걸음이 있습니다. 팔자걸음은 발의 각도가 바깥쪽으로 벌어진 상태로 허리를 뒤로 젖히면서 걷는 자세인데, 걷기에 가장 편하게 느껴지는 자세입니다. 팔자걸음 원인의 70%는 양반다리로 앉는 생활 습관과 비만에 있습니다. 신체 구조상 안정적인 자세이긴 하지만, 척추 뒤쪽에 염증이 생기거나 척추관이 좁아져 다리가 저리거나 허리 통증이 생길 가능성이 큽니다.

안짱걸음은 O자 다리 외에, 발이 안쪽으로 향하며 허벅지 뼈나 정강이뼈가 안쪽으로 뒤틀려 생깁니다. 보통 아이들이 바닥에 앉을 때 편하고 중심이 잘 잡힌다는 이유로 다리를 벌린 채 무릎을 꿇고 앉는 W자 앉기 자세를 합니다. 이 자세를 그대로 내버려 두면 나중에 안짱걸음으로 나타납니다. 이 걸음은 고관절이 틀어져서 아킬레스건을 충분히 쓰지 못하게 되거나, 발목과 무릎 관절에 통증이 생기는 경우가 잦아집니다. 올바른 자세의 걸음걸이는 척추가 펴지면서 자세도 좋아지고, 피부와 근육에도 탄력이 생깁니다.

어느 날 대형거울 앞에서 저의 걷는 모습을 무심코 바라보다가 깜짝 놀랐습니다. 아무래도 한쪽 걸음이 조금 이상해 보였습니다. 30대에 조깅(jogging)하다가 한쪽 발목을 다치면서 절던 습관이 오랫동안에 이상한 걸음걸이를 만든 것입니다. 이 세상에 태어나 엉금엉금 기어 다니기 시작한 때부터 지금까지 걷는 걸음의 모습은 습관이 만들어 낸 세월의 작품입니다. 요즘 주님 앞에서 내 모습을 다시 바라보면서 그동안 전통과 관습에, 권위주의에 자아상마저 틀어진 채 비틀거리는 모습을 발견하곤 합니다. 이제야 주님이 보여주신 섬김의 걸음을 내디뎌 봅니다.

글을 맺으며,

제겐 오랫동안 풀리지 않는 의문점이 하나 있었습니다. '기독교의 근본정신은 사랑이다'라는 명제였습니다. 신앙생활을 시작하면서부터 몇십 년 동안 '사랑'이라는 단어를 수없이 들어왔습니다. 그리고 저 또한 그렇게 많이 가르쳐 왔습니다. 입버릇처럼 말하면서도 나는 어찌 사랑하지 못할까? 왜 나는 주님처럼 그렇게 사랑할 수 없을까? 도대체 사랑이란 뭘까? 목회의 세월이 쌓여갈수록 이런 의문점들이 쌓여만 갔습니다.

저는 설교를 준비하거나 글을 쓸 때 단어나 개념이 명확하게 이해되지 않으면 사전을 찾아보곤 합니다. 그래서 사랑이 무얼까 찾아봤습니다. '어떤 사람이나 존재를 몹시 아끼고 귀중히 여기는 마음, 또는 그런 일'이라고 설명하고 있습니다. 그렇다면 실제 상대방을 몹시 아끼고 귀중히 여기는 방법이 무엇일까? 성경은 어떻게 가르치고 있을까? 그런 의문점을 하나하나 풀어보곤 했었습니다.

우선 예수님의 삶에 관심을 기울여 봤습니다. 로마서 5장 8절에 우리가 아직 죄인이었을 때에 그리스도께서 우리를 위하여 죽으심으로 하나님께서는 우리에 대한 자기의 사랑을 실증하셨다고 했는데, 예수님은 사랑을 실제 어떻게 증명하셨을까? 그것은 바로 섬김의 삶이었습니다. 예수님은 일생을 섬김으로 사시면서 사랑의 구체적인 방법들을 제자들에게 보여주신 겁니다. 언젠가 하루는 제자들 사이에서 누가 큰 자인가 하는 다툼이 일자 예수님이 말씀하십니다.

"너희가 아는 대로, 이방 사람들을 다스린다고 자처하는 사람들은 백성들을 마구 내리누르고, 고관들은 백성들에게 세도를 부린다. 그러나 너희끼리는 그렇게 해서는 안 된다. 너희 가운데서 누구든지 위대하게 되고자 하는 사람은 너희를 섬기는 사람이 되어야 하고, 너희 가운데서 누구든지 으뜸이 되고자 하는 사람은 모든 사람의 종이 되어야 한다." (마가복음 10장 42~44절) 제자들처럼 우리에게도 서로를 섬기려는 마음이 없다면 자연히 이런 현상이 일어날 수밖에 없을 것입니다.

제가 사랑에 어려움을 겪은 건 방법을 잘 모르기 때문이었습니다. 그 방법을 모르면 '서로 사랑하라'고 아무리 힘주어 말해도 단지 구호에 그치고야 맙니다. 섬김의 삶은 사랑을 실천하는 실제 방법입니다. 때론 말로나 혀끝으로 사랑이 전달되고, 진실한 사랑을 담아 섬긴다면 사람과의 관계가 행복해집니다. 왜냐고요? 섬김에는 사람을 바꿔놓는 힘이 있기 때문입니다. 내가 섬기는 만큼 행복한 삶을 누릴 수 있습니다.

리더십에서도 섬김은 예외가 아닙니다. 카리스마에 기초한 리더십은 은사가 사라짐에 따라 영향력도 서서히 사라집니다. 권위적인 리더십도 그의 위치가 흔들리면 영향력도 흔들리기 마련입니다. 섬김의 리더십은 사람의 마음에서 우러나오는 존경심으로 이뤄졌기에 날이 갈수록 오히려 영향력이 상대방의 인격에까지 미칩니다. 그러기에 섬길 줄 아는 리더야말로 진짜 행복한 사람이라 하겠습니다. 그러기에 섬김으로 받는 복은 행복입니다.